SCEGLIERE LA TERRA

Il viaggio di iniziazione dell'umanità *attraverso* disgregazione e collasso verso una comunità planetaria matura

Duane Elgin

Prefazione di Francis Weller
Tradotto da Roberta Papaleo e Sara Tecco

Design del libro e infografiche: Birgit Wick, www.WickDesignStudio.com

Foto di copertina: Karen Preuss

Grafico a pagina 56: Emily Calvanese

Font: Georgia e Avenir Next

Prima edizione in inglese: marzo 2020

Seconda edizione in inglese: gennaio 2022

Traduzione italiana di Roberta Papaleo e Sara Tecco: novembre 2023

ISBN (Italian paperback): 978-1-7348121-8-3

ISBN (Italian ePub): 978-1-7348121-9-0

Dedicato a

Roberta Papaleo e Sara Tecco,
il cui generoso contributo,
oltre alle eccellenti competenze e alla minuziosa cura,
ha dato vita all'edizione italiana

Andrew Morris,
la cui guida ispiratrice ha mobilitato traduttrici di
talento per portare a compimento l'edizione italiana

Coleen LeDrew Elgin,
che grazie al suo amore, alla collaborazione
e agli instancabili sforzi ha dato alla luce
quest'opera

e

Roger e Brenda Gibson,
per il ruolo fondamentale svolto
nel lancio del progetto Choosing Earth

Indice

Alla soglia: angoscia, iniziazione e trasformazione – Prefazione di
Francis Weller 9

PARTE I: UN MONDO IN PROFONDA TRANSIZIONE
Iniziazione e trasformazione dell'umanità.............................. 30
Sviluppare resilienza in un mondo che si trasforma 38

PARTE II: TRE SCENARI FUTURI PER L'UMANITÀ
Estinzione, autoritarismo, trasformazione 54
Scenario n. 1: estinzione.. 60
Scenario n. 2: autoritarismo......................................65
Scenario n. 3: trasformazione 67

PARTE III: FASI DI INIZIAZIONE E TRASFORMAZIONE
Scenario riassuntivo dell'iniziazione dell'umanità: 2020 – 2070...........74
Scenario di trasformazione completo 76
Anni 2020 – Il grande declino: la disgregazione...................... 80
Anni 2030 – Il grande collasso: in caduta libera......................102
Anni 2040 – La grande iniziazione: il dolore 112
Anni 2050 – La grande transizione: l'inizio della maturità 127
Anni 2060 – La grande libertà: scegliere la Terra...................... 137
Anni 2070 – Il grande viaggio: un futuro aperto......................144

PARTE IV: LE FORZE EDIFICANTI DI UN FUTURO CHE SI TRASFORMA
Forze edificanti della trasformazione...............................148
Scegliere la vitalità..149
Scegliere la coscienza..168
Scegliere la comunicazione 174
Scegliere la maturità...185
Scegliere la riconciliazione 190
Scegliere la comunità..201
Scegliere la semplicità 206
Scegliere il nostro futuro 216

Ringraziamenti 220
Un viaggio personale 223
Note di chiusura 229

PREFAZIONE

Alla soglia: angoscia, iniziazione e trasformazione

di Francis Weller

"In tempi bui, gli occhi iniziano a vedere".

— Theodore Roethke

iviamo tempi turbolenti su questo magnifico pianeta. Qualsiasi pretesa di immunità crolla man mano che ci rendiamo conto di come le nostre vite siano intrecciate le une con le altre, con i letti di kelp e i ghiacciai che si sgretolano, con gli incendi boschivi e i livelli del mare in aumento, con i rifugiati e i sogni angosciosi dei giovani in tutto il mondo. Lo squilibrio che scuote il mondo è come un terremoto continuo lungo le linee di faglia della nostra vita psichica.

Sono poche le cose che sembrano stabili. È come un sogno delirante. Forse abbiamo raggiunto la soglia iniziatica di cui abbiamo bisogno per svegliarci. Qualunque cosa accada, per poter superare le rapide di questo stretto passaggio dovremo impegnarci molto. Non sappiamo cosa ci aspetta, ma una cosa è certa: è tempo di intraprendere gesti coraggiosi. È tempo di svegliarsi e di prendere umilmente il nostro posto su questo incredibile pianeta. Il futuro parla attraverso di noi senza scrupoli.

James Hillman, il brillante psicologo archetipico, scrisse: "Il mondo e gli Dei sono morti o vivi a seconda della condizione delle nostre anime"[1]. In altre parole, la vitalità del mondo animato e sensoriale e il nostro incontro con il sacro dipendono dal fatto che le nostre anime siano pienamente vive! Un'anima risvegliata s'intreccia con il mondo vivente, con la sua bellezza, il suo fascino e la sua meraviglia, i suoi dolori, le sue ferite e le sue lacrime. Dato lo stato del mondo e la nostra vita piena di sentimento, dobbiamo fare una pausa e chiederci: *"Qual è la condizione delle nostre anime?"*. Secondo quanto ci è dato osservare, prevalentemente sono disperate, vuote, fameliche, impoverite e afflitte dal dolore. Nel linguaggio di alcune culture tradizionali, diremmo che i nostri tempi hanno subito una *perdita di anima*. Perdere l'anima significa sentirsi svuotati di meraviglia, gioia e passione. È sentirsi tagliati fuori dai rapporti vitalizzanti con il mondo vivente, rimanendo isolati in un mondo indebolito. L'antica intimità con le molteplici sfumature della Terra, come la sua miriade di creature, la stupefacente profusione di colori e di fragranze, verrebbe dimenticata. Invece, ci sforziamo freneticamente per ottenere potere e guadagni materiali. Questa è la realtà dominante per gran parte della cultura bianca, tecnologica e tardo-capitalistica. La perdita dell'anima ci lascia appiattiti e vuoti, a volere sempre di più: più potere, più cose, più ricchezza, più controllo. Dimentichiamo ciò che veramente sazia l'anima.

Ho trascorso quasi quarant'anni a seguire i movimenti dell'anima, soprattutto attraverso gli strati del dolore. Nella mia pratica di psicoterapeuta e in molti laboratori, ho potuto vedere la vasta gamma di sofferenze che portiamo nei nostri cuori. Traumi precoci, morti, divorzi, suicidi di parenti o amici cari, dipendenze, malattie e molto altro. Il "bandolo della matassa" di tutte le sofferenze è diventato dolorosamente evidente. Sempre più spesso, sento gli individui rammaricarsi non tanto per il dolore delle loro perdite personali, ma per il ridursi minuto per minuto del mondo vasto e selvaggio. Inscrivono nelle loro anime le sofferenze del mondo. Stranamente, questo mi dà speranza.

Il peso di queste sofferenze personali e collettive è sufficiente a schiacciare i nostri cuori, costringendoci a voltare lo sguardo altrove e a trovare conforto nell'anestesia e nella distrazione. Quando, però, ci riuniamo e condividiamo queste storie di sofferenza nei rituali del dolore, qualcosa comincia a cambiare. Quando le nostre sofferenze sono testimoniate e condivise in una comunità ispirata alla compassione, il dolore può sorprendentemente trasformarsi in gioia, in un rinnovato amore per tutto ciò che ci circonda. Amore e perdita sono eternamente intrecciati. Riconoscere il nostro dolore significa liberare il nostro amore per donarlo al mondo che ci aspetta.

Qualcosa, nelle profondità del tempo, *sta* profondamente cambiando. Sembra che la nostra negazione collettiva si stia incrinando. Non possiamo più negare che il mondo sta cambiando radicalmente. Avvertiamo nelle nostre ossa qualcosa che si rompe e, allo stesso tempo, sentiamo i nostri cuori appesantiti dal dolore. Forse sarà proprio la condivisione delle sofferenze, mossa dall'amore per questo pianeta unico e insostituibile, che alla fine innescherà il nostro impegno comune per rispondere alla dilagante denigrazione del mondo. Robin Wall Kimmerer scrive: "Se il dolore può essere una via d'accesso all'amore, allora piangiamo tutti per il mondo che stiamo distruggendo, per tornare ad amarlo e restituirgli la sua integrità"[2].

La lunga oscurità

Scegliere la Terra di Duane Elgin è un libro impegnativo che ci chiede di fare il duro lavoro di fendere le prossime ondate di rottura, smarrimento, caos e perdita. Ci invita a partecipare alla più difficile transizione che l'umanità dovrà mai affrontare: un invito che speravamo di non dover mai ricevere, perché indica che il pianeta è già radicalmente e irreversibilmente cambiato e che ora spetta a noi reagire. Eppure, questo inquietante momento di passaggio cela il seme di una possibile maturazione dell'umanità in una comunità planetaria. Tuttavia, come rivelato dal libro stesso, il passaggio sarà lungo e dovremo coltivare questi cambiamenti evolutivi per decenni e, molto probabilmente, per le generazioni a venire. Quindi, lettori e lettrici, persistete, anche se è difficile. Anche se il vostro cuore andrà in mille pezzi. Come disse Joanna Macy, ecofilosofa e studiosa buddista, "il cuore che si apre può contenere l'intero universo".

Elgin non offre rimedi per risolvere ciò che sta accadendo, né incoraggia un ritorno a un passato migliore, né suggerisce di arrendersi alla rovina. Riconosce con grande emozione che dobbiamo passare *attraverso* questo momento di iniziazione collettiva per assumere il nostro ruolo di adulti responsabili che collaborano alla creazione di una sana e vibrante comunità di esseri viventi. È una lettura impegnativa. Man mano che assimilate le informazioni, le tempistiche e il dolore della nostra storia in evoluzione, verranno rievocate molte cose. Continuate a leggere. Il futuro non è stabilito e ognuno di noi ha un ruolo nel plasmare ciò che verrà.

Questa discesa ci porta in un luogo con una geografia diversa. In questo terreno adombrato, troviamo un paesaggio familiare all'anima: perdita, dolore, morte, vulnerabilità, paura. È un tempo di decadimento, di cambiamenti e di conclusioni, di caduta e di collasso. Non è un momento di crescita. Non è un momento di fiducia e di agio. No. Siamo trascinati al fondo. "Fondo" è la parola chiave. *Dal punto di vista dell'anima, il fondo è terra santa.* Veniamo condotti nei corridoi dell'anima.

Entriamo in quella che potrebbe essere chiamata la *lunga oscurità*. E non lo dico con una nota di disperazione o con un atteggiamento di rassegnazione; piuttosto, riconosco e valorizzo il lavoro necessario che può svolgersi solo nell'oscurità. È il regno dell'anima, dei sussurri e dei sogni, del mistero e dell'immaginazione, della morte e degli antenati. È un territorio essenziale, inevitabile e necessario, che offre una forma di gestazione dell'anima che gradualmente dà forma alla nostra vita più profonda. Certe cose possono accadere solo in questa grotta dell'oscurità. Pensate alla rete selvaggia di radici e microbi, micelio e minerali, che rendono possibile tutto ciò che vediamo nel mondo diurno, oppure alle vaste reti all'interno dei nostri corpi, che portano sangue, sostanze nutritive, ossigeno e pensiero alle nostre vite corporee. Tutto ciò avviene nell'oscurità.

Collettivamente, non connotiamo la discesa come qualcosa di prezioso ed essenziale. La maggior parte di noi vive in una cultura ascensionale. Amiamo le cose che crescono... in alto... in alto... sempre in alto. Quando le cose cominciano ad andare verso il basso, possiamo provare panico, incertezza e persino paura. Come possiamo affrontare questi tempi imprevedibili con un minimo di coraggio e di fiducia? Il coraggio di mantenere i nostri cuori aperti e la fiducia che qualcosa di significativo si celi nella discesa. Come possiamo vedere di nuovo la sacralità che dimora nell'oscurità?

Per ritrovare questa sacralità, dobbiamo padroneggiare le maniere dell'anima. Mentre scendiamo sempre più a fondo nell'ignoto collettivo, dobbiamo sviluppare un nuovo modo di vedere. Dobbiamo rievocare le discipline dell'anima che ci consentiranno di orientarci nella *lunga oscurità*. È tempo di praticare l'*ascolto profondo*, che riconosce la saggezza negli altri e nella Terra sognante. Quando ascoltiamo profondamente, cominciamo a scoprire cosa vuole venire alla luce. Come chiede Alexis Pauline Gumbs, scrittrice e poetessa femminista nera, "come possiamo ascoltare attraverso la specie, attraverso l'estinzione e la sofferenza?"[3].

Le qualità e le discipline che dobbiamo mettere in pratica collettivamente includono:

- la *moderazione*, che offre un respiro, una pausa, un momento di riflessione, permettendo di rivelare le cose e facendo in modo che maturi qualcosa prima di entrare in azione;

- l'*umiltà*, che onora la nostra reciprocità e ci avvicina alla terra, un gesto ci ricorda che siamo intrecciati con il mondo vivente;

- il *non sapere*, che ci ricorda che viviamo in un momento indefinito, misterioso, in continua evoluzione. Non sappiamo cosa accadrà e questa verità ci mantiene umili e vulnerabili. E infine...

- il *lasciar andare*... radicato nella verità fondamentale dell'impermanenza. Ognuno di noi si prepara alla propria scomparsa e assiste al costante mutamento del mondo. Ci viene ricordato questo continuo processo di cambiamento.

Ognuna di queste discipline ci aiuta a coltivare la nostra presenza nel mondo sotterraneo della *lunga oscurità*. Tra le competenze che dobbiamo sviluppare in questi tempi incerti c'è la nostra capacità di soffrire. Il nostro risveglio di fronte alla crisi climatica emergente e all'erosione del tessuto sociale ha scosso persino la nostra fiducia di base nel futuro. Di conseguenza, ci troviamo di fronte a una verità vitale: stiamo entrando in una *iniziazione turbolenta*.

Iniziazioni turbolente

L'incertezza ha bussato alla nostra porta e si è insinuata nella nostra vita. Ciò che una volta era stabile e prevedibile è stato scosso e abbiamo iniziato una ripida discesa nell'ignoto, circondati da insicurezza, paura e dolore. Molti dei miei clienti confessano che ciò che più li preoccupa è la condizione del mondo! I sintomi non si limitano più alle nostre realtà intrapsichiche, ovvero le storie, le ferite e i traumi personali. Oggi il paziente è il pianeta stesso, che manifesta sintomi di crollo, depressione, ansietà, violenza e dipendenza: vengono percepiti nell'intero corpo della Terra e scuotono la nostra base psichica nel profondo, influenzando qualsiasi cosa.

All'interno della nostra sofferenza condivisa, si celano i semi non maturi dell'iniziazione.

Ogni giorno, veniamo a sapere dell'ultimo spaventoso rapporto sul clima, delle violazioni ai nostri amici umani e non solo umani, delle tragedie in tutte le parti del mondo. Le nostre psiche sono sommerse. In quanto individui, è per noi difficile comprendere la portata della sofferenza e della perdita. Non siamo fatti per questo livello di trauma persistente e collettivo, ma per metabolizzare le difficoltà e i dolori della nostra comunità locale e affrontare le nostre sofferenze. Imparare a digerire una più ampia realtà emergente richiede il supporto della comunità, rituali che possano aiutarci a rimanere connessi alle nostre anime e una storia avvincente che ci inviti a sognare il possibile. Senza profonde connessioni, continueremo ad affidarci a strategie di evitamento e di impegno eroico, sperando di aggirare l'incontro con il dolore.

Mentre digeriamo lentamente i contenuti di *Scegliere la Terra*, ci rendiamo conto che stiamo rotolando verso una *iniziazione turbolenta*, con alterazioni radicali nel nostro panorama interno ed esterno, allo stesso tempo profondamente personali e violentemente collettive, che ci legano gli uni agli altri. Tutte le persone che incontriamo, al negozio di alimentari, in fila alla stazione di servizio, portando a spasso il cane, sono intrappolate in questo spazio liminare tra il mondo che conosciamo e lo strano mondo emergente. Resistete!

Tradizionalmente, il profondo lavoro delle iniziazioni era mirato a sradicare una vecchia identità. Il processo era pensato per produrre abbastanza intensità e calore per "cuocere" l'anima e preparare gli iniziati a prendere il loro posto nella cura e nel mantenimento della comunità. *Non riguardava mai il singolo individuo.* Non si trattava di perfezionamento o di miglioramento personale. No. *L'iniziazione era un atto di sacrificio in nome della più vasta comunità in cui la persona iniziata veniva introdotta e alla quale diventava fedele.* Si preparava a entrare nel suo ruolo di mantenitrice della vitalità e del benessere del villaggio, del clan, del bacino idrico, degli antenati e del continuum delle generazioni a venire.

Gli incontri iniziatici dovrebbero cambiarci radicalmente. Non vogliamo uscire da questi tempi turbolenti senza cambiare, a livello personale o collettivo. In questo momento storico, dobbiamo rispondere a *un cambiamento radicale.* Questo periodo di iniziazione turbolenta è stato causato da diverse crisi: instabilità economica, sconvolgimenti culturali e politici, massicce delocalizzazioni di rifugiati, ingiustizia razziale e di genere, carenza di cibo e acqua, disponibilità incerta di assistenza sanitaria e non solo. Alla base di queste crisi c'è il collasso dei nostri sistemi ecologici. Man mano che questa realtà si avvicina e il confine immaginario che ci separa dalla natura si assottiglia, ci rendiamo conto che il senso del nostro essere è totalmente intrecciato con le barriere coralline e le farfalle monarca, con i tonni pinna blu e le foreste vergini. Il loro declino coincide con la nostra crisi. Come scrive Elgin, "l'eco-collasso porta al collasso dell'ego". Il contenitore Terra si sta sgretolando, e con esso l'illusione della separazione. La nostra iniziazione turbolenta è la morte della nostra identità adolescenziale collettiva. È tempo di maturare.

E adesso? Come facciamo a navigare l'onda anomala dell'incertezza? Come dialoghiamo con il mondo in assenza dell'ordinario? La paura può scuoterci e farci attivare modelli strategici di sopravvivenza. Ciò è evidente nel riemergere di vecchie modalità, come il capro espiatorio, la proiezione, l'odio e la violenza. Questi modelli possono consentire ad alcuni di evitare la discesa temporaneamente, ma non possono aiutarci ad attraversare questa soglia tremula verso una civiltà planetaria. Per questo dobbiamo amplificare l'efficacia del nostro lato adulto. Come per ogni vera iniziazione, è necessario far maturare il nostro essere e addentrarci più pienamente nella nostra identità stabile, radicata nell'anima. Dobbiamo diventare immensi, capaci di accogliere tutto ciò che si presenta alla porta del cuore.

L'apprendistato del dolore

Inevitabilmente, la nostra iniziazione collettiva ci porterà faccia a faccia con estremi livelli di perdita e dolore. Elgin lo afferma molto chiaramente. L'attuale selezione delle specie impoverirà la biodiversità terrestre in modo impressionante nei prossimi decenni. Tra gli esseri umani, il numero di morti si moltiplicherà con la scomparsa delle fonti di cibo e acqua e la violenza a livello locale aumenterà per la diminuzione dell'accesso alle risorse. Le disparità economiche causeranno un livello di sofferenza indicibile per miliardi di individui. *Il dolore sarà la chiave di volta per il prossimo futuro.* Potremo rimanere presenti a questa ondata di perdita se sapremo coltivare questa abilità essenziale. Dobbiamo fare un *apprendistato del dolore*.

Il nostro apprendistato comincia quando ci rendiamo conto che il dolore è sempre presente nelle nostre vite. Si tratta di una difficile presa di coscienza, ma ci dà l'opportunità di aprire il nostro cuore a un amore più profondo per la nostra vita unica e per il mondo spazzato dal vento di cui facciamo parte. Iniziamo semplicemente con il raccogliere i frammenti di dolore disseminati sul pavimento della nostra casa. Cominciamo sviluppando la nostra capacità di tenere il dolore nella tenera capanna del cuore. Attraverso questa pratica, impariamo ad accogliere la presenza pervasiva e inglobante del dolore. E poi invitiamo una, due... altre persone fidate, per raccogliere e condividere le ondate di dolore che si infrangono a riva. "La nostra capacità di dare amore e conforto si espande con il dolore dell'altro, il nostro dolore troppo grande per essere contenuto trova la libertà nella testimonianza altrui"[4].

Il dolore è più di un'emozione; è anche una *facoltà fondamentale dell'essere umano*. È un'abilità che dobbiamo sviluppare, altrimenti ci ritroveremo ai margini della nostra vita nella speranza di evitare l'ineluttabile intreccio con la perdita. Attraverso i rituali del dolore, maturiamo come esseri umani. Il dolore sviluppa serietà e profondità nella psiche. Fortunatamente, possiamo sintetizzare un rimedio per l'anima nostra e del mondo a partire dal dolore.

Una delle pratiche essenziali del nostro apprendistato è la capacità di sostenerci gli uni con gli altri in tempi di dolore e trauma. Questa abilità è stata in gran parte persa sotto il peso estremo dell'individualismo e della privatizzazione, soprattutto nelle culture occidentali e industriali. Ciò ha avuto un impatto profondo su come processiamo e metabolizziamo i nostri incontri personali con la perdita e con intense esperienze emotive. Senza il contenitore familiare e affidabile della comunità, questi momenti possono penetrare nella nostra vita psichica, lasciandoci distrutti e scossi, spaventati e incerti sul nostro prossimo passo.

Trauma è qualsiasi incontro, intenso o prolungato, che travolge la capacità della psiche di elaborare l'esperienza.

In questi momenti, ciò che abbiamo davanti è troppo intenso da accogliere, integrare o comprendere. Il carico emotivo satura la nostra capacità di dare un senso all'esperienza, e ci sentiamo sopraffatti e soli. L'assenza di un ambiente di supporto adeguato, capace di sostenerci in questi momenti, genera esperienze traumatiche. In altre parole, il dolore in sé non è traumatico. È il dolore non testimoniato a esserlo. Questo tempo di cambiamento rapido e straziante a livello planetario ci ricorda che siamo tutti coinvolti e che possiamo offrire gli uni agli altri lo spazio necessario per elaborare il nostro dolore comune.

Ma che dire dei traumi che ci colpiscono dal resto del mondo? Qui, Elgin propone un nuovo modo di inquadrare la situazione globale. Introduce il concetto di *stress traumatico planetario cronico (CTPS)* e scrive: "La differenza tra PTSD (disturbo da stress post-traumatico) e CTPS è che, invece di essere un episodio relativamente breve e limitato, il trauma dura tutta la vita ed è di portata planetaria. Non c'è scampo: il peso del trauma collettivo permea la psiche e l'anima dell'umanità". Non c'è scampo! Sia che riconosciamo o meno i traumi più ampi, la nostra psiche registra il disagio. Come potrebbe essere altrimenti? Le nostre vite, i nostri corpi, le nostre anime sono interamente intrecciati con la bellezza e la sofferenza del mondo. Come sottolinea Elgin, senza un contenimento, i traumi cronici del pianeta lasceranno molti di noi "profondamente feriti, sia psicologicamente che socialmente". La capacità di creare spazi abbastanza potenti da contenere le intense energie della nostra pura sofferenza è un elemento chiave dell'apprendistato del dolore.

Ogni trauma porta con sé del dolore. La perdita è intessuta tra i fili del trauma; gli scenari delineati da Elgin per i prossimi decenni e oltre sono pieni di trauma e tristezza.

Come dobbiamo rispondere quando la vita ci mette di fronte situazioni sconvolgenti? Come possiamo accogliere tutto ciò che sentiamo quando la fonte è ben al di là della nostra capacità di controllo? Come ricalibrare la nostra vita interiore per guarire la nostra psiche in momenti di trauma? Ecco alcune proposte per prenderci cura delle nostre anime in tempi traumatici. E chi di noi non vive in tempi traumatici?

1. **Praticare l'auto-compassione**. L'auto-compassione ci aiuta ad accogliere la nostra vulnerabilità con gentilezza e tenerezza, permettendoci di rimanere dolci e aperti. Tempi di grande incertezza richiedono un livello di generosità verso noi stessi che aiuti a compensare gli effetti traumatici che spesso avvolgono il nostro corpo emozionale. Questa deve essere la nostra prima e principale intenzione: accogliere tutto ciò che abbiamo vissuto con compassione, per offrire un porto di approdo sicuro alle nostre paure e al nostro dolore.

2. **Volgersi verso i sentimenti**. Nessuna strategia per aggirare o evitare le emozioni più difficili può aiutarci a risolverle. È essenziale volgere lo sguardo alla nostra sofferenza. Non solo dobbiamo sopportare momenti di dolore e sofferenza, sperando di superarli: dobbiamo affrontarli attivamente e sentirli a pieno. Questo richiede grande coraggio. Tuttavia, senza un'adeguata dose di passione e sostegno, è difficile aprirsi alle dolorose emozioni che ci attendono.

3. **Lasciarsi sbalordire dalla bellezza**. Il trauma ha un impatto profondo sulla nostra sensazione di vitalità: spesso genera torpore o anestesia. Questo stato anestetizzato ci protegge per un certo tempo dal dover incontrare le emozioni crude e cocenti che spesso accompagnano il trauma, ma allo stesso tempo attutisce il nostro coinvolgimento sensoriale con ciò che ci circonda. Il fascino della bellezza aiuta ad aprire completamente il cuore. Dolore e bellezza a stretto contatto. L'anima ha un bisogno fondamentale di incontri con la bellezza, una fonte centrale di nutrimento che rinnova continuamente il nostro senso di vitalità e di meraviglia.

4. **Essere pazienti**. Guarire da un trauma richiede tempo. La pazienza aiuta a guarire i pezzi vulnerabili dell'anima rimasta frantumata. Riparare un osso richiede tempo. Curare l'anima ne richiede ancora di più. Siate pazienti in questo processo. La profonda saggezza dell'anima conosce il valore del procedere con lentezza. Uscire dal ritmo maniacale della cultura moderna è essenziale per ritrovare un appoggio sicuro nel mondo dell'anima. La pazienza è una disciplina, una pratica che rassicura le anime ferite e vulnerabili, che ci aiuta a raccogliere i frutti dei nostri sforzi.

Un risveglio graduale, un mondo emergente

Il nostro lungo apprendistato del dolore si traduce in una spaziosità capace di accogliere tutto: la perdita e la bellezza, la disperazione e il desiderio, la paura e l'amore. *Diventiamo immensi.* La nostra costante devozione a lavorare con il carico pesante del dolore ammorbidisce lentamente il cuore e sentiamo il nostro legame con il vasto mondo senziente espandersi. Il tempo trascorso in profondità ci aiuta a sviluppare una forte intimità con la Terra e il cosmo. Torniamo a casa. Sentiamo la distanza tra noi e gli altri diminuire. Le nostre identità diventano permeabili e sentiamo una crescente affinità con la comunità umana e non solo umana. Una nuova riverenza per la vita emerge quando sentiamo la presenza vivente della Terra come un organismo parte di un cosmo vivente.

Questa è l'alba della nostra esperienza di un futuro possibile per la Terra. Un'umanità matura sta emergendo, ma è delicata, vulnerabile e fragile. Stiamo entrando nella nostra prima età adulta, non ancora sufficientemente sviluppata per resistere a una forte pressione. Le soglie sono labili, instabili e imprevedibili. Man mano che entriamo, mettendo in atto ciò che Elgin chiama "la grande transizione", ci viene chiesto più e più volte di ricorrere all'umiltà. Ciò che l'umanità ha sopportato nella *lunga oscurità* deve ora essere pazientemente raccolto. Il nostro lavoro è di proteggere questa sensibilità emergente e di trasmetterla alle generazioni a venire. Ogni futura generazione può consolidare questa consapevolezza in evoluzione, aggiungendo conoscenze, pratiche, rituali, canzoni, storie e tanto altro, fino a farla diventare una presenza solida in accordo con il cosmo in continua evoluzione.

Man mano che maturiamo come specie, entriamo in una relazione più reciproca con la Terra. Siamo chiamati a rafforzare i valori e le pratiche che contribuiscono a sostenere il corpo di questo splendido mondo. Valori come il rispetto, la moderazione, la gratitudine e il coraggio aiutano a fortificare la nostra capacità di resistere e proteggere ciò che amiamo. Riverenza e umiltà ci ricordano che le nostre vite si mescolano con tutte le altre. Ciò che interessa un solo filo interessa tutta la rete. Siamo qui per partecipare alla costante creazione, per offrire immaginazione, affetto e devozione per sostenere il mondo.

Elgin lo dice chiaramente: dobbiamo coltivare una solida collettività di adulti la cui lealtà sia offerta al mondo vivificatore dal quale dipendiamo. Dobbiamo essere in grado di sentire la nostra lealtà verso i bacini idrici, i percorsi migratori, le comunità emarginate e l'anima del mondo. Dobbiamo sentire la base della nostra vitalità e la realtà delle nostre vite selvagge ed esuberanti. L'iniziazione tempera l'anima, estraendone l'essenza nascosta, e genera la medicina che vogliamo offrire a questo mondo sbalorditivo. C'è bisogno di noi!

L'iniziazione ci matura e ci prepara a una maggiore partecipazione alla cura del cosmo. Questo è il motivo per cui siamo qui come specie. Il nostro obiettivo cosmologico è quello di mantenere vivo il sogno del mondo. C'è bellezza, dignità e grandezza in questa missione. È sempre più chiaro che questa presa di coscienza dovrà essere profondamente radicata nei cuori e nelle anime delle persone nei prossimi decenni. In sostanza, ci viene chiesto di consacrare la nostra vita, di praticare la riverenza nelle nostre azioni. È la prima verità che deve penetrare nelle ossa di chiunque affronti questa iniziazione planetaria. Questa stessa iniziazione porta poi con sé la medicina dell'anima. Ci viene chiesto di regalare i doni speciali che siamo venuti a offrire. L'iniziazione, inoltre, allenta lo stretto guinzaglio della civiltà e ci porta a riappropriarci della nostra intima natura selvaggia. La presa sulla nostra psiche addomesticata si rilassa e siamo in grado di entrare in un mondo multicentrico dove tutto possiede anima ed è una forma della parola. C'è un'ultima verità che l'iniziazione comporta: ci viene chiesto di costruire una casa che possa offrire accoglienza a coloro che si sentono invisibili e scollegati.

Per quelli di noi con il privilegio dell'età avanzata, spetta a noi volgerci e affrontare coloro che verranno, le generazioni di giovani il cui futuro è seriamente compromesso dalla nostra negligenza del mondo. Vedo i volti comprensibilmente sconcertati, adirati e afflitti di milioni di persone. Non so cosa dire, a parte: vi vedo. Riconosco il vostro dolore e la vostra disperazione, la vostra indignazione e la vostra confusione. La vostra fiducia in un futuro possibile viene erosa giorno per giorno. Ciò che vi aspettavate per natura, un futuro pieno di possibilità, svanisce ed evapora mentre cercate di raggiungerlo. Sento l'immenso dolore nei vostri cuori. Lo vedo in ogni momento trascorso insieme. È inciso sul vostro volto, nelle vostre parole. Mi dispiace. Sappiate che molti di noi stanno facendo tutto il possibile per trovare un modo di attraversare questo stretto passaggio e offrire un mondo degno della vostra vita.

Vedo anche la vostra passione e il vostro impegno a lottare per una vita che ha senso e bellezza, appartenenza e gioia. Vedo il vostro desiderio di creare una cultura vivente in linea con i modi e i ritmi della Terra. Vedo la vostra creatività e le vostre idee selvagge, il vostro vedere le cose in modi che la mia generazione non ha mai immaginato. Siete potenti nel cuore del vostro dolore. Vi è stato chiesto di sopportare così tanto, così presto, e forse quell'impulso iniziatico è stato attivato prima che foste pronti. O forse no. Potreste essere le persone che sapranno trovare un sentiero in questa oscura notte collettiva dell'anima.

Un nuovo essere umano, una nuova Terra

È un privilegio essere vivi in questo momento della nostra storia collettiva. Noi siamo quelli che stanno cavalcando questo momento di passaggio. Noi siamo quelli che possono scegliere di partecipare alla riparazione della Terra e alla creazione di una cultura planetaria vitale. Noi siamo quelli vivi in un momento di immensa possibilità, in cui possiamo ripristinare una sacra alleanza con il mondo animato. Noi siamo quelli che possono rispondere a queste circostanze e partecipare all'ideazione della forma di una nuova Terra. Questa, tuttavia, è profondamente ferita e richiederà una paziente ricostruzione. Prenderci cura del sacro dovere della riparazione è un profondo effetto della nostra iniziazione.

Ogni essere umano in vita sperimenterà l'iniziazione turbolenta imposta da questi tempi. Nessuno sarà esentato dagli effetti del deterioramento del clima o dalle tensioni che colpiranno la nostra vita economica, politica e sociale.

L'iniziazione non è un'opzione. La domanda su cui soffermarsi è: decideremo di partecipare al processo di iniziazione? Saremo in grado di guardare oltre l'interesse personale e *ragionare come una comunità planetaria*? In un modo o nell'altro, subiremo una profonda ridefinizione. Se decidiamo di accettare le sfide di questo momento di passaggio, possiamo emergerne maturati e pronti a partecipare a ciò che il geologo Thomas Berry ha definito *il sogno della Terra*. I tratti distintivi di questo nuovo sé presentano un individuo *più attento alle responsabilità che ai diritti, più consapevole dei molteplici intrecci che dei privilegi*. Saremo iniziati a un vasto mare di intimità, con villaggi, ammassi stellari e vecchie querce nodose, bambini ingenui, antenati e una Terra fragrante.

L'importanza di questa scelta non può essere sopravvalutata. Prendendo parte al difficile lavoro del cambiamento radicale, siamo più veloci, in modo profondo, a fornire le medicine essenziali per il nostro mondo in difficoltà. Ciò implica che impariamo a vivere con i mezzi che la Terra ci offre.

"Scegliere la Terra" significa scegliere semplicità, comunità, riconciliazione e partecipazione. Sono gesti che tutti possiamo fare, adesso. Possiamo ricordare le nostre *soddisfazioni primarie*, gli elementi costitutivi essenziali di una vita sana dell'anima. Questi elementi si sono evoluti durante centinaia di migliaia di anni e hanno plasmato la nostra vita psichica producendo un senso di appagamento e soddisfazione. Quando questi requisiti sono soddisfatti, non desideriamo l'ultimo modello di telefono o di automobile, o qualsiasi altra forma di anestesia. In sostanza, siamo liberati dalla tossicità del consumismo e del materialismo. Viviamo in modo semplice e semplicemente viviamo. Per sentirci soddisfatti, abbiamo bisogno di un tocco che sostenga e lenisca, di un abbraccio nei momenti di dolore e sofferenza; abbiamo anche bisogno di giocare e di condividere il cibo con gli altri, mangiando lentamente durante conversazioni sincere; abbiamo bisogno di notti buie e stellate in cui le parole non sono necessarie; e, naturalmente, abbiamo bisogno dei piaceri dell'amicizia e di risate disinvolte.

Abbiamo bisogno di una vita rituale essenziale che ci metta in contatto con il mondo invisibile in momenti fondamentali, come superare la soglia dell'iniziazione, prendersi cura delle vulnerabilità della malattia oppure celebrare la nostra gratitudine comune per le benedizioni di questa vita. Abbiamo bisogno di una connessione continua, intima e sensuale con il polso selvaggio della natura; i nostri cuori e le nostre orecchie devono deliziarsi delle storie, della danza e della musica. Desideriamo l'attenzione degli anziani coinvolti e prosperiamo in una comunità radicata in un sistema di inclusione basato sull'uguaglianza. Questi sono i nostri veri desideri.

Scendiamo insieme nella vasta oscurità di questo tempo e vediamo ciò che vi risiede, nel mistero, in attesa della nostra devota attenzione. Così tanto è in boccio, dice una poesia. Tanto desiderio di esprimersi. Ci aspetta un viaggio più lungo, in cui potremmo trasformarci in qualcosa di inimmaginabile, per far nascere un nuovo essere, una presenza bio-cosmica.

Questo è il momento in cui possiamo sognare il possibile. Molti di noi non vedranno l'altro lato della *lunga oscurità*. Ma alcuni sì. Come scrive Duane Elgin: "Oggi pianto i semi della possibilità, ma senza alcuna aspettativa di poter vederli fiorire in una nuova estate o godere dei loro frutti nel raccolto di un autunno lontano. Il mio approccio ora è quello di confidare nella saggezza della Terra e della famiglia umana nel far emergere una nuova stagione di vita". Questa è la benedizione delle persone anziane. Viviamo per quello che può essere, sapendo che potremmo non vederne mai i frutti.

L'unica via d'uscita è oltrepassare il passaggio, e l'unico modo per oltrepassare il passaggio è agire insieme. È un'iniziazione collettiva. È il periodo di gestazione di una possibile comunità planetaria. Noi siamo le levatrici, gli anziani, le guide della nostra vita futura. È un buon momento per vivere.

— Francis Weller
Bacino idrico del fiume Russian
Bioregione Shasta

PARTE I

Un mondo in profonda transizione

"Non ereditiamo la Terra dai nostri antenati, la prendiamo in prestito dai nostri figli".

— Aforisma dei nativi americani

Iniziazione e trasformazione dell'umanità

"Spesso dimentichiamo che facciamo parte della natura. Non è qualcosa di separato da noi. Per questo, quando diciamo che abbiamo perso la nostra connessione con la natura, abbiamo perso la nostra connessione con noi stessi".

— Andy Goldsworthy

Se avete letto la formidabile prefazione del mio buon amico Francis Weller, allora sapete che il popolo della Terra ha fatto il suo ingresso in un periodo di grande transizione, un tempo di iniziazione collettiva, durante il quale affrontiamo grandi sofferenze per risvegliare nuove potenzialità. In quanto specie, stiamo affrontando una nascita dolorosa per sviluppare una maturità collettiva. *Scegliere la Terra* è destinato a esseri umani maturi e resilienti pronti ad andare in profondità ed esplorare il nostro mondo in questa transizione senza precedenti.

Guardando al futuro, vedo due certezze: in primo luogo, il futuro è profondamente incerto, perché molto dipende dalle scelte che facciamo nel presente, individualmente e collettivamente. In secondo luogo, il mondo del passato non c'è più. Non possiamo tornare alla "vecchia normalità" perché non è mai stata "normale", anzi: vivevamo in una realtà anomala caratterizzata da consumi estremi, specie in estinzione, scioglimento di ghiacci, oceani morenti, siccità gravi, enormi incendi, profonda alienazione, diseguaglianze estreme e tanto altro. Una grande perdita e una grande transizione sono alle porte. Non si torna indietro. Non ci sono seconde possibilità. Non possiamo far gelare di nuovo le calotte polari e ricreare il clima congeniale degli ultimi diecimila anni. Non possiamo rifornire le antiche falde acquifere ormai secche. Non possiamo ripristinare la complessa ecologia del passato e riportare in vita migliaia di specie animali e vegetali in poco tempo. Non possiamo fermare il continuo aumento del livello del mare, anche arrestando le emissioni di CO_2. Non possiamo annullare gli effetti causati dall'eccessivo consumo e dall'esaurimento delle risorse della Terra. È in corso una profonda iniziazione che ci scuoterà e ci trasformerà nel profondo. Grandi promesse e possibilità ci chiamano per rivolgere il nostro sguardo oltre le tragedie che abbiamo provocato.

Stiamo creando questo rito di passaggio. Non è questo il momento di vacillare e restare dietro le quinte. Siamo chiamati a farci avanti insieme e a procedere con coraggio come se le nostre vite fossero in ballo. E lo sono. Eppure, molti esitano. Potremmo pensare di avere più tempo e credere che la velocità del cambiamento del passato sia un valore affidabile per misurare quella negli anni a venire. Non è così. Questa velocità accelera man mano che certe potenti tendenze si rafforzano a vicenda e convergono in un'immensa ondata di cambiamento che sta spazzando via il mondo del passato. Non possiamo più dedurre con sicurezza che la velocità di cambiamento sperimentata in passato possa essere indicativa del futuro. Non c'è più tempo. La nostra stessa esistenza dipende dal guardare il nostro mondo in profonda transizione con occhi nuovi.

La nostra esitazione potrebbe anche dipendere dal fatto che pensiamo che le nuove tecnologie ci risparmieranno il disagio di dover fare cambiamenti fondamentali nella nostra vita. Tuttavia, le forze del cambiamento sono così profonde e potenti che abbiamo bisogno di tutta la nostra ingegnosità tecnologica e *molto altro ancora*. La tecnologia da sola non ci salverà. Le numerose sfide che dobbiamo affrontare richiedono un profondo cambiamento nel modo in cui ci relazioniamo con tutti gli aspetti della vita, tra cui il cibo che mangiamo, i trasporti che usiamo, come e quando consumiamo, il lavoro che facciamo, le case in cui viviamo, l'istruzione che riceviamo, il modo in cui trattiamo le persone di etnie, generi, orientamenti culturali e sessuali diversi. Dobbiamo riconfigurare le nostre vite sia individualmente che collettivamente. L'entità del cambiamento che il nostro tempo ci richiede è quasi inconcepibile.

Gli editori dell'autorevole rivista *New Scientist* hanno definito così il lavoro che ci aspetta:

> "Sarà probabilmente il più grande progetto che l'umanità abbia mai intrapreso, paragonabile alle due guerre mondiali, al programma Apollo [per mandare un uomo sulla Luna], alla guerra fredda [con una corsa agli armamenti nucleari], all'abolizione della schiavitù [inclusa una guerra civile], al progetto Manhattan, alla costruzione delle ferrovie e all'introduzione dei servizi igienico-sanitari ed elettrici, tutto in uno. In altre parole, si tratterà di impiegare ogni muscolo dell'ingegno umano nella speranza di un futuro migliore, se non per noi stessi, almeno per i nostri discendenti"[5].

Ma come possiamo farlo? Qual è un percorso realistico per ottenere un cambiamento di tale entità? È questo il viaggio esplorato in questo libro.

Eppure, la gente mi chiede: perché guardare avanti? Perché pensare a un futuro di oscurità e rovina? Il futuro non è in grado di badare a sé stesso? Perché non essere felici, gentili e vivi nel momento presente? Non possiamo prevedere cosa accadrà. La vita ha tante sorprese, come possiamo immaginare quello che ci aspetta? Immaginare il futuro non ci allontana dal vivere ora? Siamo piccoli esseri, non siamo in grado di cambiare ciò che sta accadendo, quindi perché preoccuparsi di ciò che non possiamo cambiare?

Perché dovremmo guardare avanti? Che cosa ci guadagniamo? Ecco perché dovremmo: oggi viviamo in un mondo strettamente interdipendente e trasparente dove i nostri destini individuali sono legati direttamente al destino del pianeta. Data questa realtà, dobbiamo guardare avanti e, con libertà e creatività, scegliere consapevolmente il nostro futuro per poter:

1. prevenire l'**estinzione funzionale** dell'umanità e di gran parte del resto della vita sulla Terra;

2. evitare di finire prigionieri dell'infinita oscurità di un **mondo autoritario**;

3. crescere e muoversi, con maturità e libertà, in un mondo in **trasformazione**.

Scegliere di non guardare avanti è una scelta radicale. "Lasciare che il futuro badi a sé stesso" è la mentalità dell'adolescenza. Il nostro mondo ci chiama a crescere, a transitare nell'età adulta e a prenderci cura del benessere di tutta la vita. Il futuro non è impenetrabile: è afferrabile e malleabile dalla nostra mente e dalla nostra intuizione. Se lo vediamo, possiamo sceglierlo. Se non guardiamo al futuro, siamo impreparati. Se siamo impreparati, reagiamo in modo superficiale. Agendo senza profondità, veniamo sopraffatti dalle valanghe di un intenso cambiamento.

Capisco che guardare nelle profondità del cambiamento che ci aspetta spaventa la nostra psiche e la nostra anima. Il nostro tempo non è per i deboli di cuore. Non è questo il momento di vivere in disparte e ritirarsi dal mondo. Questi sono tempi per vivere nell'immensità dell'essere come cittadini del cosmo vivente e per scegliere consapevolmente il nostro futuro per vivere sulla Terra.

Facciamo un passo indietro per avere una visione più chiara: ho iniziato a esplorare a fondo le sfide che ci attendono mezzo secolo fa, nel 1972, quando lavoravo come membro senior del personale della Commissione presidenziale sulla crescita della popolazione e sul futuro dell'America[6]. Il nostro mandato era di guardare avanti di trent'anni ed esaminare in che modo e in che luogo potesse vivere un numero crescente di persone. Nello stesso anno, viene pubblicato il fondamentale *Rapporto sui limiti dello sviluppo* (ed. originale *Limits to Growth*) e la nostra commissione ha iniziato a esplorare il cerchio che si restringe dell'ecologia mondiale. Il lavoro della commissione presidenziale ha rivelato non solo i limiti alla crescita dell'economia di consumo della nostra nazione, ma anche i limiti della capacità del nostro governo anche solo di pensare a una transizione verso un futuro sostenibile.

Al termine del progetto della commissione, ho iniziato a lavorare per un gruppo di ricerca sugli scenari futuri, il "futures group" del think thank Stanford Research Institute (ora SRI International). Una mia storia personale illustra ulteriormente la mancanza di reattività delle burocrazie governative alle principali minacce per il nostro futuro. Ho sentito parlare per la prima volta di riscaldamento globale come minaccia esistenziale per l'umanità nel 1976, lavorando come sociologo senior a un progetto annuale per la National Science Foundation presso SRI International[7]. Facevo parte di un piccolo team alla ricerca di sfide future inaspettate che potessero spazzarci via senza che ce ne accorgessimo. A sostegno di questo progetto, ho partecipato a un briefing sul cambiamento climatico presso il Dipartimento dell'energia di Washington. Durante il briefing ho appreso che, continuando ad accumulare CO_2, entro 40-50 anni si sarebbero iniziati a creare gravi problemi di riscaldamento globale per il pianeta. Nonostante questo tetro monito, le autorità energetiche ci hanno sconsigliato di includere il riscaldamento globale nella nostra relazione, dicendo che non avrebbe costituito un fattore di crisi per quasi cinquant'anni e che quindi la politica avrebbe avuto tutto il tempo necessario per elaborare una risposta. Non solo non abbiamo incluso il riscaldamento globale nella nostra relazione: decretando che la relazione era troppo controversa per l'uso pubblico, i funzionari governativi responsabili del nostro lavoro l'hanno resa difficilmente accessibile da politici e cittadini.

Oggi, quasi mezzo secolo dopo, possiamo vedere i risultati di decenni di ritardo: come abbiamo anticipato, il mondo è preso d'assalto da un clima che cambia radicalmente e una guida delle civiltà che vacilla. Data questa esperienza, non mi aspetto che le istituzioni esistenti (governo, imprese, media e istruzione) possano rapidamente affrontare le sfide senza precedenti che ci troviamo davanti. Come ho scritto in un altro rapporto al consulente scientifico del Presidente, le nostre vaste e altamente complesse burocrazie non sono configurate per rispondere con la velocità e la creatività necessarie per affrontare le sfide di questi tempi difficili[8]. Per questo motivo, pongo la mia fede più grande nel popolo della Terra e nella nostra capacità di organizzarci a livello locale e globale, di imparare in fretta e di scegliere la strada verso un futuro sostenibile e significativo insieme.

Sulla base di esperienze di questo tipo, ho lasciato il futures group presso SRI International nel 1977 e mi sono dedicato alla scrittura di un libro sul tema della *semplicità volontaria*. Ho iniziato con sei mesi di meditazione in solitaria con l'intenzione di mettere insieme tutto ciò che avevo imparato nella mia vita, sia dal punto di vista interiore che esteriore, e di tornare nel mondo da persona completa. La meditazione intensiva mi ha portato a vedere il futuro dell'umanità con occhi nuovi e a capire che il decennio degli anni 2020 sarebbe stato il momento in cui l'umanità sarebbe stata costretta a compiere una svolta cruciale nella sua evoluzione come specie[9]. Basandomi su questa consapevolezza, a partire dal 1978 ho scritto e parlato del decennio degli anni 2020 come momento cruciale in cui l'umanità si sarebbe trovata a dover prendere una direzione e scegliere un nuovo percorso verso il futuro. Ora, questo fatidico decennio è arrivato.

Elaborare la portata, la velocità e la profondità del cambiamento del mondo in una transizione senza precedenti è stato estremamente impegnativo. Il dolore è stato il mio fedele compagno, l'angoscia la mia insegnante. L'intensità e l'immensità della sofferenza crescente nel mondo mi hanno reso più umile, sapendo che questo tsunami di dolore ci spezzerà il cuore e, allo stesso tempo, ci porterà a un'umanità più elevata. Anche se la scrittura è stata una parte importante del mio percorso di vita, la profondità di questa sfida va oltre il limite delle parole. Man mano che mi rendevo conto e prendevo atto di tutto ciò che morirà in questa grande transizione dell'umanità, la mia scrivania è diventata un altare alla disperazione.

Più e più volte, ho fatto un passo indietro per avere una visione più chiara di quanto sta accadendo, sapendo di scrivere questo libro da una prospettiva privilegiata: quella di un individuo bianco e maschio, membro di una cultura e di una nazione occidentale altamente industrializzata. Anche se le mie radici affondano in una piccola comunità agricola nell'Idaho, ho vissuto la maggior parte della mia vita adulta in un ambiente urbano-industriale moderno. Eppure, mentre cerco di trovare il mio posto in un mondo in profonda transizione, mi ritrovo a tornare alle mie radici di agricoltore. Oggi pianto i semi della possibilità, ma senza alcuna aspettativa di poter vederli fiorire in una nuova estate o godere dei loro frutti nel raccolto di un autunno lontano. Il mio approccio ora è quello di confidare nella saggezza della Terra e della famiglia umana nel far emergere una nuova stagione di vita.

Stiamo creando un rito di passaggio per noi stessi come specie, ma che tipo di passaggio e per dove? L'enormità della nostra perdita immaginata potrebbe farsi catalizzatore di un guadagno imprevisto? È possibile che una nuova lega umana, ricca di vitalità e potenziale, venga forgiata dai decenni di surriscaldamento appena iniziati? Queste domande sono al cuore di questo libro.

Con un approccio fiducioso, *Scegliere la Terra* esplora il collasso e la trasformazione del mondo che abbiamo costruito negli ultimi diecimila anni. Riconoscere il crollo e la disgregazione del nostro mondo è il primo passo verso una nuova vita. È fondamentale non voltare le spalle a questo: dobbiamo confrontarci con questa realtà e abbracciarla come parte integrante della nostra iniziazione all'età adulta come specie. Il dolore e la sofferenza che proviamo ci rendono consapevoli di una profonda trasformazione. Dobbiamo lasciarci il passato alle spalle, poiché il mondo si sta già disfacendo, sgretolando e andando in pezzi; dobbiamo essere pronti alla caduta libera e al collasso. Con le parole di Marianne Williamson, "qualcosa di molto bello accade alle persone quando il loro mondo si disgrega: un'umiltà, una nobiltà, un'intelligenza superiore emerge proprio nel momento in cui ci lasciamo cadere a terra".

Il rito di passaggio dell'umanità ci condurrà a una nuova comprensione della realtà che abitiamo, della dimensione terrena e cosmica della natura del nostro essere e dello straordinario cammino evolutivo intrapreso. Scegliere la Terra è scegliere la vita. La disgregazione e il crollo del nostro mondo racchiudono una terrificante realtà: la nostra specie potrebbe devastare la biosfera a tal punto da estinguersi funzionalmente. La disgregazione racchiude anche il potenziale per attraversare un periodo di grande iniziazione verso una nuova era di possibilità. Insieme, potremmo scegliere un percorso che serve il benessere di tutte le forme di vita. Insieme, potremmo affrontare perdita, dolore e grande sofferenza, lasciarci cadere a terra e poi, con umiltà, innalzarci su un percorso di grande transizione.

È fondamentale riconoscere dove siamo sul nostro cammino evolutivo. Abbiamo raggiunto una soglia cruciale: non possiamo tornare indietro e dobbiamo andare avanti. Adattarsi semplicemente al punto in cui siamo significa arrendersi alla stagnazione evolutiva e alla nostra scomparsa funzionale come specie. Se non scegliamo di affrontare questi tempi difficili e di sviluppare una maturità collettiva, lasceremo dietro di noi una Terra in rovina, assicurandoci l'estinzione funzionale come specie. Agire o morire. *Non c'è futuro senza maturità.* Se passiamo *attraverso* la nostra adolescenza verso l'inizio della maturità adulta, possiamo scoprire potenzialità di crescita non ancora sfruttate. In alternativa, possiamo abbandonare il nostro progresso evolutivo mantenendo una visione superficiale e limitata dell'umanità e del nostro cammino. Ci sentiamo a nostro agio con l'idea che la nostra eredità come specie potrebbe limitarsi a qualche decennio di comfort per pochi fortunati consumatori? Ci sentiamo a nostro agio con l'idea che il filo vitale rappresentato dall'*Homo sapiens* ha vacillato e ha fallito perché eravamo troppo preoccupati da interessi materialistici, tanto da non riuscire a sbocciare raggiungendo la maturità? Sappiamo di essere migliori di così, quindi non perdetevi d'animo!

Non possiamo raggiungere le alte vette se non teniamo conto anche delle grandi profondità. Quando tutto sembra perduto, quando non c'è più nulla da perdere, possiamo lasciare andare il passato e raggiungere nuove vette e potenzialità. Stiamo assistendo a un momento di grande scelta per il nostro mondo. Siamo chiamati alla grandezza come specie, per realizzare la nostra maturità collettiva come comunità planetaria. Niente sarà più lo stesso. Trasformati dalla sofferenza, possiamo andare verso un mondo nuovo. Siamo spinti da una nuova comprensione dell'identità umana e del nostro cammino evolutivo verso un futuro di immense possibilità. Un percorso di sviluppo evolutivo è sia un dono che una scelta. Il nostro tempo di scelta collettiva comporta conseguenze profonde che si protrarranno per migliaia di anni. Non c'è modo di aggirare il nostro rito di passaggio: *bisogna solo attraversarlo*. Abbiamo creato queste condizioni e possiamo affrontarle, con consapevolezza, creatività e coraggio. Il viaggio che ci attende è così cruciale che vale la pena dedicare pienamente le nostre vite alla trasformazione. Le probabilità sono remote, ma le ricompense sono enormi.

Sviluppare resilienza in un mondo che si trasforma

Ora ci troviamo di fronte a sfide così enormi che possiamo sentirci subito sopraffatti. Possiamo diventare più forti esplorando alcune azioni significative da intraprendere nella nostra vita quotidiana.

1. **Scegliere la vitalità**: scegliete attività rivitalizzanti, come camminare nella natura, ballare, giocare, comporre musica, coltivare relazioni, fare arte e stare con gli animali. Create un altare di gratitudine. Offrite parole di sostegno e preghiere a piante, animali, luoghi e persone. Diventate un esempio di gratitudine e vitalità per le persone più giovani.

2. **Coltivare i propri "veri doni"**: ognuno di noi ha "pseudo-doni" e "veri doni"[10]. Gli pseudo-doni sono cose che

siamo relativamente bravi a fare e spesso ci permettono di guadagnarci da vivere. I veri doni esprimono il talento e le abilità in cui brilliamo in modo naturale. Sviluppare i propri veri doni è un esercizio per diventare più pienamente vivi e connessi con il mondo.

3. **Sviluppare la propria coscienza**: la qualità della propria consapevolezza è di fondamentale importanza per orientarsi in questo mondo in cambiamento. Coltivate una consapevolezza mente-cuore attraverso pratiche come la meditazione, lo yoga, la preghiera, il dialogo o altre attività simili. Partecipate sempre più consapevolmente alla vita.

4. **Essere consapevoli del proprio ambiente**: imparate a conoscere il vostro ecosistema locale. Scoprite gli alberi, i fiori, gli uccelli e gli altri animali che pullulano nella zona. Riconoscete gli alimenti coltivati localmente. Esplorate e vivete la natura mentre fate una passeggiata. Trovate modi per sostenere il vostro ecosistema locale e le aziende agricole e commerciali di zona.

5. **Proteggere e risanare la natura**: intraprendete piccole azioni per contribuire a recuperare la natura e i miracoli della vita. Siate curiosi e imparate come poter proteggere il mondo naturale che vi circonda. La natura non può difendersi da sola: è necessario diventare una voce per le piante, gli alberi e gli animali selvatici, per la loro conservazione e il loro recupero.

6. **Elaborare le perdite**: create un altare nella vostra casa, con immagini e oggetti, per prendere atto di ciò che stiamo perdendo (alberi, fiori, animali, stagioni, luoghi, ecc.). Organizzate un semplice rituale con altre persone e fate in modo che tutti condividano il proprio lutto (ciò che hanno perduto o dimenticato), parlando in modo profondo, cantando canzoni, leggendo poesie e condividendo arte.

7. **Praticare la riconciliazione**: riconoscete i vostri vantaggi, esplorate cosa comportano parlando con un gruppo di amici fidati o di vostri pari. Siate curiosi e compassionevoli in materia di divisioni di genere, etnia, ricchezza, religione e orientamento sessuale.

8. **Scegliere la semplicità**: acquistate meno cose, offrite di più, mangiate cibi alla base della catena alimentare, viaggiate meno in aereo, riducete o cambiate gli spostamenti e condividete le vostre risorse con chi ne ha bisogno. Coltivate amicizie significative, condividete pasti semplici, fate passeggiate nella natura, fate musica, fate arte, imparate a ballare, sviluppate la vostra interiorità.

9. **Organizzare un gruppo di studio**: fate un passo indietro e guardate il nostro mondo in un momento di transizione senza precedenti. Utilizzate questo libro e i materiali di studio sul sito web di *Scegliere la Terra*, www.ChoosingEarth.org, per esplorare con gli altri. Evitate di concentrarvi sulla risoluzione dei problemi o sul biasimo, lasciate tutto lo spazio per esprimere i sentimenti. Esplorate i modi per incarnare questa conoscenza.

10. **Sostenere gli altri**: incoraggiate e assistete gli individui e le comunità direttamente colpiti dal cambiamento climatico, dal razzismo, dall'estinzione delle specie, dalle disuguaglianze, dall'esaurimento delle risorse. Vivete la vostra vita all'insegna della cura, agendo per proteggere l'ecologia locale. Offritevi volontari per le organizzazioni di servizi: una banca alimentare locale, un rifugio per persone senza fissa dimora, attività di giardinaggio o agricoltura rigenerativa.

11. **Coltivare la comunicazione**: diventate una voce per la Terra e il futuro dell'umanità. Contribuite a newsletter, blog, articoli, video, podcast e programmi radio per far sentire la vostra voce e le vostre opinioni sul nostro futuro in estinzione.

Aiutate l'immaginario sociale a prendere coscienza delle scelte che abbiamo in termini di maturazione, riconciliazione, comunità e semplicità.

12. **Diventare attivisti compassionevoli**: fate gruppo con altre persone che lavorano per una profonda trasformazione. Trovate su Internet le organizzazioni adatte ai vostri interessi. Che sia a livello locale o globale, trovate una comunità che vi sostenga nel portare i vostri veri doni nel mondo in questo momento critico. Date il vostro tempo, il vostro amore, i vostri talenti e le vostre risorse.

13. **Responsabilizzare le istituzioni**: fate in modo che le principali istituzioni (imprese, media, governo e istruzione) si rendano responsabili a livello pubblico di riconoscere e rispondere alle sfide critiche che la Terra e il futuro dell'umanità devono affrontare. Può essere impegnativo: siamo tutti parte integrante delle istituzioni, il che significa che anche noi dobbiamo assumerci le nostre responsabilità.

Le azioni apparentemente piccole che svolgiamo nella nostra vita personale servono a garantire, a noi, una base solida e, agli altri, un esempio brillante.

> *"Non dubitare mai che un piccolo gruppo di cittadini attenti e impegnati possa cambiare il mondo; in effetti, è l'unica cosa che l'abbia mai cambiato".*
> — Margaret Mead

Un ottimismo visionario e un rigoroso realismo hanno entrambi la loro importanza. I sondaggi globali mostrano che la maggior parte delle persone riconosce in una certa misura i grandi pericoli e le difficoltà che ci attendono. Un sondaggio del 2021 ha esplorato le opinioni di diecimila giovani, dai 16 ai 25 anni, in dieci Paesi di tutto il mondo, rilevando una profonda preoccupazione per il futuro[11]. Il 75% ritiene che il futuro sia spaventoso e più della metà (56%)

pensa che l'umanità sia spacciata! Due terzi delle persone intervistate dicono di sentirsi tristi, impaurite e ansiose. Quasi due terzi di loro affermano che i governi non fanno che tradire e deludere i giovani. La maggior parte pensa che l'umanità non sia riuscita a prendersi cura del pianeta (83%). È un'analisi impressionante della nostra condizione. I giovani di tutto il mondo stanno perdendo fiducia nel mondo che si trovano a ereditare. Per i giovani, che non sentono il nostro mondo in evoluzione come la loro casa, si è già verificata una profonda rottura con la storia umana.

Un altro sondaggio globale del 2021 ha coinvolto più di un milione di persone in cinquanta Paesi. Il *Peoples' Climate Vote* è stato il più ampio sondaggio mai condotto sull'opinione pubblica sul cambiamento climatico a livello mondiale. In generale, secondo questo sondaggio, il 59% delle persone afferma che esiste un'emergenza climatica e che il mondo deve "fare tutto il necessario" per affrontare questa crisi globale[12]. Che il destino della Terra è appeso a un filo è ormai un fatto profondamente riconosciuto.

Sebbene ci troviamo di fronte a una grave emergenza climatica, le sfide da affrontare vanno ben oltre il clima: l'intera rete della vita è sotto assalto. È in atto un'estinzione di massa che interessa la vita animale e vegetale sulle terre e negli oceani del mondo. La produttività agricola diminuisce mentre la popolazione umana aumenta: questa disparità produce una carenza alimentare diffusa. A loro volta, le carestie spingono le persone a migrare in massa verso luoghi più ricchi di risorse. Un numero enorme di rifugiati climatici porta a disordini civili, poiché i Paesi e i governi non sono in grado di affrontarli. Le piante e gli animali si stanno estinguendo, incapaci di stare al passo con i cambiamenti nel clima e negli ecosistemi. La foresta amazzonica si sta trasformando in ecosistemi ridotti di macchia e boscaglia.

Circa la metà delle persone sulla Terra vive con l'equivalente di due dollari al giorno o meno. Le sofferenze scatenate da questo periodo di grande transizione hanno un impatto sproporzionato sulle popolazioni indigene, sulle persone povere e su quelle non bianche. Le disuguaglianze estreme nella distribuzione della ricchezza e nel benessere scatenano sempre più conflitti, mentre la fetta più emarginata della società cerca di uscire dalla povertà profonda. Al di là della crisi climatica, viviamo una crisi dell'intero sistema della Terra. L'intero tessuto della vita è lacerato e profondamente ferito.

Più volte la comunità della Terra era stata avvertita di queste tendenze critiche. L'avvertimento più vivido e crudo è stato lanciato decenni fa. Nel 1992, più di 1.600 scienziati a livello mondiale, tra cui la maggior parte dei vincitori di premi Nobel per la scienza viventi, hanno firmato un documento senza precedenti intitolato *Avvertimento per l'umanità*[13]. In questa storica dichiarazione, affermavano che "gli esseri umani e il mondo naturale sono in una rotta di collisione [...] che potrebbe alterare il mondo vivente a tal punto che non sarà in grado di sostenere la vita nel modo che conosciamo". Questo è il loro avvertimento:

> "Noi, i sottoscritti membri senior della comunità scientifica mondiale, con la presente avvertiamo tutta l'umanità di ciò che ci aspetta. *Se vogliamo evitare una diffusa sofferenza dell'umanità e un'irrimediabile mutilazione della nostra casa globale su questo pianeta, è necessario apportare un enorme cambiamento nella nostra gestione della Terra e della vita che la abita*"[14] [corsivo dell'autore].

Rileggendo questa conclusione, il mio pensiero torna su alcune parole chiave del testo, dove gli scienziati affermano che, se non si apportano grandi cambiamenti nella nostra gestione della Terra, il pianeta subirà *"un'irrimediabile mutilazione"*. Queste due parole risuonano nel mio essere. Cosa significa "un'irrimediabile mutilazione" per le innumerevoli generazioni a venire? Una Terra perennemente sfigurata, permanentemente danneggiata, menomata e mutilata per sempre? L'aver fallito nel pianificare e gestire in modo responsabile sarà la nostra eredità per le generazioni future?

Da quell'avvertimento, sono passati più di trent'anni. La nostra risposta alla terribile minaccia che l'umanità deve affrontare è stata fin troppo lenta e si può riassumere in quattro parole: *troppo poco, troppo tardi*. Abbiamo permesso alle tendenze critiche di andare avanti, lasciandoci indietro. Il ritmo della disgregazione è molto più veloce della nostra risposta collettiva verso la riparazione e la guarigione. Non siamo al passo con la realtà. L'ecologia della Terra si sta disfacendo da oltre mezzo secolo e il progredire della disgregazione sta precipitando verso il collasso. Rimaniamo indietro e ci sentiamo sopraffatti. Dobbiamo prepararci tanto al collasso che al progresso evolutivo.

Siamo chiamati a prendere atto e a reagire, insieme e con maturità, a un mondo in grande transizione. Non è solo la velocità del cambiamento a sconvolgerci, ma anche la sua portata e la sua complessità. Ci troviamo di fronte a una moltitudine di crisi in accelerazione: crescenti perturbazioni climatiche, diffusione della scarsità idrica, riduzione della produttività agricola, aumento delle disuguaglianze in termini di ricchezza e benessere, aumento del numero di rifugiati climatici, estinzione diffusa di specie vegetali e animali, oceani morenti inquinati dalla plastica e burocrazie di dimensioni e complessità enormi. Il controllo del mondo ci sta sfuggendo di mano. È fondamentale adottare nuovi modi di vivere e di essere sulla Terra.

Il collasso è inevitabile.
Attraversarlo è una scelta.

Noi umani siamo già andati troppo oltre, e il ritmo è troppo veloce, per evitare la disgregazione e il collasso. Abbiamo già ampiamente oltrepassato il limite: stiamo rubando alle generazioni future e distruggendo il benessere di tutta la vita. Possiamo continuare così solo per poco tempo ancora. Se continuiamo a derubare il futuro, il nostro inesorabile destino sarà il crollo dei sistemi umani e degli ecosistemi. Tuttavia, se ci facciamo testimoni a livello collettivo della devastazione in crescita esponenziale del mondo, possiamo scegliere insieme un futuro migliore per tutta la vita. L'alternativa è la rovina devastante e l'estinzione funzionale degli esseri umani sulla Terra.

Intraprendere un cambiamento di questo livello è del tutto senza precedenti e richiederà all'umanità uno sforzo collettivo a dir poco rivoluzionario. Tuttavia, anche questa incredibile descrizione non rivela la profondità del cambiamento pratico necessario. Abbiamo bisogno di un'ampia trasformazione della produzione e dell'uso di energia per evitare il disastro del riscaldamento globale. Gli scienziati stimano che la comunità umana avrebbe dovuto porre un freno all'aumento delle emissioni di combustibili fossili nel 2020, per poi dimezzarle entro il 2030, dimezzarle nuovamente entro il 2040, per infine arrivare a zero emissioni nette di carbonio entro il 2050[15]. *Tutto il mondo* deve eliminare o compensare l'inquinamento da carbonio entro la metà del secolo. Ciò significa che:

- Entro il 2050, nessuna casa, azienda o industria dovrà essere riscaldata dal gas o dal petrolio oppure, in caso contrario, il loro inquinamento da carbonio dovrà essere compensato.

- Nessun veicolo potrà essere alimentato a diesel o a benzina.

- Tutte le centrali a carbone e a gas dovranno essere chiuse.

- Anche riuscendo a generare tutta l'energia elettrica da fonti a emissioni zero, come le rinnovabili o il nucleare, l'elettricità rappresenta meno di un terzo dell'attuale consumo di combustibili fossili. Di conseguenza, le altre attività ad alta intensità energetica che utilizzano combustibili fossili, in particolare la produzione di acciaio e calcestruzzo, dovranno essere alimentate da fonti rinnovabili.

Se da un lato una ricostruzione completa dell'intera infrastruttura energetica mondiale entro pochi decenni è vitale per un futuro possibile, dall'altro è tutt'altro che sufficiente. Inoltre, è necessaria una profonda e radicale trasformazione praticamente in ogni aspetto della vita: il cibo che mangiamo, le competenze che sviluppiamo e il lavoro che facciamo, le case e le comunità in cui viviamo, i messaggi mediatici che produciamo e riceviamo, le conversazioni da locali a globali che sviluppiamo, i valori di equità economica e giustizia sociale che condividiamo, la leadership delle diverse istituzioni (politiche, religiose, media, non-profit) e altro ancora. *Costruire una società, un'economia, una cultura e una coscienza completamente riconfigurate è l'unica via per evitare l'irrimediabile mutilazione della Terra.*

Come possiamo mettere in atto una trasformazione massiccia e complessa del nostro stile di vita per rispettare i limiti della natura? Attualmente, le persone nei Paesi e nelle aree più ricche della Terra consumano molto più della loro giusta quota delle risorse del pianeta. Questo eccessivo consumo sottrae alla maggioranza la parte che le spetta e la condanna alla povertà e a un livello sproporzionato di sofferenze causate dal clima. Un'iniquità così discriminatoria e squilibrata è insopportabile. Per chi conduce uno stile di vita ad alto consumo, sarà estremamente difficile limitare deliberatamente l'utilizzo di risorse e condividere la ricchezza con le persone meno privilegiate dal punto di vista economico. La sopravvivenza dell'umanità richiede una rivoluzione dello stile di vita per cui i ricchi scelgono modi di vivere materialmente molto più limitati nell'uso delle poche risorse della Terra e molto più generosi nel contribuire al benessere dei più poveri.

Trasformare il modo di vivere è più di una questione di giustizia morale e di equità: è anche essenziale per prevenire una vera e propria lotta di classe per le risorse. Se vogliamo lavorare insieme come comunità umana, allora le persone abituate a trovarsi in posizioni di autorità e di potere (per classe, genere, etnia, geografia, età, abilità, istruzione, ecc.) devono fare un passo avanti per sostenere la vita e far sentire la voce della maggioranza globale (persone povere, comunità indigene e altri gruppi da lungo tempo oppressi e sofferenti). Solo allora sarà possibile creare cambiamenti significativi a livello sistemico, compresa la ridistribuzione delle risorse, liberando la maggioranza globale dall'essere costretta a concentrarsi, per sopravvivenza, solo sulle necessità urgenti e a breve termine.

Oltre alla grande preoccupazione per l'*entità* del cambiamento, cresce l'allarme per quanto riguarda la sua *velocità*, in particolare per quanto riguarda le perturbazioni climatiche. In passato, gli scienziati pensavano che ci sarebbero voluti secoli, se non migliaia di anni, affinché il clima assumesse una configurazione diversa. Scoprire che un cambiamento importante può verificarsi "nel giro di decenni o anche meno"[16] è stato un vero shock. Ad esempio, un periodo di raffreddamento globale, detto Dryas recente, si è verificato circa 11.800 anni fa (probabilmente come conseguenza dell'esplosione di un asteroide nell'atmosfera) ed è stato seguito da un periodo di riscaldamento improvviso: circa 10°C nel giro di pochi anni![17] Sebbene attualmente non siano previsti cambiamenti di temperatura così sorprendentemente rapidi, questo esempio rivela quanto siamo vulnerabili se ignoriamo le variazioni storiche. Le attuali istituzioni governative e politiche sarebbero completamente incapaci di intervenire per far fronte a un cambiamento climatico così repentino. La maggior parte delle istituzioni governative sono progettate per tramandare il passato, non per muoversi rapidamente verso un futuro in trasformazione[18].

Siamo costretti anche a riconoscere la *profondità* del cambiamento necessaria per questo periodo di grande transizione, oltre alla sua entità e velocità. "Scegliere la Terra" significa scegliere una nuova relazione con il pianeta, il che significa scegliere una nuova relazione con la totalità della vita. Con le nostre mani, abbiamo creato le condizioni che ci costringono a osservare i nostri comportamenti con maggiore consapevolezza e scegliere deliberatamente il nostro cammino, sia come individui che come intera specie. Il collasso della vita sulla Terra porta con sé la disgregazione della psiche collettiva. *Il collasso ecologico porta con sé il collasso dell'ego.* È ormai imperativo fare progressi fondamentali nella nostra psiche collettiva. Non possiamo riparare la Terra senza guarire noi stessi e il nostro rapporto con il resto della vita. Gus Speth, ex direttore del Consiglio per la qualità ambientale, ha descritto in chiare parole la natura della nostra sfida:

"Credevo che le principali problematiche ambientali fossero la perdita della biodiversità, il collasso degli eco-sistemi e il cambiamento climatico. Ma mi sbagliavo. I principali problemi dell'ambiente sono l'egoismo, l'avidità e l'apatia [...] e per affrontare questi problemi abbiamo bisogno di una trasformazione spirituale e culturale, che noi scienziati non sappiamo come attuare"[19].

Anche se i politici e i mass media presentano ciò che sta accadendo come una crisi ecologica, la situazione è molto più grave. Non solo ci stiamo scontrando con un "muro ecologico", ovvero con i limiti fisici della capacità della Terra di sostenere l'umanità, ma ci stiamo anche scontrando con un "muro evolutivo" che ci fa confrontare con noi stessi, con la coscienza e con i comportamenti che ci conducono all'eccesso e al collasso. Un muro evolutivo mette l'umanità di fronte a una crisi di identità: chi siamo come specie? Qual è il nostro percorso evolutivo? Possediamo le potenzialità interiori per soddisfare le esigenze del mondo esteriore? Possiamo sviluppare la nostra maturità e coltivare un rapporto sano e salutare con la Terra?

Se non ci facciamo avanti per affrontare le sfide esteriori e interiori del nostro tempo, siamo destinati a seguire l'esempio di oltre venti grandi civiltà crollate nel corso della storia, come quella romana, egizia, vedica, tibetana, minoica, greca classica, olmeca, maya, azteca e tante altre. Prendendo atto del crollo e della disintegrazione delle grandi civiltà del passato, la nostra vulnerabilità risulta evidente. Tuttavia, la situazione attuale è unica per un aspetto fondamentale: la civiltà umana ha raggiunto una dimensione globale e abbraccia la Terra in un sistema interdipendente. *Il cerchio si è chiuso. Ora è in ballo la caduta simultanea di tutte le civiltà intrecciate tra loro sulla Terra.* Non c'è nella storia dell'umanità nulla che possa prepararci al rapido collasso di tutte le civiltà strettamente interconnesse del mondo.

In questi tempi di transizione assistiamo a una sorta di straordinario "tira e molla" senza precedenti. Se consideriamo solo l'aspetto del "mollare" e ignoriamo quello del "tirare", il nostro cammino è in grande pericolo. Per visualizzare questa dinamica, immaginate di lasciar andare un pezzo di corda a terra, facendo sì che si aggrovigli ai vostri piedi. Poi immaginate di tirare contemporaneamente la corda: non forma più un groviglio, ma si spiega formando una linea. Allo stesso modo, se comprendiamo e rispettiamo i "tira e molla" dei nostri tempi, possiamo andare avanti senza rimanere completamente impigliati nel processo.

Se consideriamo solo l'aspetto implacabile della crisi climatica unita ad altre tendenze avverse, allora i nostri sforzi produrranno dei nodi complessi nei quali possiamo facilmente impantanarci, confusi e disperati. Tuttavia, se approfondiamo la nostra visione includendo l'aspetto dell'opportunità, allora capiamo di poter andare avanti a una velocità sbalorditiva. Questo non elimina le enormi sfide che dobbiamo affrontare. Piuttosto, prendendo atto e utilizzando sia la potente spinta della necessità sia il forte richiamo dell'opportunità, possiamo trovare il coraggio, la compassione e la creatività per affrontare le difficoltà della transizione.

Per comprendere in modo più chiaro questo periodo di grande transizione, immaginiamo di vedere l'intero sistema da tre diverse prospettive:

- **Visione ampia**: avere una visione di insieme, al di là dei singoli fattori, e considerare un'ampia gamma di tendenze come un sistema integrato, che comprende perturbazioni climatiche, crescita della popolazione, migrazione dei rifugiati, esaurimento delle risorse, morte delle specie, disuguaglianze in aumento e molto altro. Avere una visione ampia ci offre un quadro molto più chiaro del cambiamento che spesso manca quando l'attenzione è concentrata solo su un singolo aspetto.

- **Visione profonda**: esplorare le profondità sottostanti il mondo esterno, per includere la sfera interiore del cambiamento, come la nostra psicologia, i nostri valori, la cultura, la coscienza e i paradigmi in evoluzione. Il mondo esterno riflette la nostra condizione interiore. Facendo evolvere il nostro mondo interiore, simultaneamente sviluppiamo la nostra capacità di far evolvere il mondo esterno.

- **Visione lunga**: guardare lontano nel futuro, molto più lontano del breve periodo dei prossimi cinque o dieci anni. Le tendenze incerte e ambigue nel breve periodo diventano molto più chiare se proiettate sul lungo termine, dove il loro impatto è molto più distinto e ben definito.

Figura 1: Visione ampia, profonda e lunga

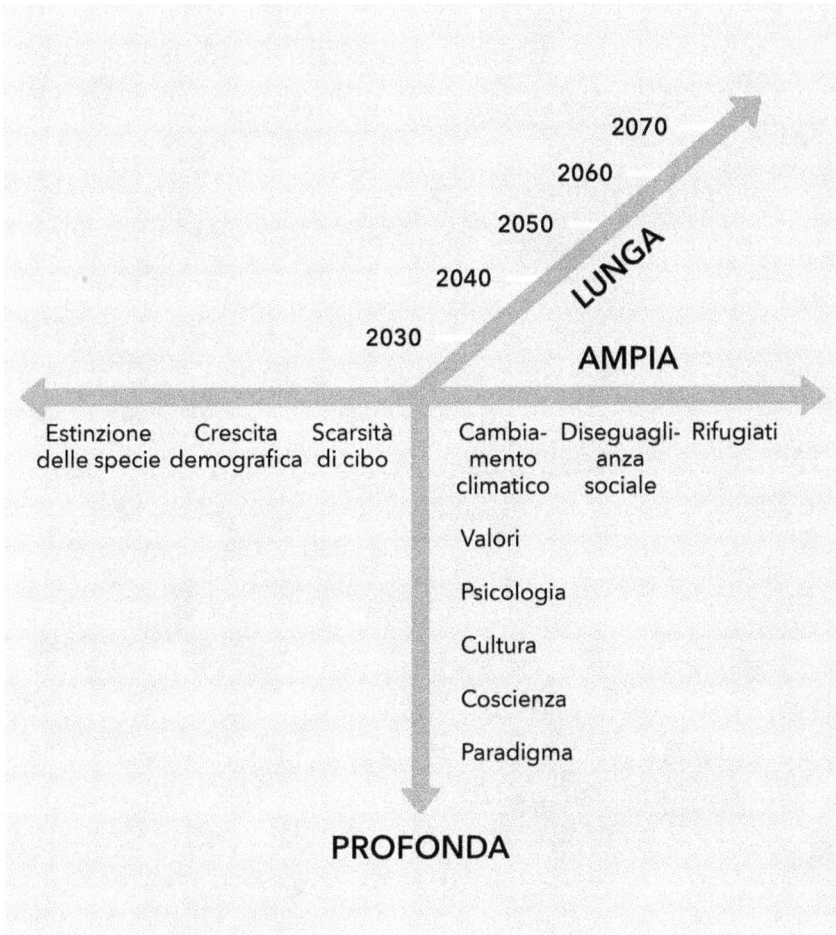

Se adottiamo una visione ampia, profonda e lunga, ci appare più chiaramente il momento cruciale della storia in cui ci troviamo e come possiamo muoverci in modo più consapevole oltre il nostro periodo di grande transizione. Da questa prospettiva dell'intero sistema, capiamo che possiamo elevarci e scegliere un nuovo modo di vivere oppure affrontare il vortice del collasso e della rovina. Ci aspettano delle dure scelte. Non tra qualche decennio o secolo, ma *ora*. Non abbiamo più tempo.

PARTE II

Tre scenari futuri per l'umanità

"Forze al di fuori del tuo controllo possono portarti via tutto ciò che possiedi, tranne una cosa: la libertà di scegliere come reagire a una situazione".

— Victor Frankl

"Siamo tutti pellegrini che attraversano un paese sconosciuto: la nostra casa".

— Fra Giovanni Giocondo, 1513

Estinzione, autoritarismo, trasformazione

In questo momento così singolare, è importante riconoscere quanto il nostro futuro sia scoperto e vulnerabile. Siamo entrati in un intervallo di tempo straordinariamente raro nella storia, un punto di svolta nel nostro viaggio collettivo, uno spazio tra il passato e il futuro in cui le vite di (si spera) innumerevoli generazioni future saranno profondamente influenzate dalle scelte che facciamo oggi. Da questo punto in poi, non possiamo prevedere dove andrà l'umanità, per un semplice motivo: il nostro futuro dipende dal fare (o meno) delle scelte consapevoli sia a livello individuale che collettivo. Il nostro percorso evolutivo potrà prendere consapevolezza di sé stesso oppure lasciarsi cadere nel buio. Siamo a un punto di svolta nella storia, un momento che sarà ricordato per sempre: possiamo sviluppare la nostra maturità di specie-civiltà consapevole delle proprie responsabilità, oppure scendere nella rovina e nell'oscurità.

Il nostro destino non doveva essere una crisi che ci invita ad agire con urgenza. Quasi mezzo secolo fa, negli anni '70, l'umanità ha sprecato l'opportunità di adattarsi gradualmente a un futuro in radicale cambiamento. È allora che abbiamo individuato per la prima volta le immense sfide che dobbiamo affrontare oggi. A caro prezzo, abbiamo consumato tutto il tempo che avevamo in più per mantenere in vita lo status quo per qualche altro decennio[20]. Ora è troppo tardi per scegliere un percorso di cambiamento graduale.

Avendo esaurito il nostro margine di adattamento graduale, se non reagiamo in modo rapido e non apportiamo cambiamenti radicali nel modo in cui viviamo sul pianeta, l'umanità si troverà presto ad affrontare profonde conseguenze. Nel giro di pochi decenni, ampie porzioni del nostro mondo non saranno più adatte alla vita umana. Condizioni estreme di siccità, inondazioni e tempeste diventeranno comuni. Carestie e malattie scuoteranno l'umanità nel profondo. Centinaia di milioni di rifugiati climatici si sposteranno in cerca di un posto dove vivere. L'estinzione di massa di animali e piante impoverirà per sempre l'ecologia della Terra. Le opzioni per il futuro sono sempre più limitate. Il tempo per un approccio graduale è finito.

Di seguito, esploro tre percorsi principali che rappresentano le nostre opzioni più chiare per il futuro. È importante riconoscere che *tutti e tre questi percorsi partono dalle stesse tendenze e condizioni preesistenti, ovvero un processo dinamico chiamato "collasso".* Poiché dedico molta attenzione alla "disgregazione" e al "collasso", voglio chiarire il significato di ciascun termine. Sono spesso usati in modo intercambiabile, ma possono essere intesi in modo molto diverso:

- Per **disgregazione** si intende che i collegamenti nei sistemi chiave cedono e vanno in pezzi. Le catene di approvvigionamento per le consegne smettono di funzionare per periodi significativi. Si verificano interruzioni di corrente. L'acqua a volte smette di scorrere e la sua purezza è dubbia. I vigili del fuoco e la polizia chiudono periodicamente perché non possono pagare le persone. Questo processo è costituito dalla disintegrazione degli elementi costitutivi di interi sistemi che, se da un lato distrugge e danneggia la salute, l'occupazione e l'accesso ai servizi essenziali, dall'altro crea opportunità per nuove configurazioni di vita. Interrompendo l'attività ordinaria, apre una breccia per la ricostruzione in nuovi possibili modi più sani e resilienti. Può essere un catalizzatore di creatività e stimolare l'innovazione, ad esempio ricostruendo le comunità e adattandole alle economie locali che supportano approcci più resilienti alla vita.

- Il **collasso** è molto più grave della disgregazione, perché descrive un processo di rovinosa caduta di comunità, città e civiltà. Con il collasso, la società crolla completamente: le abitazioni, i sistemi di trasporto, i sistemi idrici e fognari, e altro ancora, cadono nel caos. È il fallimento catastrofico del sistema *e* delle sue componenti. Li lascia entrambi in macerie, come una discarica di sistemi di ogni tipo: trasporti, comunicazioni e servizi civici. Il collasso crea una base molto difficile (sul piano fisico, economico, psicologico, sociale e spirituale) da cui partire per costruire un futuro promettente di benessere inclusivo e sostenibile.

Di seguito propongo due descrizioni grafiche di ciò che il collasso potrebbe significare per il mondo. La prima riguarda il Venezuela. Un tempo uno dei miracoli economici del Sud America, con una delle più grandi riserve di petrolio al mondo, la sua economia è crollata negli ultimi anni con conseguenze devastanti:

"Criminali e lavoratori petroliferi disperati stanno spogliando la compagnia petrolifera di attrezzature vitali (veicoli, pompe e cavi di rame), portando via tutto quello che possono per guadagnare qualcosa. [...] Il Venezuela è in ginocchio dal punto di vista economico, piegato dall'iperinflazione e da una storia di cattiva gestione. La fame diffusa, le lotte politiche, la devastante carenza di medicinali e l'esodo di oltre un milione di persone negli ultimi anni hanno fatto sprofondare questo Paese, un tempo invidiabile dal punto di vista economico per molti dei suoi vicini, in una crisi che si sta riversando oltre i confini internazionali"[21].

In secondo luogo, ecco una descrizione del collasso ad Haiti, dove le bande governano gran parte del Paese:

"Con più di un terzo degli 11 milioni di abitanti di Haiti bisognosi di assistenza alimentare, le bande criminali dilaganti hanno paralizzato le consegne di carburante, senza le quali l'attività economica (nonché la disponibilità di cibo e cure mediche) si è arenata. Il governo è un guscio vuoto e spesso in combutta con le bande che hanno preso il controllo di interi quartieri e di strade di importanza cruciale. Un'epidemia di rapimenti si è diffusa senza controllo. Il caos sta avvolgendo quasi ogni aspetto della vita quotidiana. Sono stati più volte segnalati massacri, stupri di gruppo e violenti incendi dolosi nei quartieri"[22].

Con le *disgregazioni*, le componenti della vita rimangono sufficientemente intatte per essere riassemblate in nuove configurazioni che possono funzionare, potenzialmente anche meglio di prima. Tuttavia, il *collasso* richiede la costruzione di un nuovo sistema operativo su un cumulo di infrastrutture in rovina, istituzioni in frantumi e un'ecologia devastata.

I periodi successivi a guerre devastanti hanno dimostrato la capacità di ripresa dopo un collasso sistemico, *se* un ecosistema funzionante rimane intatto. Come esempio lampante, basta guardare all'epoca successiva alla Seconda guerra mondiale, quando le nazioni si sono ricostruite dalle macerie e dalle rovine. La Germania ha subito un'enorme devastazione, con il crollo dell'economia, della società e delle infrastrutture. Tuttavia, il dopoguerra è stato seguito da una rapida ricostruzione. Il termine "collasso" descrive una condizione di quasi completa distruzione di un Paese, di un'economia e di una società, ma non significa una fine definitiva. Ciò che emerge dal processo dinamico del collasso dipende in larga misura dalla capacità delle persone di mobilitarsi in modo rapido e costruttivo. In modo simile, il percorso futuro che emergerà da un collasso su scala planetaria dipende in modo significativo dalla misura in cui i cittadini della Terra saranno in grado di mobilitarsi con risposte rapide e creative per costruire un nuovo futuro.

Immagino che, dopo il collasso planetario e la disgregazione delle nazioni, il potere sarà ampiamente disperso tra uno sconcertante coacervo di gruppi e comunità, ognuno dei quali si mobiliterà per la sopravvivenza. È probabile che emerga un mosaico di comunità e competenze senza che nessuno abbia il controllo generale. Alcuni potrebbero avere un maggiore potere di combattimento con accesso a potenti armi, mentre altri potrebbero avere un maggiore potere economico con accesso a importanti risorse e persone qualificate. Alcune comunità potrebbero essere auto-organizzate e autogestite, mentre altre potrebbero essere governate da "sovrani" e dai loro eserciti. La condizione generale potrebbe essere caratterizzata da contrattazione, commercio, combattimento e compromesso continui. La frammentazione sarebbe così grande che nessuno sarebbe in grado di avere il sopravvento e di esercitare il controllo generale. La lotta per il potere in un mondo che richiede competenze diverse crea terreno fertile per scoprire nuovi modi di vivere. La disgregazione e il collasso potrebbero produrre gli ambienti ideali per un'intensa sperimentazione. Una nuova "lega" umana potrebbe emergere dall'accesa competizione tra le comunità e fornire le basi per la costruzione di società più ampie e rigenerative.

La natura dinamica del "collasso" rivela una domanda chiave: *gli abitanti della Terra saranno disposti a intervenire davvero per arrestare la rovina della biosfera prima che il pianeta diventi completamente inabitabile?* Per preparare il terreno per un'indagine più approfondita, ecco una breve sintesi di come il collasso potrebbe svilupparsi in tre diversi scenari futuri:

- **L'estinzione funzionale** potrebbe essere il prodotto di un riscaldamento globale incontrollato, che creerebbe un clima inabitabile e l'estinzione di massa della maggior parte delle forme di vita, combinata con il collasso delle civiltà a causa di carestie, malattie e conflitti. La devastazione dell'ecosistema terrestre e il crollo distruttivo delle civiltà potrebbero spingere l'umanità ai margini estremi dell'esistenza. L'umanità potrebbe "estinguersi funzionalmente", pur continuando a vivere ai limiti della sopravvivenza, ma con un numero e una capacità talmente ridotti da scendere sotto la soglia della rilevanza evolutiva. Certo, l'umanità potrebbe andare anche oltre l'estinzione funzionale, fino all'estinzione *vera e propria*, se alterassimo il clima terrestre oltre quello che la biologia può tollerare. In breve, potremmo morire di caldo ed estinguerci completamente.

• Potrebbe affermarsi un **autoritarismo** generalizzato se l'umanità si tirasse indietro durante le prime fasi del collasso planetario e accettasse forme di costrizione altamente invasive. L'intelligenza artificiale potrebbe abilitare forme sofisticate di monitoraggio e controllo che riducono la gravità del collasso e impongono estreme limitazioni alle interazioni sociali. Potrebbero diffondersi civiltà regolate, in cui la vita dei cittadini è fortemente controllata da un'autorità potente. Poiché l'autorità sarebbe concentrata, le masse finirebbero per essere alla mercé di pochi.

• La **trasformazione** potrebbe emergere se le persone fossero pronte a adattarsi rapidamente e a orientarsi verso un futuro più sostenibile, inclusivo e compassionevole, con un alto livello di maturità collettiva e uno stile di vita collaborativo. Giocando con la curiosità e l'immaginazione, potremmo moderare le espressioni più estreme del collasso e risvegliare la nostra maturità per sostenere diverse espressioni di sviluppo verso un futuro significativo e rigenerativo.

Emergono tre elementi chiave. In primo luogo, *tutti e tre questi percorsi hanno inizio con la disgregazione e il collasso*. La differenza non sta nelle tendenze che portano al collasso iniziale, ma nel modo in cui ci mobilitiamo in risposta a tali tendenze. In secondo luogo, il "collasso" non è una condizione isolata, ma un processo dinamico da cui può emergere la ripresa. Finora la Terra ha subito cinque estinzioni di massa e la vita si è ripresa ogni volta, generalmente nel corso di milioni di anni. La rovina della Terra da parte dell'umanità non significa che tutta la vita sarebbe finita, ma potrebbe benissimo comportare un tempo di recupero misurato in decine di migliaia o addirittura milioni di anni. A sua volta, ciò significa che l'umanità probabilmente si estinguerebbe, proprio come i dinosauri e molte altre forme di vita in una precedente estinzione di massa. In terzo luogo, tutti e tre i percorsi saranno presenti in varia misura nei prossimi decenni di turbolenta transizione, il che ci porta a una domanda cruciale: *quale di questi tre scenari sarà quello preponderante nel futuro che verrà?* Con questa premessa, esploriamo brevemente ciascuno di questi percorsi.

Scenario n. 1: estinzione

"Il mondo deve rendersi conto dell'imminente pericolo che corriamo come specie".
— Inger Andersen, direttrice del Programma delle Nazioni Unite per l'ambiente

In questo percorso, il mondo continua a adottare l'approccio del "business-as-usual", per lo più negando i grandi pericoli in rapida crescita che si rafforzano l'un l'altro, producendo una grave crisi dell'intero sistema. Gran parte del mondo materialmente sviluppato rimane assorto in una trance collettiva di consumismo, accettando l'idea che siamo separati gli uni dagli altri, dalla natura e dall'universo. Sebbene possano emergere diversi movimenti per la trasformazione della società e il recupero dell'ecologia, sono troppo piccoli e troppo deboli per aprire una breccia nella distrazione e nella negazione della maggioranza. Di conseguenza, non riusciamo a riconoscere i pericoli incombenti e ci avviamo verso il collasso e l'estinzione funzionale. Ripeto, il "collasso" non è una condizione unica, ma un processo dinamico che cresce in modo sempre più estremo. Ecco come immagino lo spettro del collasso in cinque stadi, passando dalle disgregazioni iniziali alla completa estinzione:

1. **Disgregazioni diffuse**. Diversi sistemi si disfano e si sfaldano. Le catene di approvvigionamento di beni e servizi si rompono. Servizi essenziali come la protezione della polizia e dei vigili del fuoco, i servizi igienici, l'istruzione e l'assistenza sanitaria diventano sempre più inaffidabili. Il clima continua

a riscaldarsi, le specie muoiono, si verificano migrazioni di massa e la carenza d'acqua diventa critica. Le disgregazioni possono fungere da catalizzatori per un adattamento creativo, quindi questa fase ha ancora un grande potenziale per fare marcia indietro e sviluppare approcci più validi per vivere sulla Terra.

2. **Collasso in corso.** Le catene di approvvigionamento e i sistemi vitali si rompono in tutto il mondo. Gli ecosistemi crollano, gli oceani non sostengono più la vita, la produttività agricola diminuisce, la fame e le migrazioni aumentano. Il potenziale di rigenerazione dei sistemi umani e degli ecosistemi è ancora lì, ma diventa sempre più costoso e inaccessibile. Sebbene questo scenario comporti una profonda ferita al futuro della Terra e dell'umanità, possiamo ancora riprenderci da questi tempi di distruzione.

3. **Collasso totale.** Il collasso completo dei sistemi umani va di pari passo con danni irrecuperabili alla biosfera. È impossibile rigenerare gli ecosistemi del passato; siamo invece costretti a ricostruire da una base ecologica e umana profondamente danneggiata, nel tentativo di creare una biosfera sana da ciò che rimane.

4. **Estinzione funzionale.** Gli esseri umani non sono più una specie vitale. Il numero di spermatozoi scende quasi a zero e non siamo in grado di riprodurci come specie. Le pandemie proliferano senza controllo, erodendo ulteriormente la possibilità di sopravvivenza dell'umanità. Il riscaldamento globale rende la Terra inospitale e in gran parte inabitabile. L'ecosistema globale è devastato e mutilato in modo irriconoscibile. Rimangono sacche di umanità, ma una presenza umana significativa è scomparsa, lasciando solo pochi sopravvissuti bloccati in una lotta per la sopravvivenza tra le macerie.

5. **Estinzione completa**. L'aumento dei livelli di CO_2 produce livelli di riscaldamento tali da rendere l'intera Terra inabitabile per gli esseri umani e per molte altre specie animali e vegetali. Oltre al crollo del numero di spermatozoi umani, altre forze che producono collasso ed estinzione su larga scala includono: guerra nucleare diffusa; sistemi di intelligenza artificiale che sfuggono al controllo umano; ingegneria genetica che produce una serie di specie umane ostili agli esseri umani "ordinari"; perdita di insetti impollinatori con conseguente estinzione di massa di piante e di molte specie animali[23]. Gli sforzi per prevenire la completa estinzione producono un'ingegneria genetica estrema per creare esseri umani progettati con tolleranza ad alti livelli di calore e resistenza a molte malattie[24]. Potrebbero essere create armi di terrorismo biologico per tenere in ostaggio l'umanità, con la minaccia di rilasciare agenti patogeni a meno che non vi sia una massiccia ridistribuzione della ricchezza e con il rischio che questi agenti patogeni vadano fuori controllo e completino la scomparsa degli esseri umani sulla Terra[25]. Potrebbero rimanere solo frammenti di vita, ma da questi potrebbero svilupparsi nuove forme di vita nel corso di decine di migliaia o milioni di anni[26].

In un mondo che si avvia verso il collasso totale, emergerebbero probabilmente due modalità di adattamento:

1. adattamento *competitivo*, ovvero un approccio di sopravvivenza caratterizzato da gruppi in costante e violenta lotta per i beni di prima necessità;

2. adattamento *compassionevole*, ovvero un approccio di gentilezza, caratterizzato da eco-comunità impegnate in sforzi per la sopravvivenza pacifica e il ripristino collaborativo dell'ecologia locale.

Sebbene un percorso di adattamento compassionevole possa avere successo nelle prime fasi del collasso, man mano che il mondo diventa sempre più dominato da lotte feroci e conflitti per l'accesso a risorse sempre più scarse, sembra probabile che le comunità della gentilezza vengano attaccate e sopraffatte da bande ben armate che rubano preziose scorte di cibo, semi, piante, animali e utensili. Quando le lotte estreme per la sopravvivenza si diffondono, diventa estremamente difficile per le persone riunirsi all'insegna della gentilezza e lavorare in modo cooperativo. Emerge una chiara lezione: *dobbiamo fare tutto il possibile per evitare di cadere in un collasso totale in cui le guerre per la sopravvivenza diventano la normalità e le iniziative di trasformazione vengono emarginate.*

Per illustrare come il collasso porta all'estinzione funzionale, si consideri l'esempio dell'Isola di Pasqua. Con un clima mite e un ricco suolo vulcanico, l'Isola di Pasqua era un paradiso coperto di foreste e pieno di diversi animali e piante quando fu per la prima volta colonizzata dalla Polinesia nel 500 d.C. Con il prosperare degli isolani, il loro numero crebbe da poche centinaia a circa 7.000 o più, che consumarono rapidamente le risorse dell'isola oltre la sua capacità di rigenerazione. Le prove archeologiche dimostrano che la distruzione delle foreste dell'Isola di Pasqua era già molto avanzata nell'anno 800, circa 300 anni dopo l'arrivo dei coloni. Entro il 1500, le foreste e le palme scomparvero del tutto, poiché gli abitanti disboscarono i terreni per l'agricoltura e usarono gli alberi rimasti per costruire canoe, produrre legna da ardere e costruire case. Jared Diamond, professore di medicina presso l'Università della California – Los Angeles, descrive come la vita animale sia stata sradicata sull'Isola di Pasqua:

"La distruzione degli animali dell'isola fu estrema quanto quella della foresta: senza eccezioni, ogni specie di uccello terrestre nativo si estinse. Anche i crostacei furono sfruttati in modo eccessivo, tanto che la gente dovette accontentarsi di piccole lumache di mare. [...] Le ossa delle focene scomparvero improvvisamente dai mucchi di rifiuti verso il 1500; nessuno poteva più arpionare le focene, dal momento che gli alberi usati per costruire le grandi canoe per la navigazione in mare non esistevano più [...]"[27]

La devastazione della biosfera è andata oltre il recupero a breve termine. Con la scomparsa delle foreste, l'impossibilità di pescare e la caccia degli animali fino all'estinzione, le persone si rivoltarono l'una contro l'altra. L'autorità centralizzata venne meno e l'isola cadde nel caos, con gruppi rivali che vivevano nelle grotte e competevano tra loro per la sopravvivenza. Alla fine, secondo Diamond, gli isolani "iniziarono a consumare [la carne] di una specie ancora disponibile e fino ad allora inutilizzata: *l'uomo*. Le ossa umane diventarono comuni [...] nei depositi di rifiuti più recenti [...]. Il cannibalismo ricorre ossessivamente nella tradizione orale degli isolani". L'unica fonte di cibo selvatico che rimaneva erano i ratti. Nel 1700, la popolazione era scesa a un quarto o a un decimo del suo livello precedente. Quando l'isola fu visitata da un esploratore olandese nel 1722 (la domenica di Pasqua), trovò una landa desolata quasi completamente priva di vegetazione e animali. Cook descrisse gli abitanti dell'isola come "piccoli di corporatura, scarni, timidi e infelici"[28].

I parallelismi tra l'Isola di Pasqua e la Terra sono forti: la prima era una florida isola di vita che galleggiava in un vasto oceano di acqua, la seconda è una florida isola di vita che galleggia in un vasto oceano di spazio. Il significato dell'Isola di Pasqua per noi dovrebbe essere spaventosamente lampante, dato che Diamond conclude che l'Isola di Pasqua è la Terra in piccolo:

"Quando gli indigeni si trovarono in difficoltà, non poterono fuggire né cercare aiuto al di fuori dell'isola, come non potremmo noi, abitanti della Terra, cercare soccorso altrove, se i problemi dovessero aumentare. [...] se poche migliaia di uomini, in possesso soltanto di strumenti di

significativa della popolazione (stimata intorno al 20% dei cittadini statunitensi nel 2021) è favorevole a scambiare le libertà civili con soluzioni autoritarie per garantire l'ordine pubblico in caso di disgregazione sociale[33].

Sebbene alcune nazioni abbiano iniziato a consolidare il controllo autoritario sulla popolazione, non è chiaro se potranno prevalere nel lungo periodo in un mondo che sta registrando condizioni rovinose in termini di cambiamento climatico, scarsità d'acqua e di cibo, estinzioni di specie e altri eventi di un pianeta che muove verso il collasso dell'intero sistema. I Paesi dal pugno di ferro potrebbero spaccarsi e lasciare il posto a feudi in competizione tra loro che cercano di mantenere un controllo autoritario su scala ridotta. O peggio ancora: potrebbero degenerare in una vera e propria dittatura, governata da un leader unico estremamente narcisista e per niente compassionevole a decidere per tutti.

Scenario n. 3: trasformazione

Un percorso di trasformazione inizia come gli altri due: i fenomeni di disgregazione continuano, portando a un processo di collasso dinamico. Tuttavia, prima di collassare verso l'estinzione funzionale o la rinuncia alle libertà nell'autoritarismo, i popoli della Terra potrebbero riconoscere l'immenso pericolo che ci attende, allontanarsi da questi due percorsi e avanzare invece su una strada che porti a un mondo in trasformazione. Più facile a dirsi che a farsi! Un percorso di trasformazione richiede molto di più di energia rinnovabile, cambi di alimentazione, auto elettriche e le politiche del figlio unico. Abbiamo anche bisogno di potenti forze di sviluppo evolutivo per trasformare una crisi di sistema a livello planetario in un mondo al servizio del benessere di tutta la vita.

Le forze potenti, pratiche e edificanti per costruire una Terra in trasformazione sono descritte a lungo nell'ultima sezione del libro (Parte IV) e sono riassunte qui di seguito:

Sette forze edificanti

1. **Scegliere la vitalità**: passiamo da una mentalità di separazione e sfruttamento in un universo morto a una mentalità di comunità e cura in un universo vivo. Vivere nel momento presente sperimentando direttamente l'essere vivi diventa la fonte del significato e dello scopo.

2. **Scegliere la coscienza**: prestando attenzione a come ci muoviamo attraverso la vita con coscienza riflessiva o vigilanza attiva, passiamo dalla bolla del materialismo alla partecipazione compassionevole con la vita.

3. **Scegliere la comunicazione**: utilizzando gli strumenti della comunicazione da locale a globale, sviluppiamo un senso di comunità da locale a globale e costruiamo un nuovo consenso per il nostro percorso verso il futuro.

4. **Scegliere la maturità**: superando una mentalità egocentrica e adolescenziale per sviluppare un riguardo e un impegno maturi per il benessere di tutta la vita, creiamo le basi psicologiche per un futuro di trasformazione.

5. **Scegliere la riconciliazione**: riconoscendo il razzismo strutturale, le estreme disuguaglianze di ricchezza e benessere, le divisioni di genere e l'esclusione in generale, cerchiamo la guarigione e un terreno comune più ampio in cui si risvegliano la cooperazione e la collaborazione.

6. **Scegliere la comunità**: alla ricerca di sicurezza e di un senso di appartenenza in un mondo che sta crollando, iniziamo a ricostruire comunità a livello locale e a riscoprire la sensazione di sentirsi a casa nel mondo.

7. **Scegliere la semplicità**: superando il consumo senza fine come obiettivo della vita, ci muoviamo verso la semplicità e la gratitudine per essere vivi e scegliamo di vivere con armonico riguardo per il benessere di tutta la vita.

Non sono voli di fantasia. Ognuna di queste forze edificanti è già ampiamente riconosciuta. La sfida consiste nell'alimentare e mobilitare le forze già presenti e disponibili. La sinergia di queste due serie di cambiamenti, da un lato quelli materiali (come la proliferazione dell'energia solare, i nuovi modelli alimentari, la riduzione delle dimensioni delle famiglie, i nuovi tipi di lavoro, ecc.) e, dall'altro, quelli invisibili (come la maturazione delle specie, la coscienza, la riconciliazione, ecc.), è fondamentale per produrre una formazione profonda e duratura. L'intersezione di queste serie di cambiamenti produrrà un periodo di transizione dinamico e turbolento, in quanto lo slancio evolutivo del passato viene raccolto in una nuova dinamica per un futuro di trasformazione. In superficie, questo potrebbe sembrare un periodo di confusione e caos; tuttavia, le correnti profonde di cambiamento saranno all'opera, tessendo ed elevando il mondo a un livello superiore di coerenza, potenziale e scopo.

Poiché si presume che un percorso di trasformazione emerga da un processo di collasso, la pazienza e la perseveranza saranno fondamentali affinché lo sviluppo evolutivo sbocci in modo visibile nel mondo. Sebbene questo percorso sia profondamente impegnativo (poiché, per esempio, richiede all'umanità un nuovo livello di maturità, di riconciliazione e di coscienza), è già insito nella nostra attuale capacità di scelta.

È utile riconoscere le numerose aree in cui gli esseri umani collaborano con successo da tempo.

- *Meteo*: ogni giorno, il sistema meteorologico mondiale mette insieme i dati provenienti da oltre cento Paesi per fornire informazioni meteo a livello globale.

- *Salute*: le nazioni di tutto il mondo hanno collaborato per eradicare malattie come il vaiolo, la poliomielite e la difterite.

- *Viaggi*: gli accordi internazionali sull'aviazione assicurano il buon funzionamento del trasporto aereo mondiale, mentre la cooperazione globale ha permesso la costruzione della Stazione Spaziale Internazionale da parte di un consorzio di nazioni.

- *Comunicazioni*: l'Unione internazionale delle telecomunicazioni (ITU) assegna lo spettro elettromagnetico in modo che i segnali televisivi, i telefoni cellulari e i segnali radio non siano sommersi dal rumore.

- *Giustizia*: man mano che i tribunali e le corti mondiali chiedono conto ai capi di Stato delle politiche di genocidio, tortura e crimini contro l'umanità, si fa strada un'etica a livello globale.

- *Ambiente*: nonostante i ritardi nell'azione sul clima, le nazioni del mondo hanno raggiunto importanti accordi su questioni ecologiche, come la messa al bando dei CFC dannosi per lo strato di ozono dell'atmosfera.

Questi esempi di collaborazione di successo all'interno della comunità umana forniscono un contesto importante per guardare al futuro: illustrano la capacità dell'umanità di sviluppare una maturità superiore e di lavorare insieme in modo efficace.

È utile osservare i tre percorsi primari uno accanto all'altro per capirne le somiglianze e le differenze. Ciò che differenzia maggiormente questi tre possibili futuri non sono le tendenze di fondo, ma le scelte che noi esseri umani compiamo. Poiché non esiste un unico futuro più probabile, il percorso che prevarrà dipenderà da quello che sceglieremo consapevolmente o a cui rinunceremo inconsapevolmente. Pertanto, un percorso di trasformazione edificante non è una previsione; è invece una descrizione plausibile della scelta collettiva e del cambiamento di coscienza che potremmo realizzare come società globale in risposta alla disgregazione e al collasso dinamico.

Figura 2: Tre percorsi per l'umanità

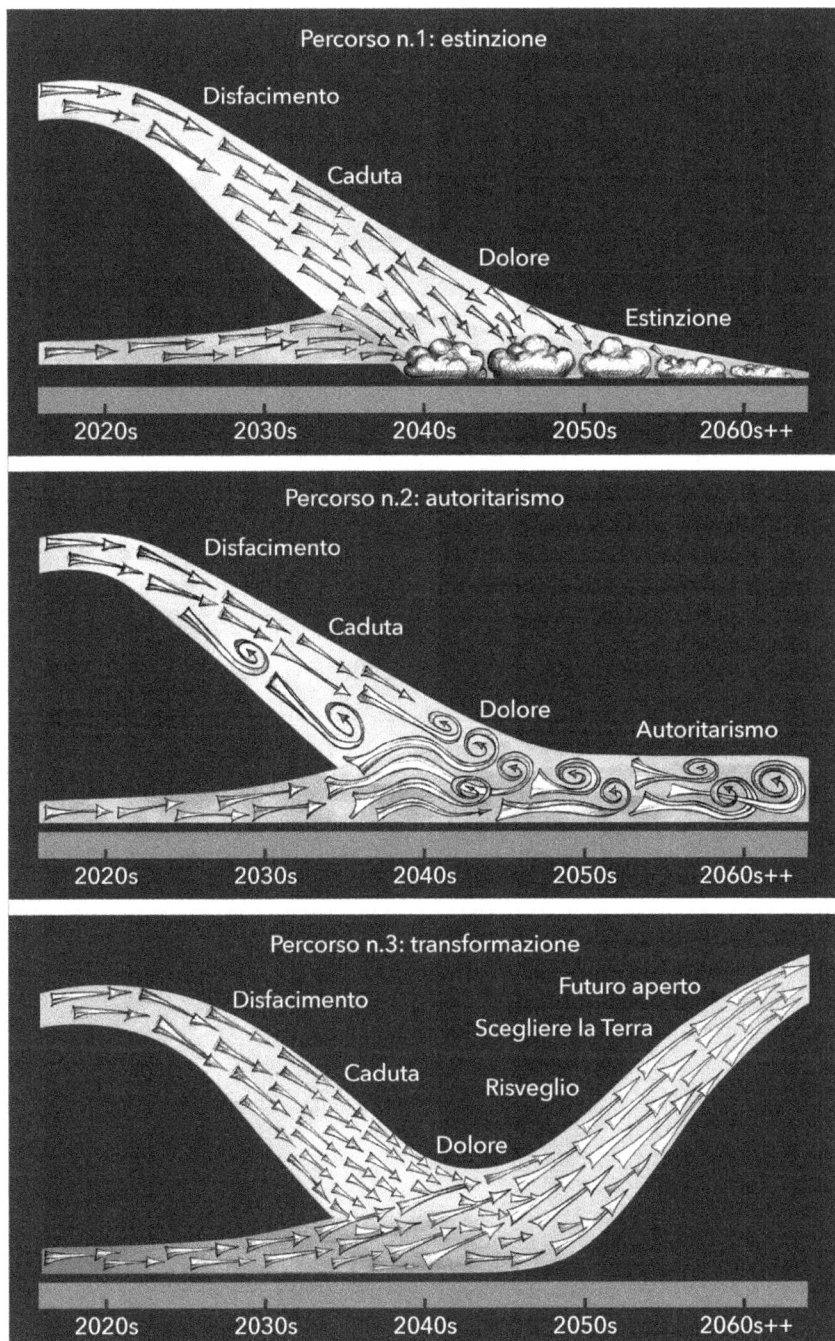

Percorso n.1: estinzione

Disfacimento

Caduta

Dolore

Estinzione

2020s 2030s 2040s 2050s 2060s++

Percorso n.2: autoritarismo

Disfacimento

Caduta

Dolore

Autoritarismo

2020s 2030s 2040s 2050s 2060s++

Percorso n.3: transformazione

Disfacimento

Futuro aperto

Scegliere la Terra

Caduta

Risveglio

Dolore

2020s 2030s 2040s 2050s 2060s++

Una delle nostre capacità più importanti come specie è l'abilità di guardare avanti, anticipare ciò che potrebbe accadere e poi rispondere rapidamente. Se riusciamo a usare la nostra immaginazione collettiva per pensare a come stiamo rendendo la Terra inabitabile, allora non abbiamo bisogno di realizzare quel futuro nella realtà fisica per imparare la lezione. Possiamo interiorizzare gli insegnamenti e la comprensione di un futuro immaginato e sceglierne consapevolmente uno diverso. Abbiamo già iniziato a immaginare vividamente i futuri che non vogliamo abitare. Quindi, non c'è bisogno di aspettare che il riscaldamento globale sciolga le calotte glaciali e inondi le città costiere del mondo prima di svegliarci e decidere che questo non è un futuro che vogliamo. Non c'è bisogno di uccidere un milione di specie diverse di animali e piante prima di decidere che una biosfera impoverita e sterile non è un futuro che scegliamo di vivere. Non abbiamo bisogno di arrenderci a un regime autoritario e a una dittatura digitale prima di decidere che le libertà umane sono oltremodo preziose per un'evoluzione consapevole. Se mobilitiamo la nostra immaginazione collettiva e visualizziamo più chiaramente i percorsi che ci attendono, possiamo orientarci consapevolmente verso un futuro diverso, *adesso* e non dopo anni di ritardi e distrazioni.

PARTE III

Fasi di iniziazione e trasformazione

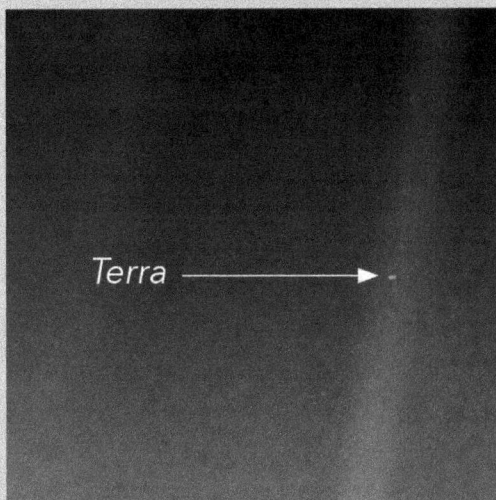

La Terra vista dalla sonda Voyager da oltre 6 miliardi di chilometri di distanza

"Guardate ancora quel puntino. È qui. È casa. È noi. Su di esso, tutti coloro che amate, tutti coloro che conoscete, tutti coloro di cui avete mai sentito parlare, ogni essere umano che sia mai esistito, hanno vissuto la propria vita. L'insieme delle nostre gioie e sofferenze, migliaia di religioni, ideologie e dottrine economiche, così sicure di sé, ogni cacciatore e raccoglitore, ogni eroe e codardo, ogni creatore e distruttore di civiltà, ogni re e plebeo, ogni giovane coppia innamorata, ogni madre e padre, figlio speranzoso, inventore ed esploratore, ogni predicatore di moralità, ogni politico corrotto, ogni "superstar", ogni "comandante supremo", ogni santo e peccatore nella storia della nostra specie è vissuto lì, su un minuscolo granello di polvere sospeso in un raggio di sole".

— Carl Sagan

Scenario riassuntivo dell'iniziazione dell'umanità: 2020 - 2070

Anni 2020 – Il grande declino: la disgregazione
Tutte le grandi istituzioni iniziano a sgretolarsi e ad andare in pezzi.
L'intera **economia** mondiale si frammenta e crolla a livello locale,
nazionale e globale. L'**ecologia** del pianeta, che comprende terre,
oceani, animali e piante, si deteriora gravemente. I sistemi **sociali** a
ogni livello smettono di funzionare, causando una perdita di fiducia
da parte della collettività, un declino della credibilità e crescenti
divisioni. L'offerta delle istituzioni **accademiche** è sempre più
lontana da ciò che serve per vivere in modo efficace sulla nostra
Terra in trasformazione. I mass **media** promuovono il consumismo
e fanno leva su paura e distrazione. Le istituzioni **religiose** non
vengono più ritenute fonte di significato e comprensione in questo
mondo in disfacimento.

Anni 2030 – Il grande collasso: in caduta libera
Il mondo ha ampiamente oltrepassato il limite. Il fabbisogno dell'umanità è superiore a quanto la biosfera può sostenere rigenerandosi
e rinnovandosi. Non possiamo perseverare nei modelli del passato.
I fili che un tempo univano le civiltà si spezzano, facendoci precipitare verso il collasso. L'intero sistema complesso di un mondo che
vive consumando ben più di quanto consentito dai mezzi materiali
mette l'umanità di fronte a un'ecologia al collasso, caratterizzata
da gravi cambiamenti climatici ed estinzioni di massa di animali
e piante, calo della produzione alimentare, diffusione di carestie,
malattie e conflitti e non solo.

Anni 2040 – La grande iniziazione: il dolore
Il mondo che crolla provoca indicibili sentimenti di perdita, dolore,
lutto e colpa. I cambiamenti climatici, l'estinzione delle specie, l'esaurimento delle risorse, le migrazioni di massa e altri fattori generano

conflitti diffusi. Il mondo è fuori controllo e milioni di esseri umani muoiono insieme a schiere di animali e piante in tutto il pianeta, provocando una Grande morte e un'incredibile sofferenza.

Anni 2050 – La grande transizione: l'inizio della maturità

Ci rendiamo collettivamente conto che il sistema Terra sta crollando. Possiamo scegliere tra arrenderci all'estinzione funzionale della vita umana o entrare nell'età matura della nostra specie. Riconosciamo la nostra responsabilità collettiva a lavorare per il benessere di tutta la vita umana: persone ricche e povere, del nord e del sud, di ogni origine, ecc. A ogni livello si sviluppano movimenti di rigenerazione, dagli "eco-villaggi" alle "città di transizione" fino alle "eco-civiltà": cominciamo a costruire le basi per una nuova vita sulla Terra.

Anni 2060 – La grande libertà: scegliere la Terra

Da un'immensa perdita emergono una nuova maturità umana e una determinazione collettiva a comunicare e collaborare per creare nuovi modi di vivere sulla Terra. Prendendo parte a conversazioni a livello di specie, scegliamo la Terra come nostra casa e comunichiamo in modo del tutto nuovo per deviare la curva evolutiva dalla rovina ed elevarci invece verso un futuro positivo. In tutto il mondo si intensificano energiche iniziative di innovazione e ricostruzione.

Anni 2070 – Il grande viaggio: un futuro aperto

Emerge una specie-civiltà con una coscienza su scala terrestre. Nel renderci conto che le opzioni sono l'elevazione collettiva o il crollo generale, scegliamo la prima, creando un nuovo senso di umanità planetaria. Un nuovo percorso per ripristinare l'integrità della vita sulla Terra ci chiama.

Scenario di trasformazione completo

Dai tre percorsi, passiamo ora a esaminare in modo approfondito il futuro "trasformazionale". Gli altri due percorsi, l'"estinzione" e l'"autoritarismo", sono relativamente chiari perché si stanno già manifestando nel mondo. Il futuro trasformazionale, tuttavia, è diverso perché rappresenta un progresso evolutivo verso l'ignoto. Essendo uno scenario in cui non ci siamo mai avventurati, non abbiamo un'idea predeterminata di cosa sia un percorso di trasformazione. Si basa sul potere combinato di forze edificanti riconosciute a livello individuale, ma che non abbiamo immaginato di far convergere in una forza collettiva mirata all'evoluzione. Per dare un'idea di una visione trasformazionale del futuro, ecco un paragrafo tratto dal mio libro *The Living Universe* del 2009:

"La sofferenza, l'angoscia e il dolore di questi tempi saranno il fuoco purificatore che brucerà antichi pregiudizi e ostilità per depurare l'anima della nostra specie. Non mi aspetto che un singolo periodo d'oro di riconciliazione si manifesti sul pianeta; piuttosto, ondate di calamità ecologiche rafforzeranno i periodi di crisi economica, ed entrambi saranno amplificati da massicce ondate di disordini civili. Invece di un unico crescendo di crisi e conflitto, probabilmente assisteremo a una riconciliazione momentanea, seguita da una disintegrazione e poi da una nuova riconciliazione. Nel dare vita a una civiltà mondiale sostenibile, probabilmente l'umanità alternerà cicli di contrazione e distensione. Solo quando saremo completamente sfiniti, bruceremo le barriere che ci separano dalla nostra unità come famiglia umana. Alla fine, ci renderemo conto di dover inevitabilmente scegliere tra una civiltà planetaria gravemente ferita (o addirittura nata morta) e la nascita di una famiglia umana e di una biosfera un po' ammaccate, ma relativamente sane. Capendo e accettando la responsabilità di questa scelta ineludibile, lavoreremo per scoprire un senso comune di realtà, identità e società. Trovarlo sarà un compito estremamente impegnativo. Solo dopo aver perso la speranza di soluzioni parziali saremo disposti ad andare avanti con mente e cuore aperti verso un futuro di sviluppo reciproco. In ultima analisi, attraverso l'iniziazione possiamo passare, come specie, dall'adolescenza alla prima età adulta e assumerci consapevolmente la responsabilità del nostro rapporto con la Terra, con il resto della vita e con l'universo"[34].

Questo paragrafo non descrive in modo dettagliato la natura delle trasformazioni che ci attendono. Per sviluppare uno scenario più solido del futuro, di seguito descrivo ogni decennio in tre modi diversi:

1. Un **riepilogo** del decennio. È facile perdersi nelle informazioni dettagliate, quindi il riepilogo fornisce una panoramica del periodo.

2. Una rassegna delle principali **tendenze trainanti** di ogni decennio. Si tratta di informazioni concrete e fattuali provenienti dalle fonti più affidabili che ho potuto trovare per sviluppare una comprensione dettagliata delle principali sfide che ci attendono. Le tendenze trainanti forniscono lo "scheletro" o il quadro analitico dello scenario.

3. Uno scenario o una **storia** che descrive come si svolge il decennio. È la "carne" di una descrizione più soggettiva dello sviluppo del periodo. Le tendenze in dettaglio sono intrecciate in una narrazione realistica del futuro.

Basandomi sulle migliori stime scientifiche disponibili, ho individuato otto principali tendenze trainanti comuni a ciascun decennio:

1. Riscaldamento globale e perturbazioni climatiche
2. Scarsità d'acqua

3. Scarsità di cibo

4. Rifugiati climatici

5. Estinzione delle specie

6. Popolazione mondiale

7. Crescita economica e disgregazione

8. Disuguaglianze economiche

Mentre spesso la ricerca si concentra solo su alcune tendenze trainanti, ho deciso di prenderle in considerazione tutte, analizzando il modo in cui è probabile che interagiscano tra loro nei prossimi decenni. Poi ho sviluppato altri sette *fattori edificanti*, che costituiscono la "carne" che completa le descrizioni dello scheletro di base. Mettendo insieme questi quindici fattori trainanti, emerge uno scenario estremamente dettagliato. Questo approccio non garantisce delle "risposte giuste" sul futuro; tuttavia, offre un approccio rigoroso per sviluppare una visione realistica di un percorso edificante che possa emergere da questi decenni di oscurità.

È importante prendere atto che dividere lo scenario in scatti di dieci anni è piuttosto arbitrario. Il mondo è un luogo caotico e complesso che non divide la sua progressione in pratici e ordinati decenni di sviluppo. Inoltre, siamo entrati in un periodo di transizione planetaria turbolento e caotico, che presenterà degli imprevisti (come l'improvviso scoppio della pandemia globale di COVID) che possono pregiudicare aspettative altrimenti plausibili. Pertanto, c'è una buona ragione per esercitare cautela nel dividere il futuro in decenni distinti.

Dato che la confidenza scientifica nei dati di tendenza diminuisce man mano che si guarda al futuro, i primi decenni sono più ricchi di dati e analisi scientifiche. Come già detto, *tutti e tre i percorsi (estinzione, autoritarismo e trasformazione) hanno inizio con le stesse forze trainanti*. La differenza tra loro non sta nelle tendenze iniziali, ma nelle scelte adottate dalla comunità umana in risposta a tali tendenze. *Un futuro trasformazionale si verifica solo se alziamo la testa e risvegliamo il cuore per seguire un fine e un potenziale più alti come specie.*

Esplorare uno scenario di trasformazione è un esercizio impegnativo di immaginazione sociale che richiede compassione, persistenza e pazienza. È un lavoro difficile. Dobbiamo mobilitare tutte le facoltà a nostra disposizione per sviluppare un'immagine chiara del futuro, che includa dolori e perdite, ma anche potenti fattori edificanti come una maturazione e una consapevolezza collettive capaci di trasformare avversità inevitabili in opportunità realistiche. Sebbene l'esplorazione dei prossimi cinquant'anni sia molto impegnativa, offre il potenziale per visualizzare una profonda iniziazione e un rito di passaggio per la nostra specie.

Voglio fermarmi un attimo e riconoscere il vostro coraggio nell'aver scelto di leggere questo libro. Leggete a nome di tutta la vita. Penso che siate persone dall'intelligenza curiosa e dal cuore compassionevole. Penso che abbiate a cuore la vita, le persone, la natura e la Terra. Penso che, istintivamente, percepiate come la vita futura chieda a coloro che sono consapevoli nel presente di testimoniare ciò che si sta svolgendo ora sulla Terra. Farsi avanti come testimoni del nostro tempo di trasformazione senza precedenti è un dono per il futuro. Fino a poco tempo fa, erano poche le persone consapevoli del fatto che la civiltà umana attraversa un collasso dinamico che sta creando una profonda iniziazione per la nostra specie. Oggi possiamo riconoscere consapevolmente che è in corso un'iniziazione e questa consapevolezza può fare una differenza enorme nella scelta del nostro cammino. Rispetto sia il vostro dolore per la perdita sia la vostra gratitudine per la vita che continua. Rispetto la vostra volontà di vedere ciò che si sta verificando. In questo modo, state contribuendo a una nuova umanità a servizio del benessere di tutta la vita. Grazie per essere fedeli servitori del nostro futuro in trasformazione.

Anni 2020 – Il grande declino: la disgregazione

Riepilogo

Negli anni 2020, la grande transizione inizia nel momento in cui l'umanità prende atto dell'inevitabilità che ci troviamo di fronte a una profonda crisi mondiale. Gradualmente, ci rendiamo conto che, invece di un singolo problema da risolvere, ci troviamo di fronte a una crisi dell'intero sistema che richiede profondi cambiamenti nel modo in cui viviamo sulla Terra. A livello collettivo, non arriviamo a comprendere questa realtà rapidamente o facilmente. L'umanità entra in questo decennio cruciale profondamente divisa. Lentamente, una piccola parte di persone si rende conto che dobbiamo affrontare una crisi sistemica che va ben oltre le perturbazioni climatiche.

In questo decennio, il riscaldamento globale causa sempre più siccità, incendi, inondazioni e forti tempeste in tutto il mondo. Si adottano misure per far fronte all'aumento di CO_2, ma il ritmo dell'innovazione è di gran lunga inferiore a quello necessario per stabilizzare le temperature globali. Andiamo verso la catastrofe climatica. La scarsità d'acqua è fonte di stress per quasi la metà della popolazione mondiale. Negli Stati Uniti, in India e in altre parti del mondo le falde acquifere vengono prosciugate. Ogni anno, diversi milioni di persone diventano rifugiati climatici nel tentativo di spostarsi in aree più ricche di risorse. Le specie animali e vegetali sono sotto pressione, incapaci di migrare rapidamente in risposta al rapido ritmo del cambiamento climatico. Le catene di approvvigionamento economico si rompono.

Le istituzioni di ogni tipo (economiche, politiche, accademiche, sanitarie, ecc.) sono lente nell'apportare cambiamenti. La maggior parte dei leader si concentra sulla protezione della propria ricchezza, del potere, dello status e dei privilegi. I leader sono più preoccupati di perpetuare le loro istituzioni che di proteggere il benessere di tutta la vita. Tra le generazioni giovani in tutto il mondo si fa sempre più largo una profonda perdita di fiducia nella leadership. La maggior parte di loro si sente "condannata" e ritiene che le generazioni più anziane abbiano accantonato il loro futuro a lungo termine a favore di un guadagno a breve termine.

Le sfide alla mentalità del materialismo, del consumismo e del capitalismo stanno crescendo, ma sono in gran parte inefficaci dato il potere economico e politico degli individui più ricchi. A livello globale, le disparità di ricchezza sono estreme: il 10% della popolazione mondiale (la più ricca) possiede il 76% della ricchezza, mentre il 50% ne possiede solo il 2%. In altre parole, il 10% del mondo si appropria di tre quarti della ricchezza totale, lasciando alla metà più povera della popolazione solo una piccola porzione[35]. In termini di cambiamento climatico, queste disuguaglianze riflettono più che una disparità nel benessere economico: riflettono anche grandi differenze nelle emissioni di CO_2. Le persone ricche sono responsabili dell'emissione di una quantità sproporzionata di carbonio. Sembra sempre più improbabile che gli abitanti del mondo possano lavorare insieme in modo integrante e cooperativo con differenze così estreme. Una tassa globale sulla ricchezza e sul carbonio è importante se vogliamo effettuare una transizione verso un mondo a basse emissioni, fornire un'assistenza sanitaria e un'istruzione adeguate e ripristinare la salute ecologica del pianeta. Sebbene la necessità di una maggiore equità sia enorme, la resistenza è ancora più forte. È probabile che il sistema economico che sostiene queste profonde disuguaglianze crollerà sotto il peso di questa disfunzione. Non è sostenibile.

La rivoluzione delle comunicazioni continua a ritmo serrato, con l'introduzione massiccia delle reti ad alta velocità negli Stati Uniti e la loro crescita a livello globale. All'inizio del decennio, due terzi dei cittadini del mondo hanno accesso a Internet, con una rapida crescita fino a tre quarti entro la fine del periodo. Tuttavia, i contenuti della comunicazione orientati al consumo promuovono generalmente una mentalità più adolescenziale ed egocentrica, focalizzata sul breve periodo. Complessivamente, in questo decennio, i conflitti aumentano perché le persone si rinchiudono sempre più in gruppi suddivisi per razza, etnia, religione, ricchezza e orientamento politico. Nonostante le disgregazioni crescenti, la preoccupazione principale è ritornare alla vecchia normalità e mantenere lo status quo.

Rassegna delle principali tendenze trainanti negli anni 2020

- **Riscaldamento globale**: l'aumento del riscaldamento globale di 1,2 °C entro il 2020 fornisce la prova schiacciante della presenza di una grave alterazione climatica. Gli scienziati temono che un aumento di 1,5 °C produrrà un'instabilità climatica assai maggiore di quanto si pensasse in precedenza[36]. Proiezioni scientifiche allarmanti stimano che, entro la fine del secolo, si verificherà un aumento catastrofico della temperatura dell'ordine di 3 °C.

  Le ripercussioni del riscaldamento globale sono spaventose: ad esempio, un rapporto speciale dell'IPCC del 2019 ha riconosciuto che metà delle megalopoli del mondo, con quasi due miliardi di persone, si trova su coste vulnerabili. Anche se l'aumento della temperatura globale si limita a soli 2 °C, gli scienziati prevedono che l'impatto dell'innalzamento del livello del mare causerà migliaia di miliardi di dollari di danni all'anno e provocherà la migrazione di diversi milioni di persone dalle aree costiere[37]. Il rapporto speciale ha offerto un quadro desolante del futuro a lungo termine:

  "Abbiamo semplicemente aspettato troppo a ridurre le emissioni e saremo costretti a confrontarci con conseguenze che sono ormai inevitabili. Tuttavia, la differenza tra il ridurre drasticamente le emissioni e proseguire con il "business-as-usual" è netta: in uno scenario a basse emissioni, gestire le conseguenze del cambiamento climatico sarà costoso, ma possibile; non fare nulla comporterà effetti catastrofici ingestibili"[38].

L'innalzamento del livello del mare continuerà per centinaia, forse migliaia, di anni, anche se le emissioni venissero azzerate ora[39]. Nonostante i chiari avvertimenti di una catastrofe, le emissioni di CO_2 continuano a crescere[40]. Questo fa temere che si possa creare una sorta di "pianeta serra", una condizione mai vissuta dall'umanità[41].

Oltre all'aumento della temperatura che produce il surriscaldamento del mare, la riduzione delle calotte glaciali e l'acidificazione degli oceani, il riscaldamento globale porta con sé anche nuovi fenomeni meteorologici estremi (tempeste, piogge, inondazioni, siccità) che hanno gravi ripercussioni sull'agricoltura e sugli habitat[42]. Tutti questi cambiamenti sono destinati a intensificarsi nel corso del XXI secolo e oltre.

Il riscaldamento globale ha un impatto diretto anche sulla salute umana. Un rapporto dell'Organizzazione mondiale della sanità afferma che: "La crisi climatica è una crisi sanitaria […] che aggrava la malnutrizione e favorisce la diffusione di malattie infettive come la malaria. Le stesse emissioni che causano il riscaldamento globale sono responsabili di oltre un quarto dei decessi per infarto, ictus, cancro ai polmoni e malattie respiratorie croniche"[43].

- **Pandemie**: per una serie di ragioni, le pandemie (malattie che si diffondono a livello globale) hanno maggiori probabilità di emergere nelle condizioni causate dal riscaldamento globale.

1. Quando le regioni ghiacciate della Terra iniziano a scongelarsi a causa del surriscaldamento, rilasciano virus rimasti bloccati per decine di migliaia di anni. Durante le precedenti ere glaciali, la resistenza alle malattie sia degli esseri umani

che degli altri animali potrebbe essere diminuita rendendoli molto più vulnerabili alle infezioni.

2. Nuove pandemie emergono quando i progressi economici favoriscono una crescita demografica vertiginosa e portano grandi popolazioni a vivere in stretta prossimità con gli animali selvatici, consentendo alle malattie di trasmettersi più facilmente agli esseri umani.

3. Con i progressi tecnologici e l'elevata mobilità, le persone e gli animali selvatici sulla Terra si mescolano in modo più rapido consentendo ai virus di circolare velocemente a livello globale. La portata e la velocità dei moderni spostamenti umani rendono quasi impossibile attuare e applicare le quarantene.

4. I progressi tecnologici creano la possibilità per i terroristi di produrre o sfruttare la bioingegneria per sintetizzare agenti patogeni da usare come armi biologiche per produrre minacce pandemiche.

È probabile che le pandemie, come il coronavirus, diventino un disagio ricorrente in un mondo in rapido riscaldamento[44]. Sebbene sia improbabile che fungano da catalizzatore di un collasso globale della civiltà, rivelano la vulnerabilità dei nostri sistemi sociali ed economici strettamente interconnessi. Inoltre, offrono un esempio convincente della necessità di una collaborazione matura e planetaria. Il COVID ha fatto sì che l'umanità si rendesse conto della sua vulnerabilità collettiva e ha dimostrato come una risposta vigorosa da parte di poche nazioni non sarà sufficiente. Nel nostro mondo altamente mobile, nuove varianti del virus possono emergere e diffondersi in tutto il pianeta in poche settimane. Per fermare il virus prima che questo accada, sarebbe necessario vaccinare quasi tutti gli esseri umani più o meno nello stesso momento: una risposta globale a una minaccia globale. Mentre cerchiamo di capire come reagire, il COVID attiva una coscienza collettiva su scala terrestre. Tuttavia, esistono differenze fondamentali tra la crisi climatica e le pandemie. Sebbene le pandemie rivelino che siamo tutti interconnessi nella rete della vita della Terra, sono generalmente percepite come una minaccia relativamente discreta, vicina, immediata e personale per sé stessi e la propria famiglia. In confronto, le perturbazioni climatiche costituiscono una minaccia più complessa, profondamente interconnessa, lontana, vaga e generale per la società e l'economia in senso più ampio. Le azioni necessarie per rispondere alla crisi climatica non sono semplici e i benefici di tali azioni sono più incerti e meno immediati. L'ambiguità e l'incertezza rendono molto più difficile una risposta univoca e un'azione decisiva per il clima. Nonostante queste differenze, la pandemia di coronavirus contribuisce in modo significativo alla presa di coscienza dell'umanità di vivere in un mondo strettamente interdipendente.

- **Scarsità d'acqua**: sebbene la Terra sia ricoperta da enormi oceani, solo il 3% dell'acqua del pianeta è dolce e in gran parte è inaccessibile: oltre due terzi sono bloccati nelle calotte glaciali e nei ghiacciai, mentre quasi tutto il resto si trova nelle falde acquifere. Solo tre decimi dell'1% di tutta l'acqua dolce del mondo si trova in laghi e fiumi di superficie. Dato l'enorme aumento della popolazione mondiale con stili di vita ad alta intensità idrica, l'acqua sta già diventando una risorsa limitata. Si stima che, nel 2020, la scarsità d'acqua abbia interessato tra il 30 e il 40% del mondo e che, entro il 2025, colpirà tre miliardi di persone, con i due terzi della popolazione mondiale in regioni sottoposte a stress idrico[45]. Nel 2019, "844 milioni di persone (1 su 9) non avevano accesso all'acqua potabile e 2,3 miliardi di persone (1 su 3) non avevano accesso ai servizi igienici"[46]. Più di due miliardi di persone vivono in Paesi che subiscono un forte stress idrico e circa quattro miliardi di persone subiscono una grave carenza d'acqua per almeno un mese all'anno. I livelli di stress continueranno ad aumentare con la crescita della domanda di acqua e l'intensificarsi degli effetti del riscaldamento globale[47].

- **Scarsità di cibo**: "nel 2019, poco più di 800 milioni di persone hanno sofferto la fame, il che corrisponde a circa una persona su nove nel mondo"[48]. Nonostante i significativi miglioramenti nei decenni precedenti, le perturbazioni climatiche rendono assai cupe le prospettive alimentari per il futuro[49]. Per illustrare la situazione, "secondo l'UNICEF, 22.000 bambini muoiono ogni giorno a causa della povertà. E muoiono silenziosamente nei villaggi più poveri della Terra, lontano dai controlli e dalla coscienza del mondo". Si stima che circa il 27% di tutti i bambini nei Paesi in via di sviluppo versi in condizioni di sottopeso o di rallentamento della crescita"[50]. Con l'arrivo di altri due o tre miliardi di persone, la domanda globale di cibo crescerà più del doppio nel corso del prossimo mezzo secolo. In questo periodo di tempo, una questione centrale è se l'umanità potrà raggiungere e sostenere un tale enorme aumento della produzione alimentare[51]. Un altro studio ha rilevato che:

"Le decisioni che verranno prese nei prossimi decenni avranno enormi ripercussioni sul futuro del nostro pianeta e il corretto funzionamento dei nostri sistemi alimentari ne è il fulcro. Le attuali pratiche contribuiscono al problema, tutto nel tentativo di produrre le quantità record di cibo necessarie a sfamare la popolazione mondiale. [...] È stato proprio questo progresso a contribuire al degrado su larga scala del suolo e delle risorse idriche, alla perdita di biodiversità e all'aumento delle emissioni di gas serra. Oggi, la produttività del 23% del suolo globale è diminuita, mentre circa il 75% dell'acqua dolce è utilizzato solo per l'agricoltura"[52].

- **Rifugiati climatici**: tra il 2008 e il 2015, secondo le Nazioni Unite, i disastri climatici o meteorologici hanno prodotto una media di 26,4 milioni di persone sfollate[53]. Nel 2020, decine di milioni di persone si sono spostate.

- **Estinzione delle specie**: entro la fine di questo secolo, conclude un rapporto delle Nazioni Unite, più di un milione di specie di piante e di animali sono a rischio di estinzione, molte delle quali si prevede che si estingueranno nel giro di pochi decenni. Robert Watson, chimico britannico che ha presieduto il gruppo di esperti, ha dichiarato: "Il declino della biodiversità sta erodendo le fondamenta delle nostre economie, dei nostri mezzi di sostentamento, della sicurezza alimentare, della salute e della qualità della vita in tutto il mondo"[54]. L'integrità della biosfera viene devastata e le perdite includono insetti, uccelli, mammiferi, rettili e pesci. Le prospettive generali sono molto negative.

Secondo la prima analisi scientifica globale, gli **insetti** del mondo sfrecciano lungo la strada dell'estinzione, minacciando un "collasso catastrofico degli ecosistemi naturali"[55]. L'analisi ha rilevato che oltre il 40% delle specie di insetti è in diminuzione e un terzo è in pericolo. L'estinzione degli insetti è otto volte più veloce di quella di mammiferi, uccelli e rettili, tanto che, "se non cambiamo il nostro modo di produrre cibo, gli insetti nel loro complesso si estingueranno in pochi decenni. Le ripercussioni per gli ecosistemi del pianeta sono a dir poco catastrofiche".

Anche le **api** scompaiono a un ritmo allarmante a causa dell'uso eccessivo di pesticidi nelle colture e della diffusione di alcuni parassiti che si riproducono esclusivamente nelle loro colonie. *L'estinzione delle api potrebbe significare la fine dell'umanità. Se le api non esistessero, difficilmente potremmo immaginare la sopravvivenza dell'umanità.* Delle 100 specie di colture che forniscono il 90% del nostro cibo, il 35% è impollinato da api, uccelli e pipistrelli[56].

Un altro studio ha rilevato che gli **uccelli** stanno scomparendo dal Nord America: il numero di uccelli negli Stati Uniti e in Canada è diminuito di tre miliardi, ovvero del 29%, nell'ultimo mezzo secolo[57]. David Yarnold, presidente della National Audubon Society, ha definito i risultati "una crisi in piena regola". Kevin Gaston, biologo della conservazione, ha affermato che le nuove scoperte segnalano un fenomeno più esteso: "Stiamo perdendo la natura". "I cieli si stanno svuotando. [...] Rispetto a cinquant'anni fa, ci sono 2,9 miliardi di uccelli in meno che spiccano il volo"[58]. L'analisi, pubblicata sulla rivista *Science*, è il tentativo più esaustivo e ambizioso di capire cosa stia accadendo alle popolazioni di uccelli. I risultati hanno sconvolto i ricercatori e le organizzazioni di conservazione.

L'ecosistema degli **oceani** viene devastato: la vita marina è diminuita del 49% tra il 1970 e il 2012. La pesca eccessiva e l'inquinamento stanno producendo un'estinzione marina "senza precedenti". Secondo un importante rapporto, ogni specie di pesce pescato in natura (dal tonno alle sardine) è destinata al collasso entro il 2050. Il termine "collasso" è stato definito come una riduzione del 90% dell'abbondanza di base della specie[59]. Un altro rapporto avverte che la caccia e l'uccisione delle specie più grandi dei mari sconvolgeranno gli ecosistemi per milioni di anni[60].

Ecco come il Center for Biological Diversity descrive la crisi generale dell'estinzione:

"Le popolazioni di animali selvatici stanno crollando in tutto il mondo. [...] Il nostro pianeta si trova ora ad affrontare una crisi di estinzione globale mai vista dall'umanità. Gli scienziati prevedono che più di un milione di specie saranno in via di estinzione nei prossimi decenni. Le popolazioni di animali selvatici in tutto il mondo stanno crollando a ritmi allarmanti e con una frequenza angosciante. [...] Quando una specie si estingue, il mondo intorno a noi fa un passo verso la rovina. Le conseguenze sono profonde, non solo in quei luoghi e per quelle specie, ma per tutti noi. Si tratta di perdite tangibili, come l'impollinazione delle colture e la purificazione dell'acqua, ma anche di perdite a livello spirituale e culturale. Anche se spesso oscurati dal rumore e dalla fretta della vita moderna, le persone conservano profondi legami emotivi con il mondo naturale. La fauna selvatica e le piante hanno ispirato le nostre storie, le mitologie, le lingue e il nostro modo di vedere il mondo. La presenza della fauna selvatica porta gioia e arricchisce tutti noi: ogni estinzione rende la nostra casa un luogo più solitario e freddo per noi e per le generazioni future. L'attuale crisi di estinzione è interamente opera nostra"[61].

- **Popolazione mondiale**: all'inizio degli anni 2020, la popolazione mondiale è di circa 7,8 miliardi[62]. Sebbene effettuare delle proiezioni demografiche fino alla fine del secolo sia difficile, una stima mediana della popolazione mondiale totale nel 2100 è di circa 11 miliardi. Secondo stime approssimative, nel 2100 i primi cinque Paesi più popolosi saranno: India, con 1,2 miliardi di persone; Cina, con 1 miliardo; Nigeria, con quasi 800 milioni (paragonabili all'intera popolazione europea nel 2010); Stati Uniti, con 450 milioni; e Pakistan, con 350 milioni[63].

Figura 3: Crescita della popolazione mondiale: 1750-2100[64]

Milliardi de persone

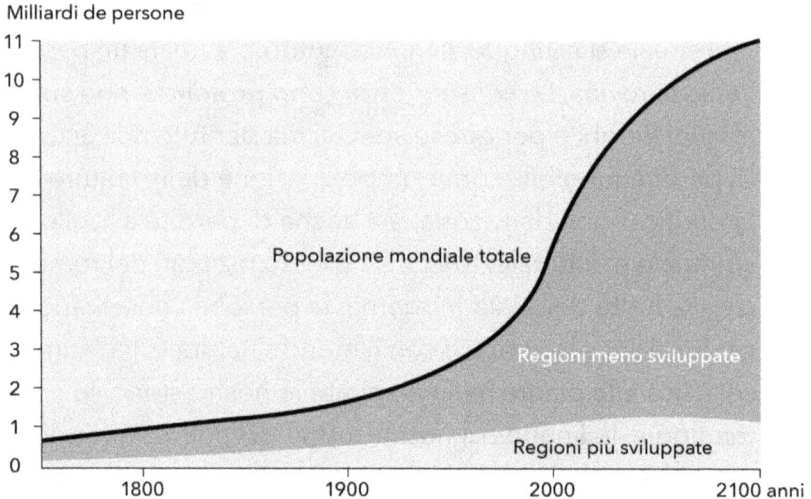

Regioni meno sviluppate: Africa, Asia (escluso il Giappone), America Latina e Caraibi, Oceania (escluse Australia e Nuova Zelanda).

Regioni più sviluppate: Europa, Nord America (Canada e Stati Uniti), Giappone, Australia e Nuova Zelanda.

Una stima della popolazione globale di circa 11 miliardi di persone è tutt'altro che certa, soprattutto se non si adotteranno cambiamenti profondi e rapidi verso modi di vita sostenibili. Data l'attuale capacità di produzione alimentare e le risorse idriche, la Terra può sostenere circa nove miliardi di persone *se le risorse sono condivise equamente.* Tuttavia, con la diminuzione della produttività agricola dovuta al riscaldamento globale e alla scarsità d'acqua, la capacità di carico della Terra sta diminuendo. Inoltre, molto dipende dai modelli di consumo delle nazioni sviluppate rispetto al resto del mondo. Se il mondo intero consumasse allo stesso livello degli Stati Uniti, la Terra potrebbe sostenere circa 1,5 miliardi di persone. Con uno stile di vita da classe media europea, la capacità di carico cresce fino a circa due miliardi di persone[65]. La Terra sostiene i livelli di consumo degli Stati Uniti solo perché i cittadini statunitensi stanno attingendo al "libretto di risparmio" delle risorse non rinnovabili, come ad esempio suolo fertile, acqua potabile, foreste vergini, oltre a risorse ittiche e di petrolio non sfruttate.

Il nostro "libretto di risparmio" si sta già esaurendo e ora siamo obbligati a vivere secondo le nostre possibilità come specie. A sua volta, la capacità di carico della Terra dipende non solo dal numero di persone sul pianeta, ma anche dai loro livelli e modelli di consumo. All'inizio degli anni 2020, la comunità umana consuma le risorse rinnovabili della Terra a circa 1,6 volte il tasso sostenibile[66]. Questo con circa sei miliardi di persone che vivono involontariamente in "stili di vita a basse emissioni di carbonio" e consumano quasi nulla rispetto alla classe media statunitense.

Data la grande riluttanza delle nazioni più ricche a sacrificare i loro stili di vita altamente consumistici e dato che l'impronta di consumo della Terra si sta rapidamente avvicinando a quasi il doppio di quanto il pianeta può fornire a lungo termine, sembra probabile che si verificherà un drammatico taglio del numero di esseri umani. La grande sofferenza che ne deriverà è *inevitabile*? Ci vorrà una catastrofe simile per spingere le popolazioni dei Paesi sviluppati ad apportare i necessari cambiamenti nei loro livelli e modelli di consumo? Quanto dolore e quanta sofferenza sono necessari perché l'umanità si orienti verso un nuovo equilibrio e una nuova equità nei consumi globali?

• **Crescita economica e disgregazione**: le reti di sicurezza dell'attività economica in tutto il mondo stanno iniziando a rompersi. L'economia globale si disfa, le catene di approvvigionamento si sgretolano e il flusso e la consegna delle merci sono sempre più imprevedibili. I materiali chiave (dai prodotti in legno ai chip per computer) scarseggiano, i porti sono sempre più congestionati, i costi di spedizione aumentano e le consegne ai clienti diventano inaffidabili.

Gli esperti concordano sul fatto che circa il 70% dell'attività economica negli Stati Uniti è legato alla produzione di beni di consumo, il che è comprensibile per un'economia incentrata sul consumatore[67]. Numerosi studi concludono che "le emissioni sono un sintomo del consumo: se non lo riduciamo, non ridurremo le emissioni"[68]. Pertanto, la crescita economica futura sarà probabilmente limitata dall'urgente necessità di ridurre le emissioni di carbonio e, quindi, dalla necessità di ridurre i livelli di consumo complessivi. "Non importa se ci si trova in un clima caldo o freddo, in un Paese ricco o in uno più povero: una crisi incontrollata dei sistemi terrestri devasterà l'economia. Questa ricerca giunge nel momento in cui le Nazioni Unite affermano che gli effetti climatici si stanno verificando più velocemente e colpiscono più duramente di quanto previsto"[69]. I rischi associati al cambiamento climatico non vengono integrati nella determinazione dei prezzi e questo, a sua volta, limita gli incentivi necessari per ridurre le emissioni, un errore economico dalle conseguenze catastrofiche[70].

"I prossimi due decenni saranno decisivi. Determineranno se subiremo danni gravi e irreversibili ai mezzi di sussistenza e al mondo naturale o se, invece, ci incammineremo su un percorso più appetibile di crescita e sviluppo economico sostenibile e inclusivo. [...] Se continuiamo a emettere gas serra ai ritmi attuali per i prossimi due decenni, è probabile che supereremo di gran lunga un aumento di 3 °C [...]. Un tale aumento sarebbe estremamente pericoloso e ci porterebbe a una temperatura che il pianeta non vedeva da circa tre milioni di anni. [...] Un riscaldamento di questa portata potrebbe trasformare i luoghi in cui possiamo vivere, danneggiare gravemente i mezzi di sussistenza, sfollare miliardi di persone e portare a conflitti gravi e diffusi"[71].

- **Disuguaglianze economiche**: non importa da che prospettiva la si guardi: la disuguaglianza globale in termini di ricchezza e reddito sta peggiorando, e molto. Nel 2017, i sei uomini più ricchi del mondo erano ricchi quanto metà dell'umanità![72] Sei individui hanno una ricchezza pari a quella di 3.600.000.000 tra le persone più povere del mondo. Altrettanto sbalorditiva è la stima che l'1% più ricco possiede più ricchezza del resto della popolazione mondiale messa insieme[73].

Le incredibili diseguaglianze degli Stati Uniti sono rivelate dal fatto che le aliquote fiscali per i più ricchi sono più basse rispetto a quelle di qualsiasi altro gruppo di reddito: "Per la prima volta nel 2019, i 400 americani più ricchi hanno pagato un'aliquota fiscale totale più bassa (per le imposte federali, statali e locali) rispetto a qualsiasi altro gruppo di reddito"[74]. Finché un'élite di ricchi avrà il potere di stabilire le regole a proprio vantaggio, la disuguaglianza continuerà a peggiorare[75].

Un modo efficace per rappresentare visivamente l'iniquità e l'ingiustizia della distribuzione del reddito globale è osservare la forma della figura nella prossima pagina, in cui il reddito è diviso in cinque gruppi, ciascuno dei quali rappresenta un 20% del mondo, da quello più povero a quello più ricco[76]. La parte lunga e sottile dello schema (simile allo stelo di una coppa di champagne) rappresenta il reddito annuale della maggioranza, circa il 60% delle persone nel mondo. La parte in cui lo stelo inizia ad allargarsi rappresenta il reddito del 20% successivo, la classe media mondiale. La parte più ampia illustra il reddito del 20% più ricco del mondo. Basta uno sguardo per capire che la famiglia umana è composta da un'enorme classe impoverita, da una piccola ma crescente classe media e da una piccolissima e ricchissima élite.

Queste disuguaglianze hanno conseguenze importanti sul clima della Terra. Quasi il 50% delle emissioni globali di carbonio è generato dalle attività del 10% più ricco della popolazione mondiale. In netto contrasto, il 50% più povero della popolazione mondiale è responsabile di solo il 10% circa delle emissioni globali di carbonio, ma vive per la maggior parte nei Paesi più vulnerabili ai cambiamenti climatici[77]. Date queste immense disparità, l'adattamento al clima è già una profonda questione di giustizia sociale.

"Giustizia" climatica significa che coloro che sono meno responsabili del cambiamento climatico non dovrebbero essere quelli che ne subiscono le conseguenze più gravi[78]. Tuttavia, le disuguaglianze strutturali, spesso basate sulla razza, significano che le comunità non bianche continueranno a essere colpite "per prime e nel peggiore dei modi" dalla crisi climatica[79]. Per correggere questo squilibrio, una priorità assoluta dovrebbe essere l'imposizione al primo 10% degli emettitori globali di un limite alle emissioni di carbonio pro-capite (equivalente quasi a quello di un cittadino medio europeo). Se ciò avvenisse, le emissioni globali potrebbero essere ridotte di un terzo nel giro di uno o due anni!Storicamente, le grandi disparità di ricchezza sono state un precursore costante di drammatiche rotture sociali e cambiamenti violenti. Se l'umanità vuole evitare profondi conflitti civili, è fondamentale riconoscere che l'economia attuale non funziona a beneficio della maggioranza. Un cambiamento volontario a favore di una distribuzione molto più equa della ricchezza è una linea d'azione molto saggia.

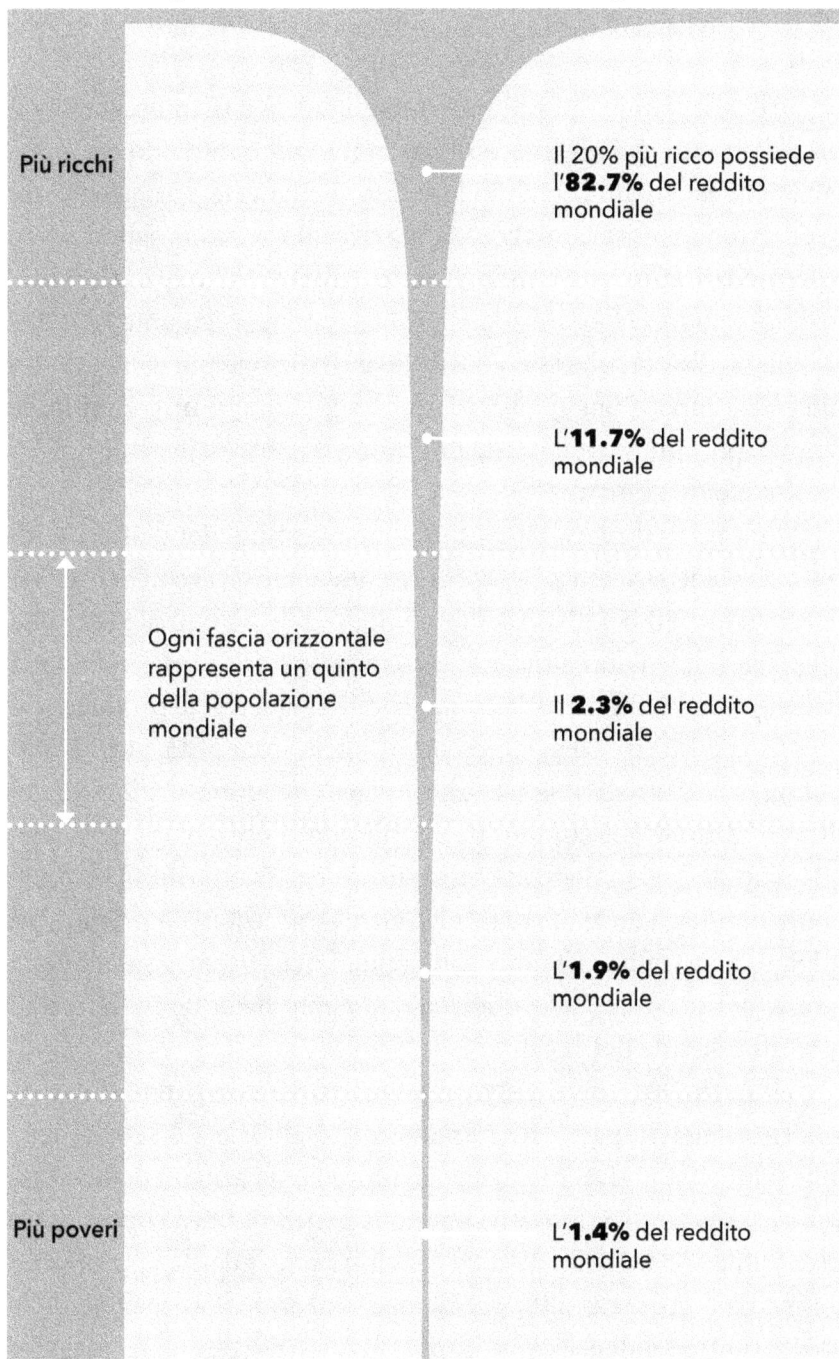

Figura 4: Distribuzione della ricchezza globale

Più ricchi

Il 20% più ricco possiede l'**82.7%** del reddito mondiale

L'**11.7%** del reddito mondiale

Ogni fascia orizzontale rappresenta un quinto della popolazione mondiale

Il **2.3%** del reddito mondiale

L'**1.9%** del reddito mondiale

Più poveri

L'**1.4%** del reddito mondiale

Scenario: immaginiamo come si svilupperanno gli anni 2020

In questo decennio, la comunità umana inizia a riconoscere che il riscaldamento globale sta cambiando il mondo in modo così profondo che la vita non sarà più la stessa. Sebbene le preoccupazioni per il cambiamento climatico siano cresciute in modo significativo prima degli anni 2020, una grande minoranza non lo considerava una minaccia esistenziale per la sopravvivenza umana[80]. Nel complesso, le persone con un livello di istruzione più elevato sono più preoccupate per il riscaldamento globale e, in generale, le donne sono più propense degli uomini a essere allarmate per il cambiamento climatico[81].

Mantenere il riscaldamento a lungo termine del pianeta al di sotto dell'obiettivo di 1,5 °C (l'obiettivo fissato negli accordi sul clima di Parigi firmati nel 2015) sembra impossibile perché richiede una riduzione immediata e drastica delle emissioni di CO_2, che a sua volta richiede cambiamenti radicali negli stili di vita che le producono.

Gli accordi di Parigi includono anche modalità per i Paesi sviluppati di assistere le nazioni in via di sviluppo nei loro sforzi di mitigazione del clima e di adattamento creativo[82]. Tuttavia, all'inizio di questo decennio cruciale, le emissioni di CO_2 stanno aumentando e i tentativi di ridurle attraverso azioni coordinate tra gli Stati sono falliti. Le emissioni globali di CO_2 sono sulla buona strada per produrre un pericoloso aumento della temperatura di 2 °C già alla fine del decennio.

All'inizio degli anni 2020, molte persone non sono informate sull'entità dell'impatto del riscaldamento globale sul futuro della vita sul pianeta. Man mano che si apprende la gravità della situazione, le reazioni variano da negazione e incredulità a confusione e preoccupazione. Le élite ricche che dominano gli affari, la politica e i media considerano il riscaldamento globale, l'estinzione delle specie e altre tendenze come importanti, ma esagerate. La maggior parte dei leader fa parte di una minoranza privilegiata, immersa nelle comodità della ricchezza, dello status, del privilegio e del potere e distratta dal lavoro e dalle esigenze della vita quotidiana. La loro preoccupazione principale è quella di mantenere le cose come stanno, nonostante il crescente allarme di scienziati, giovani e accademici. Invece di mobilitarsi per un'azione drastica e innovativa, le élite privilegiate cercano solo un adeguamento graduale senza dover stravolgere lo status quo.

I media mainstream sostengono fortemente la trance sociale del consumismo con un'infinità di distrazioni (sport, reality, film, videogiochi e gossip sulle celebrità) che glorificano gli stili di vita dediti al consumo e deviano e addormentano l'attenzione sociale.

Nonostante l'aumento sempre maggiore di perturbazioni climatiche e altre difficoltà a catena, i leader più influenti mitigano le affermazioni di una crisi interconnessa, che coinvolge tutti i sistemi. Invece, un problema come il cambiamento climatico viene rappresentato così:

- non è importante quanto altre questioni, come il lavoro e l'assistenza sanitaria;

- non è così urgente o immediato come si sostiene, quindi abbiamo tutto il tempo per rispondere;

- non è di così ampia portata come si afferma;

- non è così difficile da risolvere come si sostiene e la tecnologia risolve molti dei problemi;

- non si tratta di una crisi dell'intero sistema, ma di singoli problemi che possono essere risolti uno alla volta;

- non è un problema che gli individui possono risolvere: "Cosa posso fare? Sono solo una persona";

- non è una mia responsabilità: "Non ho creato io questo casino, quindi perché dovrei sistemarlo?".

La "negazione implicita" di molti leader si combina con un senso di impotenza pervasivo. Comprensibilmente, lo status quo persiste e le istituzioni tradizionali rispondono con misure poco incisive che fanno ben poco per rallentare l'inesorabile avanzata verso un futuro disastroso. Ciononostante, una piccola frazione di persone sta adattando il proprio modo di lavorare e di vivere.

Gli Stati Uniti (il primo consumatore al mondo) illustrano la difficoltà di affrontare la transizione in modo costruttivo. Il reverendo Victor Kazanjian della United Religions Initiative descrive come gli USA siano una società del rancore, incapace di accettare il nostro destino e di elaborare i cambiamenti che ci vengono richiesti. Scrive:

> "[...] molto di ciò che sta alla base della rabbia, della collera e della violenza è il dolore, un senso di perdita su perdita su perdita. Tuttavia, nella nostra cultura non diamo molto spazio al dolore. Se non affrontato, il dolore diventa rancore. Viviamo in una cultura del rancore. Il dolore viene espresso incolpando l'altro. Dobbiamo affrontare il dolore profondo".

Nonostante la grande resistenza, entro la metà degli anni 2020, le perturbazioni del clima e dei sistemi naturali diventano così grandi da iniziare a rompere la trance collettiva del consumismo, della distrazione e della negazione. Le emergenze climatiche si moltiplicano e risvegliano una sempre maggiore consapevolezza della presenza di sfide su scala terrestre. La compiacenza lascia il posto a un crescente allarme: le stagioni in tutto il pianeta sono così stravolte da compromettere la produzione di cibo, causando gravi carestie e disordini civili in diverse regioni.

La sfida principale degli anni 2020 è quella di portare il nostro immaginario sociale a comprendere l'imperativo di apportare cambiamenti straordinari nel modo in cui viviamo sulla Terra e di riconoscere che è necessario un approccio completamente nuovo al futuro se si vogliono ridurre e tenere sotto controllo le emissioni di CO_2.

- Gradualmente, i più privilegiati a livello materiale iniziano a spostarsi dal consumo eccessivo verso stili di vita di "semplicità volontaria", mentre i poveri portano avanti la lotta quotidiana per la sopravvivenza, oltre alla stessa semplicità, che nel loro caso è involontaria.

- La protesta contro le estreme disuguaglianze di ricchezza e benessere è in costante aumento. Cresce il consenso sulla necessità di "tassare i miliardari" per finanziare le reti di sicurezza per l'assistenza sanitaria, i sistemi di sicurezza sociale e la riparazione delle infrastrutture.

- Per i più abbienti, le diete iniziano a orientarsi verso il vegetarianismo, i trasporti virano verso i veicoli elettrici, le case diventano più efficienti dal punto di vista energetico e il lavoro si dirige verso una riduzione dell'impatto ambientale e un aumento del contributo e del senso sociale.

- Gli stili di vita ecologici da un movimento marginale di pochi diventano un'ondata di sperimentazione per la cultura mainstream. Si diffondono stili di vita a basse emissioni di carbonio, materialmente semplici e ricchi di esperienze. Per molti, si tratta di un modo relativamente superficiale di "essere ecologici".

- Il materialismo e il consumismo sono sempre più messi in discussione, mentre le persone sfidano le culture della pubblicità aggressiva dichiarando di non essere solo consumatori da intrattenere, ma cittadini della Terra che vogliono partecipare alla creazione di un futuro più sostenibile.

- Cominciano ad emergere nuove configurazioni di attività economica che mettono in risalto la resilienza, le competenze e i modelli di lavoro a livello locale.

Entro la fine del decennio, si assiste a una transizione culturale e di coscienza, soprattutto nei Paesi ricchi, dove le persone hanno il lusso di guardare oltre la sopravvivenza quotidiana. Cresce la consapevolezza che nuovi approcci alla vita sono essenziali, ma le azioni sono raramente commisurate alle necessità.

Negli ultimi decenni, è andata crescendo una rivoluzione della consapevolezza in tutto il pianeta. Un numero relativamente piccolo, ma significativo, di persone sta sviluppando le abilità della coscienza riflessiva, la capacità di essere semplicemente testimoni della propria vita e di vivere con minore reattività e maggiore maturità. Una frazione piccola ma significativa dell'umanità sta iniziando a svegliarsi e a crescere. Con una coscienza riflessiva, siamo testimoni più attenti delle crisi ecologiche, della povertà, del consumo eccessivo, dell'ingiustizia razziale e di altre condizioni che in passato ci hanno diviso. Con una prospettiva più riflessiva, iniziamo a sviluppare una comprensione collettiva che serva al benessere di tutti. La coscienza riflessiva fornisce il collante invisibile per iniziare a unire la famiglia umana in un insieme reciprocamente riconoscente, onorando al contempo le nostre differenze.

Con la crescita di una coscienza consapevole, le persone riconoscono che la crisi dell'intero sistema è una crisi di *comunicazione*: questo dà origine a diverse iniziative che vanno dalle conversazioni nei salotti ai dialoghi e alle conferenze tra i leader del mondo degli affari, del governo, dei media, dell'istruzione, della religione e altro ancora. Queste iniziative sono importanti, ma dolorosamente inadeguate. La portata della comunicazione non corrisponde alla portata delle sfide che dobbiamo affrontare. Le persone riconoscono che la portata della conversazione civica deve essere pari alla portata dell'emergenza, che spesso è su scala nazionale e globale. La transizione verso un futuro rigenerativo richiede che milioni, persino miliardi, di cittadini siano in comunicazione tra loro. A prescindere dai loro punti di vista, le persone vogliono essere ascoltate e avere voce in capitolo riguardo al futuro. Le diverse iniziative di comunicazione iniziano a fornire una fonte vitale di coesione sociale in un mondo che si sta disfacendo. Verso la metà del decennio, questo riconoscimento accende un movimento rappresentativo della "voce della comunità" a livello locale e uno della "voce della Terra" a livello globale.

Le iniziative di "voce della comunità" lavorano per mobilitare la televisione e per riconquistare gli spazi radio per un nuovo livello di dialogo cittadino su scala regionale nelle principali città del pianeta. Un movimento di "voce della Terra" lavora per mobilitare la potenza e la portata di Internet che circonda il pianeta. Queste iniziative, organizzate da una comunità eterogenea di anziani e giovani fidati, hanno generalmente solo due ruoli: primo, ascoltare le preoccupazioni dei cittadini, e secondo, presentare tali preoccupazioni al dialogo della comunità sotto forma di "riunioni cittadine telematiche" e poi "lasciare che le cose facciano il loro corso". Le organizzazioni di "voce della comunità" di successo sono apartitiche e neutrali e non sostengono un particolare punto di vista; servono piuttosto come veicolo per consentire ai cittadini di avere voce in capitolo nei loro affari e nel loro futuro. La leadership di una comunità funge da modello ispiratore e catalizzatore per altre comunità al fin di creare le proprie organizzazioni di "voce della comunità", facendo sì che un nuovo livello di dialogo robusto inizi ad attraversare regioni e nazioni. Quando i cittadini danno voce alle loro preoccupazioni e votano elettronicamente le diverse soluzioni, iniziano a superare l'impasse dell'impotenza passata.

Entro la fine del decennio, tre quarti della popolazione mondiale possiederanno un telefono cellulare e avranno accesso a Internet. È in corso un'iniziativa di "voce della Terra", in cui le persone riconoscono e mobilitano il potere di Internet come veicolo di attenzione e azione collettiva. La maggioranza dei cittadini della Terra si rende conto che, con i telefoni cellulari, ha letteralmente in mano la tecnologia necessaria per partecipare a un dialogo su scala planetaria e per sviluppare un consenso visibile per un futuro sostenibile.

Una tempesta perfetta di crisi globali cresce e sfida l'umanità ad apportare cambiamenti drastici nel modo in cui comunichiamo su come vivere sulla Terra. La comunità umana è entrata in un territorio inesplorato. Mai prima d'ora siamo stati così costretti a riunirci a livello regionale, nazionale e mondiale. La forza e il potenziale combinati dei movimenti di "voce della comunità" e "voce della Terra" forniscono strumenti pratici che permettono al mondo in via di disfacimento di intrecciarsi in modi nuovi.

Anni 2030 - Il grande collasso: in caduta libera

Riepilogo

Il fragile e complesso sistema mondiale è diventato così logoro da non riuscire più a stare insieme e, con una velocità straordinaria e inaspettata, si sgretola in caduta libera. Caos, confusione e panico attraversano il mondo. I servizi vitali vengono interrotti. La protezione della polizia e dei vigili del fuoco diventa sporadica. Si verificano ondate di blackout energetici a causa del malfunzionamento delle reti elettriche su larga scala. Le grandi istituzioni (aziende, università, sistemi sanitari) vanno in bancarotta, con conseguente disoccupazione di massa. Nel complesso, con poco a tenere insieme il mondo, si precipita sperimentando il panico collettivo di una grande caduta.

L'indebitamento massiccio creato dalle spese sfrenate degli ultimi decenni impedisce a molte istituzioni di mobilitare le risorse per un'azione creativa. Invece di riuscire ad affrontare le sfide, molte istituzioni si disfano. La bancarotta si diffonde in intere città. Molti servizi vitali vacillano, tra cui la protezione della polizia e dei vigili del fuoco e la manutenzione delle infrastrutture, come le strade e le reti elettriche. Le grandi aziende falliscono, con conseguente perdita di posti di lavoro per un numero enorme di persone. Le principali scuole e università diventano insolventi e chiudono i battenti. Molte grandi chiese non possono permettersi la manutenzione e falliscono. Le disgregazioni si diffondono a ondate in tutto il mondo e le persone devono sempre più arrangiarsi da sole a livello locale. Il mondo è preoccupato di far fronte alla loro rapida diffusione, invece di agire in modo creativo per evitare l'aggravarsi della crisi climatica.

La domanda globale di acqua dolce aumenta oltre la disponibilità e circa tre miliardi di persone soffrono di carenza idrica. La diversità delle opzioni alimentari diminuisce drasticamente a causa della siccità che riduce la produttività agricola. Il numero di rifugiati climatici sale a circa cento milioni di persone che migrano verso aree più favorevoli. Le strutture e le risorse civiche di molte nazioni sono completamente esaurite. Gli insetti impollinatori muoiono, compromettendo l'approvvigionamento alimentare mondiale. L'integrità e la salute della biosfera (piante, animali terrestri, uccelli, insetti e vita marina) si deteriorano rapidamente. Le pressioni per la sopravvivenza sono così forti che si presta poca attenzione alla riparazione e al recupero degli ecosistemi.

La popolazione mondiale continua a crescere, soprattutto in Africa, avvicinandosi a un totale di nove miliardi. Crescono le divisioni e le separazioni di ogni tipo: finanziarie, politiche, generazionali, di genere, razziali, etniche e religiose. Il mondo è sommerso da così tante controversie a così tanti livelli, con così tante differenze di così tanti tipi che c'è poco spazio per sviluppare un'umanità superiore. Il mondo è pieno di biasimo, colpevolizzazione, denuncia, ostilità, condanna e rimprovero. Le sfide alla mentalità del consumismo e del capitalismo crescono mentre milioni di persone lottano per la loro stessa sopravvivenza.

Un'iniziativa di "voce della Terra", basata su Internet e ricca di dialogo e feedback dal basso, si radica nel mondo che va disfacendosi. Le organizzazioni mediatiche sono chiamate a sostenere un nuovo livello di comunicazione sociale. Mentre le nazioni si indeboliscono, l'autorità è sempre più costretta a scendere verso le regioni, le città e le comunità locali. Eco-villaggi, mini-quartieri e altri progetti abitativi iniziano a creare una base resiliente per città sostenibili. I ruoli lavorativi cambiano drasticamente, poiché le piccole comunità auto-organizzate creano nuovi contesti per un'occupazione con diverse competenze adatte alla vita locale. La semplicità viene accettata controvoglia come un approccio di sopravvivenza alla vita, un modo per non toccare il fondo.

Rassegna delle principali tendenze trainanti negli anni 2030

- **Riscaldamento globale e perturbazioni climatiche**: entro la fine del 2030, le temperature globali aumentano di 2 °C rispetto ai livelli storici. Con un tale aumento, le calotte glaciali iniziano a disintegrarsi in modo irreversibile, producendo un aumento catastrofico del livello del mare, soprattutto nel prossimo secolo. Oltre a causare il riscaldamento degli oceani, la riduzione delle calotte glaciali e l'acidificazione degli oceani, l'aumento della temperatura provoca anche condizioni estreme in termini di tempeste, piogge, inondazioni e siccità con un grave impatto sull'agricoltura e sugli habitat[83].

Un aumento di 2 °C è considerato un punto di non ritorno del clima, l'inizio di un cambiamento fuori controllo[84]. Il potenziale per un riscaldamento inarrestabile inizia con il rilascio del "gigante dormiente" del metano, un gas serra circa 80 volte più potente dell'anidride carbonica[85]. Un'impennata del metano nell'atmosfera minaccia di cancellare i progressi previsti dall'Accordo di Parigi[86]. Inoltre, ci troviamo di fronte alla tragica prospettiva di circoli di retroazione auto-rinforzanti che spingono il clima nel caos prima che ci sia il tempo di ristrutturare il nostro sistema energetico.

Un altro "gigante dormiente" è la foresta pluviale amazzonica, considerata un "pozzo" di CO_2 che assorbe il carbonio. Tuttavia, un recente studio dimostra che le foreste tropicali stanno perdendo la loro capacità di assorbimento, il che trasformerà l'Amazzonia in una *fonte* di CO_2 entro il 2030 e accelererà il cambiamento climatico, producendo effetti molto più gravi che richiedono una riduzione molto più rapida delle attività produttrici di carbonio per contrastare la perdita dei pozzi di assorbimento[87].

• **Rifugiati climatici**: a causa delle perturbazioni climatiche, entro la fine degli anni 2030 il numero di rifugiati che migrano verso aree più favorevoli passa da decine di milioni di persone a cento milioni o più. Migrazioni di questa portata superano la capacità di adattamento delle regioni. Per capirci, nel decennio 2010 circa un milione di rifugiati ha destabilizzato gran parte dell'Europa. Con un centinaio di milioni o più di migranti, si prevede che l'impatto sarà notevolmente maggiore e si diffonderà in modo disomogeneo, soprattutto nell'emisfero settentrionale, più ricco di risorse.

• **Scarsità d'acqua**: la domanda globale di acqua supera lo sfruttamento sostenibile del 40%[88]. Entro il 2030, almeno tre miliardi di persone saranno colpiti dalla scarsità d'acqua[89]. A causa della siccità crescente, le principali città del mondo iniziano a rimanere senza acqua. Nel 2019 Città del Capo, in Sudafrica, è andata vicina al "giorno zero", il giorno in cui la città rimarrà senza acqua. Ma è solo l'inizio. Almeno altre undici grandi città rischiano di rimanere senz'acqua prima della fine del secolo: San Paolo (Brasile), Bangalore (India), Pechino (Cina), Il Cairo (Egitto), Giacarta (Indonesia), Mosca (Russia), Città del Messico (Messico), Londra (Inghilterra), Tokyo (Giappone) e Miami (USA)[90].

"In India, un Paese di 1,3 miliardi di persone, metà della popolazione vive in una crisi idrica. Più di 20 città, tra cui Delhi, Bangalore e Hyderabad, prosciugheranno tutte le loro falde acquifere entro i prossimi due anni. Questo si traduce in cento milioni di persone che vivono senza acqua di falda"[91].

- **Scarsità di cibo**: per ogni grado Celsius di aumento della temperatura, si prevede una diminuzione del 10-15% delle rese agricole. Pertanto, si prevede che un aumento di 2 °C riduca la produttività agricola del 20-30% in un momento in cui la domanda è già al limite delle scorte alimentari. Le sacche di scarsità alimentare si trasformano in aree di vera e propria carestia, producendo ulteriori migrazioni di massa e disgregazioni civili. Si veda l'elenco della scarsità di cibo qui sotto per scoprire come i regimi alimentari possono essere drasticamente ridotti[92].

SCARSITÀ DI CIBO

Nei prossimi decenni, una serie di alimenti diventerà eccessivamente costosa per tutti, tranne che per i più abbienti. Di seguito è riportato un elenco esemplificativo. È illuminante scorrere l'elenco e spuntare gli alimenti di cui si sentirà la mancanza quando diventeranno sempre più costosi. A meno che non si coltivino da soli molti di questi alimenti o non si disponga di una ricchezza considerevole, questi cibi saranno praticamente inaccessibili. Questo è un esempio viscerale di come la crisi climatica diventa sempre più reale.

☐ Mandorle	☐ Caffè	☐ Patate
☐ Mele	☐ Mais	☐ Zucca
☐ Avocado	☐ Miele	☐ Riso
☐ Banane	☐ Sciroppo d'acero	☐ Gamberi
☐ Pollo	☐ Ostriche	☐ Soia
☐ Cioccolato (cacao)	☐ Pesche	☐ Fragole
☐ Merluzzo	☐ Arachidi	☐ Vino (uva)

Le persone iniziano a creare nuovi regimi che si adattano alla riduzione delle opzioni per gli alimenti di base. Quelle più povere sono costrette ad accettare diete meno nutritive, con meno varietà e meno sapore, con un significativo declino del benessere e della qualità della vita. È in corso una rivoluzione alimentare che privilegia i ricchi, i quali possono comprare la loro via d'uscita dalle limitazioni alimentari con alimenti geneticamente modificati e prodotti in serra a costi molto più elevati.

- **Popolazione mondiale**: si prevede che il numero di persone raggiungerà quasi nove miliardi entro il 2037[93]. Una popolazione mondiale di nove miliardi alla fine degli anni 2030 è una stima realistica, con una crescita che si verificherà in gran parte in Africa, India e Asia meridionale.

- **Estinzione delle specie**: sulla base delle proiezioni effettuate negli anni 2020, che stimano che un milione di specie potrebbe estinguersi entro la fine del secolo, si prevede una rapida accelerazione della perdita di specie animali e vegetali[94]. L'integrità e la salute della biosfera terrestre (piante, animali terrestri, uccelli, insetti e vita marina) si deteriorano rapidamente. La perdita di ossigeno causata dal riscaldamento globale, associata all'inquinamento dei nutrienti prodotto dalle acque reflue e dall'agricoltura, soffoca gli oceani, con implicazioni biologiche complesse e di vasta portata, che si traducono in un netto degrado della vita oceanica[95].

- **Crescita economica e disgregazione**: a fronte delle straordinarie esigenze di una transizione estremamente rapida verso fonti energetiche rinnovabili, l'economia globale è in profonda crisi e turbolenza. La crescita complessiva si arresta nonostante gli sforzi straordinari per aumentare l'uso di energie rinnovabili. Enormi pressioni economiche e sociali allontanano le nazioni più sviluppate dalla storica attenzione alla crescita economica e al consumismo sfrenato.

In tutto il mondo, sono in corso esperimenti creativi per individuare modi pratici per rivedere l'economia in modo che funzioni sia per le persone che per il pianeta. L'obiettivo di creare forme di attività economica auto-organizzate e rigenerative che siano al servizio della civiltà globale è sempre più accettato[96]. Con la massiccia sostituzione dei lavoratori a causa dell'automazione (insieme alle migrazioni dovute alle perturbazioni climatiche e alla disgregazione delle fabbriche e delle aziende su larga scala), gli approcci rigenerativi alla vita favoriscono lo sviluppo di "economie locali viventi".

Economie rigenerative inserite all'interno di forme alternative di comunità emergono in tutto il mondo per creare sistemi di vita più resilienti. Tuttavia, sembra necessario un cambiamento di portata insormontabile per realizzare una transizione globale verso energie rinnovabili ed economie rigenerative progettate con equità e giustizia.

- **Disuguaglianze economiche**: entro il 2030, l'1% più ricco del pianeta è destinato a possedere i due terzi di tutta la ricchezza[97]. Le enormi disparità di ricchezza, unite alle richieste di passare a zero emissioni nette di carbonio entro il 2050, esercitano pressioni estreme sull'economia e sulla società globale già in crisi. Un'estrema mancanza di equità e fiducia svuota di legittimità il sistema economico mondiale.

Con queste enormi disparità di ricchezza e di reddito, nel 2030 ci troveremo di fronte a un decennio di disgregazioni economiche a cascata, in cui le aree vulnerabili subiranno un collasso totale. Il paradigma di crescita del materialismo e del consumismo non è più un obiettivo sociale convincente: non solo mina il benessere della maggior parte delle persone, ma contribuisce anche alla devastazione della biosfera terrestre.

Scenario: immaginiamo come si svilupperanno gli anni 2030

Nel decennio 2030, le persone di tutto il mondo riconoscono che si sta sviluppando una vera e propria catastrofe climatica. Tuttavia, le burocrazie radicate, ad esempio nel mondo degli affari, dei media, dell'istruzione, della religione e dei servizi sociali, sono ancora in gran parte impreparate e mal equipaggiate per affrontare le sfide del peggioramento del clima, del deterioramento dell'economia e del collasso della biosfera.

Nei Paesi più ricchi, la maggior parte delle persone è indebitata, le tasse sono profondamente inique e i motori della crescita economica vacillano. Si assiste a un rapido ricambio di leader e soluzioni politiche, ma nulla sembra funzionare a lungo. Gli sforzi per creare ordine sono sopraffatti da livelli crescenti di disordine. La coesione sociale su larga scala è ai minimi termini e molti leader governano praticamente senza alcun supporto.

I livelli di resilienza precedenti si esauriscono in una spirale discendente di confusione e caos burocratico[98]. Non abbiamo più la capacità di riprenderci rapidamente dalle difficoltà. Alcune persone cercano sicurezza, orientandosi verso zone più controllate e autoritarie. Altre si orientano verso comunità auto-organizzate che dipendono da relazioni forti e approcci collaborativi alla vita.

Con l'aggravarsi del dissesto climatico, aumentano le divisioni di ogni tipo: finanziarie, politiche, generazionali, di genere, razziali, etniche e religiose. L'unica costante di questo decennio disorientante e confuso è lo stress incessante prodotto da disgregazioni e separazioni.

Le persone più ricche, che si godono la "bella vita" fatta di comodità e vantaggi materiali, si trovano di fronte a un crescente grido di protesta da parte di miliardi di persone che lottano per la sopravvivenza. Ciononostante, le élite più ricche resistono a un rapido adattamento a nuovi modi di vivere. Avendo investito la loro vita e la loro identità nell'accumulo materiale, si ribellano, sostenendo che il loro è un privilegio guadagnato e meritato. Sebbene la maggior parte riconosca la nuova realtà, molti rifiutano le nuove norme di vita. Tuttavia, entro la fine degli anni 2030, i loro sforzi per separarsi in comunità recintate e sorvegliate iniziano a vacillare quando miliardi di persone impoverite, che non hanno nulla da perdere e molto da guadagnare, iniziano a protestare.

Con l'aumento delle disgregazioni, lo sviluppo locale cresce con un'impennata di innovazioni sociali, economiche e tecniche. I mini-quartieri crescono formando diverse forme di eco-villaggi, creando una base resiliente per città di transizione e sostenibili. Le comunità di nuova organizzazione non costruiscono solo strutture fisiche, ma sviluppano una nuova comprensione della natura umana e una maturità che cerca di servire il benessere di tutti. I ruoli lavorativi cambiano radicalmente, poiché le piccole comunità auto-organizzate forniscono nuovi contesti per lo sviluppo di diverse competenze per la vita.

Spinta dalla crisi climatica e dalle disgregazioni diffuse, la maggioranza benestante nelle nazioni sviluppate riconosce la necessità di trasformare la cultura del consumismo e ridurre l'impronta ecologica per evitare la catastrofe globale. L'ipnosi culturale perde potenza quando le persone riconoscono che il sogno del consumo sfrenato è un futuro da incubo devastante per la Terra. Di conseguenza, inizia a emergere una cultura globale che valorizza la semplicità e la sostenibilità. La pubblicità dei mass media, che ha promosso in modo aggressivo la trance della cultura del consumo, passa dagli spot sui prodotti agli "spot sulla Terra", in cui le aziende proclamano il loro impegno per un pianeta sano.

I Paesi ricchi sono responsabili del cambiamento climatico, ma sono i poveri a soffrirne di più. Dato l'impatto sproporzionato del riscaldamento globale sui Paesi meno abbienti, le nazioni più ricche sono spinte (con successo alquanto scarso) ad assumersi la responsabilità di sostenere gli adattamenti climatici. Iniziative forti sono fondamentali per promuovere un senso di unità e cooperazione globale. Tuttavia, il cambiamento climatico sta devastando sempre di più la vita quotidiana dei Paesi più poveri, compromettendo ad esempio la disponibilità di acqua, la produzione alimentare, l'assistenza sanitaria, la qualità dell'ambiente e il benessere delle popolazioni vulnerabili, soprattutto donne e bambini.

In questi Paesi, gli effetti del riscaldamento globale spesso annullano i progressi compiuti in materia di uguaglianza di genere, poiché gli uomini sono costretti a migrare per trovare lavoro, lasciando alle donne l'intero onere di allevare i figli, coltivare o pescare in loco e gestire la famiglia. Ciò lascia le donne più isolate e meno capaci di ottenere un lavoro e un'istruzione significativi.

Prendendo atto degli impatti negativi del riscaldamento globale sulle nazioni in via di sviluppo, cresce un movimento globale per il risarcimento, la riparazione e l'adattamento, che cerca di costruire un nuovo senso di collaborazione tra i popoli della Terra.

I movimenti transpartitici di "voce della comunità", iniziati negli anni 2020, diventano importanti fonti di coesione sociale. Continuano a crescere in tutto il mondo, aggregando l'umanità in comunità sempre più grandi impegnate in intense conversazioni. Riconoscendo il fatto che la scala delle conversazioni deve corrispondere alla scala delle sfide, i dialoghi di "voce della Terra" si affermano saldamente nel mondo in disfacimento. Sempre più persone riconoscono che i mass media sono una componente chiave del nostro "cervello sociale", un'espressione diretta dell'intelligenza collettiva. Si afferma diffusamente lo slogan "Come vanno i media, così va il nostro futuro". Le organizzazioni mediatiche sono ritenute responsabili a un livello completamente nuovo e sono mobilitate per sostenere l'immaginazione sociale dell'umanità e visualizzare percorsi di progresso verso un futuro sostenibile e significativo.

L'attivismo mediatico diventa una forza centrale di coesione, mentre un numero crescente di istituzioni si rompe e si sfalda. Il dolore e la tristezza aumentano con l'aumentare delle perdite e delle tragedie in tutto il mondo. *Attraverso la testimonianza collettiva, ci rendiamo conto che stiamo attraversando questo rito di passaggio insieme.*

Sebbene il vecchio mondo si stia disfacendo e la comunicazione da locale a globale stia crescendo, manca ancora il sostegno generale necessario per passare rapidamente a un mondo in trasformazione. La società dei consumi e i modi di vivere cambiano lentamente, gli emarginati continuano a essere largamente ignorati, la transizione verde non è in grado di mobilitare una maggioranza per un'azione drastica e i distretti autoritari continuano a separarsi in aree di controllo compartimentate. Date le profonde divisioni, gli anni 2030 sono un periodo di caos e di conflitto, senza un insieme di valori e di intenzioni globali per andare avanti.

Le istituzioni finanziarie sono in caduta libera. I governi locali e nazionali, le organizzazioni finanziarie, le istituzioni accademiche, le organizzazioni religiose, solo per citare alcune entità, sono sopraffatti dal tentativo di comprendere ciò che sta accadendo e non dispongono assolutamente delle risorse sufficienti per rispondere. Eppure, la lotta per un nuovo paradigma di vita è in corso. La gente si chiede: *come possiamo sentirci di nuovo a casa sulla Terra?* Abbiamo la maturità collettiva per compiere consapevolmente una grande transizione verso un nuovo futuro?

Anni 2040 - La grande iniziazione: il dolore

Riepilogo

Nel decennio del 2040, la maggior parte delle persone prende atto che stiamo perdendo contro la catastrofe climatica. Il cambiamento climatico fuori controllo non è più solo una possibilità incombente, ma una realtà schiacciante e chiaramente presente. Mentre le conseguenze del caos climatico, dei dissesti finanziari, dell'anarchia civica, dell'estinzione delle specie, delle migrazioni di massa e delle carestie diffuse continuano a crescere, il mondo intero si avvia verso un collasso inarrestabile. La necessità di una profonda trasformazione è ancorata alla cruda esperienza dell'umanità. Ci rendiamo conto di avere due opzioni: unirci in uno sforzo comune o affrontare l'estinzione funzionale della nostra specie. Siamo consapevoli che la Terra non tornerà mai ai modelli climatici degli ultimi 10.000 anni, dalla fine dell'ultima era glaciale. Accettiamo sentimenti di vergogna, colpa, dolore e disperazione man mano che un futuro rovinoso si sviluppa intorno a noi.

La biosfera è sempre più impoverita, indebolita e sterile. Profonde perturbazioni climatiche, calo della produzione agricola, estrema scarsità d'acqua e grandi disuguaglianze economiche creano enormi aree di devastante carestia. È anche il periodo di un "Grande rogo": la siccità incessante prosciuga il suolo e il fuoco brucia vaste regioni della Terra. Ed è anche un periodo di una "Grande morte": milioni di persone e innumerevoli specie di animali e piante muoiono. L'umanità si trova ad affrontare una duplice tragedia di proporzioni inimmaginabili che scuote e risveglia l'anima della nostra specie.

La rottura delle catene di approvvigionamento porta a corse all'accaparramento, saccheggi, mercati neri e iperinflazione. L'adattamento viene relegato al livello locale di quartieri e comunità, dove le persone cercano altri di cui fidarsi e con cui collaborare per ricostruire la vita dalle fondamenta. Le vecchie fonti di valore (misurate in contanti, azioni e obbligazioni) sono diventate quasi inutili, sostituite da forti relazioni personali e dall'accesso a risorse scarse ma con un'importanza tangibile, come cibo, medicine e carburante. Nonostante il suo grande valore, il movimento di "voce della Terra" fa fatica a rimanere in vita perché Internet viene continuamente interrotto e ripristinato.

Il mondo cade nella disperazione collettiva. Sentendo di non essere riusciti ad assumerci le nostre responsabilità di cittadini del pianeta, molti piangono la Terra perduta. L'anima dell'umanità è gravemente ferita e ha subito un danno morale. Senza una reazione collettiva per affrontare questo momento di sfida, ci troviamo di fronte a un futuro di sconforto e disperazione senza fine.

Rassegna delle principali tendenze trainanti negli anni 2040

- **Riscaldamento globale e perturbazioni climatiche**: in questo decennio, superiamo i 2 °C di riscaldamento e ci dirigiamo verso un nuovo parametro di 3 °C, un punto di non ritorno per il clima[99]. Il metano si diffonde nell'atmosfera, innescando cicli di retroazione fuori controllo[100]. Il mondo va oltre le disgregazioni, verso il collasso totale e la catastrofe climatica. Un clima già turbolento e caotico cresce fino a raggiungere proporzioni catastrofiche. Le condizioni climatiche estreme includono sia il fuoco che l'acqua: vaste regioni della Terra vivono una siccità senza precedenti, con incendi su una Terra bruciata, mentre altre regioni vivono tempeste, alluvioni e innalzamento del livello del mare senza precedenti[101].

- **Scarsità d'acqua**: tre miliardi (o più) di persone versano in condizioni critiche di scarsità d'acqua, provocando un drastico aumento del numero di rifugiati climatici che fuggono dalle regioni colpite dalla siccità.

- **Scarsità di cibo**: la crescente pressione demografica si è combinata con l'alterazione del clima, il calo della produttività agricola, la scarsità d'acqua e le disuguaglianze economiche causando una carestia devastante in numerose regioni.

- **Rifugiati climatici**: si prevede che almeno 200 milioni di rifugiati climatici si sposteranno, creando colossali sconvolgimenti sociali ed economici, mentre le comunità delle aree favorite dalle risorse cercheranno di far fronte all'afflusso di un numero spropositato di persone.

- **Popolazione mondiale**: negli anni 2040, la popolazione continuerà a crescere e si scontrerà con limiti sempre più severi creati dalla scarsità d'acqua e di cibo e dalla disgregazione degli ecosistemi[102]. Purtroppo, sembra plausibile che il 10% o più delle popolazioni più povere e vulnerabili della Terra sarà a forte rischio di morte durante questo periodo di grande transizione. Con una popolazione globale di circa nove miliardi di persone, ciò significa che circa 900 milioni potrebbero morire. E non moriranno in silenzio e lontano dalla vista, ma nel nostro mondo ricco di media, in modo molto pubblico, doloroso e visibile. Le loro morti saranno causate da carestie e malattie, oltre che da enormi livelli di violenza nei conflitti per le risorse in via di esaurimento.

L'inutile sofferenza e la morte di centinaia di milioni di persone produrranno livelli inimmaginabili di trauma morale e psicologico, facendo capire all'umanità che è necessario scegliere un percorso di maggiore uguaglianza ed equità nel nostro modo di vivere insieme.

- **Estinzione delle specie**: decenni di distruzione degli ecosistemi minano le basi della vita a livello globale. Innumerevoli specie si estinguono, rendendo la Terra un mondo sempre più arido. La realtà irriducibile del collasso ecologico conferma che siamo parte integrante della rete globale della vita e che la minaccia di estinzione riguarda anche gli esseri umani.

- **Crescita economica e disgregazione**: le disgregazioni economiche si diffondono in tutto il mondo, producendo il collasso su larga scala delle economie vulnerabili. Sebbene esse rallentino le emissioni di gas serra, le lotte diffuse per la sopravvivenza hanno lo spiacevole risultato di spingere le persone e le comunità a utilizzare qualsiasi fonte energetica disponibile, compresi carbone e petrolio, per un vantaggio a breve termine. Il ritorno ai combustibili fossili contribuisce ad aumentare le emissioni di gas serra proprio nel momento in cui dobbiamo ridurle. Sebbene siano in corso sforzi per una profonda riconfigurazione dell'economia locale e globale, il collasso dei sistemi economici ed ecologici rende questi sforzi eccezionalmente difficili.

- **Disuguaglianze economiche**: la transizione immensamente complessa e difficile verso un'economia globale basata sull'energia rinnovabile riduce la produzione complessiva e la civiltà è più che mai in difficoltà nel soddisfare i bisogni dei poveri del mondo e nel muoversi verso una maggiore equità. Le tensioni globali tra chi ha e chi non ha accelerano oltre il punto di rottura. La crisi globale dell'equità e della giustizia sociale entra in conflitto con le culture del consumismo, dando vita a una feroce lotta per la direzione futura della nostra specie.

Le persone che hanno meno accesso alle risorse affrontano le maggiori sfide per adattarsi al riscaldamento globale, e questo vale a prescindere dalle differenze di razza, genere, età, geografia e classe[103]. Crescono gli sforzi diffusi per creare stili di vita essenziali e a basso costo e limitare quelli lussuosi delle persone ricche. Anche la ridistribuzione delle terre è un fattore chiave di equità e risveglia lotte titaniche per la proprietà e la condivisione.

Scenario: immaginiamo come si svilupperanno gli anni 2040

In questo decennio, entriamo in un'epoca di grande sofferenza, che va al di là di qualsiasi cosa gli esseri umani abbiano mai sperimentato[104]. È in corso un collasso globale, che genera ogni tipo di carenza, comprese le medicine e le cure mediche vitali, gli alimenti di base e l'acqua potabile. Molte grandi aziende vanno in bancarotta perché la loro base di consumatori si disintegra. Anche le grandi città falliscono perché la loro base fiscale si dissolve. Le infrastrutture chiave vengono abbandonate e cadono in rovina, poiché lasciate senza manutenzione: utenze elettriche e telefoniche, servizi Internet, strade, ponti, semafori, sistemi fognari, rimozione dei rifiuti e sistemi idrici.

Crescono la confusione, il caos e il conflitto. Con il diffondersi dell'illegalità, le forze di protezione private sostituiscono la polizia e le forze dell'ordine tradizionali. Su scala più ampia, il collasso si estende oltre le città, agli Stati e persino alle nazioni, che vanno in bancarotta e si disgregano; lo stesso accade alle organizzazioni internazionali come le Nazioni Unite, che rimangono poco più che entità simboliche. La coesione globale è sostenuta e modellata non dalle istituzioni internazionali, ma da un patrimonio elettronico comune in rapida crescita che emerge dai movimenti popolari in tutto il mondo. Questi movimenti dal basso utilizzano la vacillante infrastruttura di comunicazione mondiale per creare un nuovo bene comune globale nella nostra coscienza collettiva.

Né il settore pubblico né quello privato hanno le risorse per organizzare progetti su larga scala che possano offrire una risposta significativa a un collasso di tale portata. L'adattamento viene relegato al livello locale di quartieri e comunità, dove le persone devono fare affidamento sulle persone, sulle competenze e sulle risorse disponibili nelle vicinanze.

Negli anni 2040, gran parte della storia dell'umanità può essere riassunta da due titoli: la "Grande morte" e il "Grande rogo". Sebbene nel decennio precedente siano morte decine di milioni di persone, la moria umana si intensifica e inizia un periodo orribile di "Grande morte". Si stima che la capacità di carico della Terra sia di circa tre miliardi di persone che vivono con lo stile di vita della classe media europea. Una popolazione globale che si avvicina ai nove miliardi di persone è ben oltre tale capacità[105]. Gli esseri umani scoprono di non essere diversi dal resto della vita sulla Terra che si trova ad affrontare l'estinzione[106]. Un'ondata di morte travolge il pianeta, portando malattie, carestie e violenze implacabili che intaccano l'anima della nostra specie[107].

La matematica della morte è inesorabile. Con circa nove miliardi di persone sul pianeta negli anni 2040 e, secondo stime prudenti, con il 10% della popolazione mondiale (i più poveri tra i poveri) a maggior rischio di morte, significa che 900.000.000 di persone potrebbero morire in questo decennio. Basta qualche semplice calcolo per arrivare a uno stupefacente numero di 90.000.000 di persone che muoiono *ogni anno*: più o meno l'equivalente di sette olocausti *all'anno* durante tutto il decennio.

Mentre ondate di morte travolgono la Terra, l'impatto morale e psicologico di queste perdite sconvolge la psiche umana. Questa calamità si svolge in tempo reale con media ad alta definizione che rivelano i volti e le vite effimere di innumerevoli esseri umani e altre creature. Il dolore e la sofferenza incommensurabili della Grande morte lacerano il tessuto della cultura e della coscienza. La perdita, il lutto e il dolore sono incalcolabili. Questi anni strazianti fanno a pezzi i nostri legami con il passato e lasciano la nostra eredità a brandelli.

> *L'entità della tragedia e della sofferenza nella Grande morte trasforma il cuore e l'anima della nostra specie[108].*

Il secondo aspetto di grande tragedia e sofferenza che caratterizza questo decennio è il "Grande rogo"[109]. Sebbene incendi estremi siano divampati in aree localizzate in tutto il mondo a partire dagli anni 2020, furiosi incendi diventano un'emergenza terribile ovunque due decenni dopo. Con l'inasprirsi del riscaldamento globale, si intensificano anche le aree di grave siccità e i grandi roghi.

• Gran parte dell'Amazzonia si è seccata e brucia[110].

- Ampie zone della California e degli Stati Uniti occidentali sono cronicamente in fiamme, trasformando antiche foreste in sterpaglie e boscaglia[111].

- Vaste aree della regione di Los Angeles bruciano, così come ampie regioni del Texas e del Colorado.

- Gran parte del Messico è in fiamme.

- Buona parte dell'Australia viene incenerita[112].

- Vaste regioni dell'Europa, in particolare la Francia meridionale, il Portogallo e il resto della regione mediterranea, bruciano.

- Gran parte dell'India, del Pakistan, dell'Iran e dell'Afghanistan sono in fiamme.

- Le regioni della Cina settentrionale e sud-occidentale bruciano a ritmo regolare.

- Lo stesso vale per vaste aree dell'Africa, soprattutto in Etiopia, Uganda, Sudan ed Eritrea.

Invece di etichettare la nostra epoca come "Antropocene", nel suo libro *Pirocene. Viaggio nell'età del fuoco, tra passato e futuro* (ed. originale *The Pyrocene: How We Created an Age of Fire, and What Happens Next*) il professor Stephen Pyne la definisce "Pirocene", ovvero un futuro con incendi e sconvolgimenti così immensi e inimmaginabili che "l'arco di conoscenza ereditata che ci unisce al passato si è spezzato", un futuro diverso da qualsiasi cosa abbiamo conosciuto prima[113].

Il "Grande rogo" e la "Grande morte" simboleggiano la disintegrazione funzionale e lo scollamento delle civiltà umane dal passato. Non siamo più in grado, nel vero senso della parola, di funzionare come prima. Nonostante i grandi sforzi dei decenni precedenti, l'esperimento evolutivo dell'umanità sta fallendo. Le ultime vestigia di fiducia nel percorso storico di progresso materiale dell'umanità si esauriscono.

Le potenti élite che hanno dominato nei decenni precedenti si ritirano in enclave mentre il mondo ci crolla intorno. La crisi ecologica planetaria realizza ciò che l'azione non violenta e la protesta non hanno potuto fare: il *risveglio dell'umanità*. Soprattutto, gli esseri umani hanno bisogno di una strada nuova e risoluta per il futuro, nonché di una visione e di una voce forti per arrivarci.

La popolazione sperimenta collettivamente il CTPS (stress traumatico planetario cronico), una mentalità completamente nuova che coinvolge l'intera famiglia umana. La differenza tra PTSD (disturbo da stress post-traumatico) e CTPS è che, invece di essere un episodio relativamente breve e limitato, il trauma dura tutta la vita ed è di portata planetaria. Non c'è scampo: il peso del trauma collettivo permea l'anima dell'umanità.

Pur assimilando questo periodo di immenso dolore, ci rendiamo conto che il deterioramento della nostra biosfera produrrà sofferenze ancora maggiori nei prossimi decenni, quando le persone dovranno affrontare il distacco dalle loro radici in termini di terra, cultura, comunità e mezzi di sostentamento. Sebbene ciò si sia verificato in passato, negli anni 2040 diventa un fenomeno su scala planetaria. Le conseguenze del CTPS includono:

- livelli estremamente elevati di ansia sociale, paura e risposte protettive;

- restringimento dell'attenzione e difficoltà a concentrarsi sul quadro generale;

- intorpidimento emotivo e uso diffuso di alcol, droghe e media per evadere;

- reattività, violenza e disturbi dell'umore;

- sentimenti di impotenza, disperazione e depressione che portano a epidemie di suicidio.

L'incalcolabile sofferenza di questo decennio dissolve vecchie identità e dogmi, lasciando molti profondamente feriti, sia psicologicamente che socialmente. L'esperto di stress Hans Seyle ha scritto: "Ogni stress lascia una cicatrice indelebile: a seguito di una situazione stressante, l'organismo paga il prezzo della sua sopravvivenza diventando un po' più vecchio"[114]. Proprio nel momento in cui abbiamo bisogno di unirci per cooperare come specie, il CTPS lo rende molto più difficile.

L'immensa sofferenza di questi tempi non è senza merito. Nella ricerca consumistica della felicità continua, molti hanno perso il contatto con la profondità della vita, con la nostra anima. Lo psicoterapeuta Francis Weller, che per più di due decenni ha lavorato con i gruppi, facilitando incontri autentici con il dolore, scrive:

> "Per i popoli tradizionali, la perdita dell'anima era senza dubbio la condizione più pericolosa che un essere umano potesse affrontare. Compromette la nostra energia vitale, diminuisce la gioia e la passione, riduce la nostra vitalità e la nostra capacità di meravigliarci e stupirci, esaurisce la nostra voce e il nostro coraggio e, in ultima analisi, erode il nostro desiderio di vivere. Diventiamo disincantati e avviliti"[115].

Nel grande dolore si nasconde un grande dono: un varco per ricongiungerci con la nostra anima. Carl Jung consigliava: "Abbraccia il tuo dolore, perché lì la tua anima crescerà". I dolori non riconosciuti limitano il contatto con l'anima collettiva della nostra specie. Quando l'umanità incontra l'oscurità delle nostre perdite collettive, recuperiamo il contatto con la nostra anima comune. Francis Weller scrive:

> "[...] senza la familiarità con il dolore, non maturiamo come uomini e donne. È il cuore spezzato, la parte che conosce il dolore, che è capace di un amore autentico. [...] Senza questa consapevolezza [...] rimaniamo

intrappolati nelle strategie adolescenziali di evitamento e di impegno eroico"[116].

Il dolore sfida il tacito accordo della società dei consumi ad accettare vite superficiali e prive di sentimenti. Accogliere il dolore è il segreto per essere pienamente vivi, la porta d'accesso alla naturale vitalità, selvaggia e indomita, dell'anima. Naomi Shihab Nye, nella sua poesia "Kindness", ovvero "Gentilezza", scrive:

> *Prima che tu riconosca la gentilezza come la tua cosa*
> *più profonda,*
> *devi riconoscere il dolore come l'altra cosa più profonda.*
> *Devi svegliarti con il dolore.*
> *Devi parlare al dolore finché la tua voce*
> *non avrà afferrato il filo di tutte le sofferenze.*
> *Allora vedrai il bandolo della matassa.*[117]

L'entità del dolore del mondo è immensa. Scopriamo ciò che l'anima indigena ha sempre saputo: *noi non siamo separati dalla Terra, la vitalità è ovunque e in tutte le cose.* Quando la Terra si impoverisce, noi ci impoveriamo in egual misura.

L'umanità ha molto da piangere perché le perdite sono così grandi. Nella Grande morte, perdiamo milioni di preziosi compagni di vita: sorelle e fratelli che cercano la loro unica vita sulla Terra, le loro potenzialità non realizzate, le relazioni non soddisfatte, i talenti non espressi, i doni non ricevuti. Perdiamo anche molto del resto della vita: piante e animali che portano ricchezza, resilienza e bellezza nelle nostre esistenze.

Negli anni 2040, non solo perdiamo innumerevoli vite, ma anche città, culture, lingue e saggezza. Ad esempio, con l'innalzamento del livello del mare, perdiamo molte delle più antiche città del mondo fondate sulle coste: Alessandria (Egitto); Shanghai e Hong Kong (Cina); Giacarta (Indonesia); Mumbai (India); Ho Chi Minh (Vietnam); Osaka e Tokyo (Giappone); Londra (Inghilterra); New York e Washington (USA) e molte altre[118].

Le perdite sono così diffuse e così fondamentali che rievocano nelle persone la saggezza *ubuntu*: "Io sono ciò che sono in virtù di ciò che siamo". Quando il sentimento del "noi" diminuisce, il mio "io" diminuisce in proporzione alla ricchezza della vita che è andata perduta. Quando siamo in contatto con la nostra essenza, con la nostra anima, siamo immersi nella più ampia ecologia della vitalità. Condividiamo la parentela di tutti gli esseri e sperimentiamo direttamente il sottile brusio e il canto di tutta la vita sul pianeta.

In preda a un dolore devastante per l'immensità delle nostre perdite, desideriamo tornare al punto in cui eravamo prima che il dolore ci travolgesse. Sappiamo però che è impossibile tornare indietro, anzi: ci troviamo di fronte alla sfida di accettare il nostro destino e scoprire come questa saggezza possa trasformare il nostro cammino verso il futuro. Il dolore collettivo brucia le strutture e le facciate, incontriamo la nostra cruda umanità. Nell'autenticità di quell'incontro, andiamo avanti per costruire nuovi mondi.

Nel dolore della Grande morte e del Grande rogo, siamo nudi di fronte all'evoluzione. Il dolore non è un trucco. È la realtà.

Quando il dolore ci coglie, sappiamo che questo mondo non è una finzione. Affrontiamo l'onestà della vita stessa, da onorare e accettare per quello che è. Jennifer Welwood, insegnante di psicologia spirituale e poetessa, parla così di questi tempi:

Amici miei, cresciamo.
Smettiamola di far finta di non sapere come funziona.
O se proprio non ce ne siamo accorti, svegliamoci e rendiamocene conto.
Guardate: tutto ciò che può essere perso, sarà perso.
È semplice: come abbiamo potuto non accorgercene per così tanto tempo?
Come esseri umani maturi, soffriamo pienamente le nostre perdite, ma, vi prego, non lasciamo che ci sconvolgano.

Non comportiamoci come se fossimo stati traditi,
come se la vita avesse infranto la sua promessa segreta.
L'impermanenza è l'unica promessa che la vita ci fa
e la mantiene con spietata impeccabilità.
A un bambino sembra crudele, ma è solo selvaggia
e la sua compassione è squisitamente precisa:
brillantemente penetrante, luminosa di verità,
si spoglia dell'irreale per mostrarci il reale.
Questo è il vero viaggio: diamoci da fare!
Smettiamola di negoziare un passaggio sicuro:
in ogni caso, non ce n'è uno e il costo è troppo alto.
Non siamo più bambini.
Il vero adulto umano dà tutto per ciò che non può essere
perso. Danziamo la danza selvaggia della disperazione![119]

Il dolore ci porta oltre la speranza, alla cruda verità della realtà. Nel nostro dolore collettivo, siamo chiamati ad andare oltre l'adolescenza della nostra specie, a riconoscere la nostra situazione effettiva, a esserci per ciò che è reale e a rispondere al meglio.

La Grande morte invoca la nostra maturità collettiva,
al di là della speranza o della disperazione, e ci
chiama a farci avanti e ad assumerci semplicemente
la responsabilità di fare il lavoro richiesto dai nostri
tempi di Grande transizione.

Il dolore rivela l'abisso. Nell'incontro con la morte, siamo pronti a rivolgerci più pienamente alla vita. Nell'incontro con ciò che sembra più insopportabile, scopriamo ciò che è più intensamente vivo. Il dolore demolisce la finzione e fende i discorsi superficiali e felici della cultura consumistica. Abbiamo raggiunto un punto cardine nella storia in cui l'umanità deve fare delle scelte con conseguenze che si ripercuotono in un futuro lontano. Questa è evoluzione allo stato puro. La Grande morte ci chiama a un livello più alto di maturità collettiva: superare l'adolescenza della nostra specie per prendere in mano il nostro futuro.

Collettivamente, ci chiediamo se abbiamo la maturità sufficiente per mettere il benessere della vita al di sopra dei nostri interessi personali. Possiamo affrontare questi tempi difficili con umiltà e compassione? Possiamo parlare meno e ascoltare di più la sofferenza del mondo? Siamo in grado di prendere in mano il nostro modo di vivere e di lavorare per creare una biosfera abitabile, consapevoli del cambiamento radicale che ciò richiede?

Soprattutto nelle nazioni più ricche, si è sviluppata una profonda crisi psicologica, in quanto le persone provano un enorme senso di colpa e vergogna per la devastazione del pianeta e la diminuzione delle opportunità per le generazioni future. Molti sono in lutto per la Terra e ritengono che l'umanità abbia fallito nel suo grande esperimento di evoluzione. Dopo decine di migliaia di anni di lento sviluppo, molti credono che nell'arco di una sola generazione abbiamo rovinato la nostra possibilità di successo evolutivo e soffrono dell'opportunità perduta. La comunità umana riconosce che ci troviamo di fronte a un triste futuro di crescente rovina e di sempre più profonda disperazione, a meno che non riusciamo ad affrontare collettivamente questo momento di sfida.

La sofferenza e il dolore sono un fuoco purificatore che risveglia l'anima della nostra specie. Le ondate di calamità ecologica hanno rafforzato i periodi di crisi economica ed entrambi sono stati amplificati da massicce ondate di disordini civili. A una momentanea riconciliazione segue una disintegrazione e poi una nuova riconciliazione. Dando vita a una specie-civiltà più consapevole e sostenibile, l'umanità alterna cicli di contrazione e distensione, finché non siamo completamente sfiniti e bruciamo le barriere rimanenti che ci separano dalla nostra unità come famiglia umana.

Finalmente, lo sappiamo con incrollabile certezza: possiamo scegliere tra l'estinzione e la trasformazione.

Negli anni 2040, molti si chiedono se la scomparsa dell'umanità sarebbe una tragedia o una benedizione[120]. Siamo un contributo così prezioso alla Terra da meritare di vivere, mentre un milione di altre specie scompare? Una profonda crisi morale pervade la Terra. Siamo degni di continuare a esistere? Possiamo trovare un percorso e uno scopo che ci permetta di superare queste tragedie e di essere degni di vivere?

Gli sforzi di riconciliazione iniziano con un senso di promessa e di speranza, per poi crollare di fronte al caos climatico e alla disgregazione dei sistemi. Esiste davvero un terreno comune per vivere insieme su questa piccola Terra con così tante differenze? Sappiamo che i dispiaceri e le divisioni di un mondo distrutto devono essere accettati prima di poter essere guariti: riconoscere la nostra fragilità è il primo passo di un cammino verso l'unità.

Spinte dalla necessità più disperata, emergono nuove idee per la costruzione di nuovi tipi di comunità. Le persone riadattano vecchie strutture per creare nuove espressioni di comunità, che vanno dai mini-quartieri e dal co-housing agli eco-villaggi di diversa concezione. Proliferano i piccoli insediamenti isolati e auto-sufficienti, delle comunità che fungono da "atollo di salvataggio", poiché le persone riconoscono che le strutture su scala ridotta possono adattarsi rapidamente ai cambiamenti. Mentre ci rendiamo conto dell'importanza di comunità sane, cresce il sostegno per le città di transizione e le città sostenibili. Tuttavia, il danno all'economia, alla società e all'ecologia precedenti è così grande che è immensamente difficile. Allo stesso tempo, le tensioni aumentano quando le ondate di profughi climatici cercano sicurezza e sopravvivenza e provano a trasferirsi in comunità sane.

La semplicità non è più considerata uno stile di vita regressivo. Gli stili di vita a basse emissioni di carbonio e i valori che li accompagnano portano una nuova considerazione per la comunità, la sufficienza e la gentilezza. La semplicità di vita incoraggia forti comunità di sostegno reciproco e di sopravvivenza. Quando le persone sviluppano una serie di competenze che contribuiscono direttamente al benessere dei loro vicini, sentono che i loro veri doni sono accolti nella vita quotidiana.

In tutto il mondo sono presenti forze edificanti, ma sono così frammentate e scollegate l'una dall'altra che non riescono a convergere in potenti correnti ascensionali che si rafforzano reciprocamente. Il mondo è distrutto. L'eco-collasso porta al collasso dell'ego. La psiche collettiva dell'umanità è disperatamente ferita. Le richieste di maturità crescono, solo per essere sopraffatte dalle forze di disintegrazione che spingono l'umanità a livelli primordiali di lotta per la vita. Le piccole comunità diventano l'unità di misura per la sicurezza e la sopravvivenza.

La coscienza riflessiva o consapevole cresce quando l'umanità è spinta a guardare in profondità al di sotto della vita quotidiana e a riconoscere l'esistenza ferita che abbiamo creato come fondamento del nostro futuro. Riconosciamo che questi tempi di transizione ci porteranno probabilmente o a una discesa finale verso l'estinzione funzionale o a sorgere insieme nel risveglio e nella ricostruzione.

La comunicazione collettiva sembra offrire il maggior potenziale di rapido rinnovamento. Comunicare o morire! Mentre ci confrontiamo con la realtà di un profondo collasso degli ecosistemi, sappiamo che non possiamo ritirarci dal dialogo pubblico e dalla creazione di consenso. Tuttavia, per molti, la comunicazione da locale a globale volta a scoprire una via da seguire sembra infruttuosa e destinata al fallimento.

Anni 2050 – La grande transizione: l'inizio della maturità

Riepilogo

La Grande morte e il Grande rogo non lasciano dubbi sul fatto che il mondo del passato sia finito. L'umanità può cadere nell'oscurità dell'autoritarismo o nel nero totale dell'estinzione oppure scegliere di andare avanti dal profondo dolore della nostra anima collettiva verso un futuro di inaspettata vitalità. Il nostro momento di scelta collettiva è inflessibile e urgente. Sentiamo nel profondo le parole del poeta Wallace Stevens:

> Dopo l'ultimo no, verrà un sì
> e da quel sì dipende il futuro del mondo[121].

Quale sarà il "sì" dell'umanità? "Sì, ci arrendiamo" all'autoritarismo o all'estinzione funzionale. Oppure: "Sì, facciamo una scelta coraggiosa" per passare a una maturità superiore e a un futuro di trasformazione!

Quando la realtà di una catastrofe climatica e di una crisi dell'intero sistema si fa sentire, la comunità umana è spinta a guardare dentro di sé e a riconsiderare seriamente come andare avanti. Possiamo trasformare il modo in cui pensiamo collettivamente (la nostra mente di specie) e il modo in cui vediamo il nostro scopo di vita sulla Terra (il nostro viaggio di specie)? Gli ultimi tre decenni hanno arrecato una disperazione e un dolore sconvolgenti. Abbiamo rinunciato al tentativo di recuperare il passato. Possiamo costruire un nuovo futuro ritrovando un nuovo senso del viaggio della nostra specie? Abbiamo la volontà sociale di compiere questa grande svolta? Joanna Macy riassume chiaramente la situazione:

> "[...] siamo assistenti al capezzale di un mondo morente o levatrici per il prossimo stadio dell'evoluzione umana? Semplicemente non lo sappiamo. Allora, cosa sarà? Non avendo nulla da perdere, cosa potrebbe trattenerci dall'essere la versione più coraggiosa, più innovativa, più calorosa possibile di noi stessi?"[122].

Le profonde ferite inferte dalla "Grande morte" e dal "Grande rogo" tormentano la psiche collettiva dell'umanità. Siamo stati liberati dalla trance superficiale del materialismo e possiamo tornare alla nostra intuizione originaria della vitalità che permea il mondo. Il paradigma della vitalità onora le radici spirituali di tutte le grandi tradizioni di saggezza del mondo e porta una prospettiva di guarigione. Le iniziative per una riconciliazione ampia e profonda possono crescere e diffondersi da queste fondamenta e possono iniziare a sanare le nostre numerose divisioni: razziali, etniche, religiose, di ricchezza e di genere.

All'inizio del decennio del 2020, abbiamo capito che la costruzione di una Terra abitabile avrebbe richiesto una rapida riduzione delle emissioni di CO_2 per raggiungere la neutralità climatica entro il 2050. Ora questo decennio arriva con la spaventosa consapevolezza che gli sforzi dell'umanità, per quanto eroici, sono stati troppo pochi e troppo tardivi. Non abbiamo raggiunto questo obiettivo cruciale[123]. Abbiamo superato diversi punti di non ritorno, il metano continua a riversarsi nell'atmosfera e le temperature globali si avvicinano a un terrificante aumento di 3 °C, causando estreme perturbazioni climatiche distruttive per ogni forma di vita. I rifugiati climatici sono ormai un miliardo.

Passo dopo passo, iniziamo ad avanzare verso l'inizio della maturità della nostra specie. Con un profondo rispetto per il benessere di tutta la vita come base per il futuro, sentiamo la brezza rincuorante dell'elevazione e delle possibilità emergenti. Le iniziative di "voce della comunità" spuntano a livello regionale e una robusta iniziativa di "voce della Terra" sboccia a livello globale. Sappiamo, nel profondo, che siamo tutti cittadini della Terra e cerchiamo nuovi dialoghi per integrare questa comprensione nella nostra vita quotidiana e per crescere insieme nella ricostruzione del pianeta come nostra casa accogliente. Le immense sofferenze dell'ultimo decennio evocano un impegno collettivo per creare un percorso verso il futuro che vada oltre le infinite distrazioni della violenza.

Riconoscendo l'urgenza di trovare un terreno comune più ampio di comprensione e guarigione, il mondo si immerge in un oceano di comunicazione. Senza sosta, una ricca e complessa conversazione globale cerca la comprensione e una visione di guarigione per il futuro. Abbiamo varcato la soglia di una nuova fase dell'età adulta in cui siamo disposti a lavorare per il benessere di tutta la vita e a prendere impegni per un futuro profondo. Ci aspettano millenni di lavoro per riconciliarci con la convivenza e la costruzione di un futuro prospero su una Terra gravemente ferita.

Rassegna delle principali tendenze trainanti negli anni 2050

- **Riscaldamento globale e perturbazioni climatiche**: l'obiettivo della neutralità carbonica entro il 2050 non viene raggiunto. Le temperature globali aumentano fino a raggiungere il terrificante valore di 3 °C e producono alterazioni climatiche altamente dirompenti e distruttive[124]. Il metano continua a riversarsi nell'atmosfera, esacerbando i modelli meteorologici estremi, riducendo la produttività agricola, colpendo le zone costiere con onde di tempesta e uragani e sconvolgendo profondamente gli habitat di piante e animali. Con un riscaldamento e un'acidificazione senza precedenti, gli oceani sono in gran parte privi di vita, il suolo è bruciato e secco e le disgregazioni ecologiche si diffondono, poiché piante e animali non riescono a adattarsi alla velocità dei cambiamenti climatici. Per diversi decenni abbiamo saputo che, se la temperatura aumenta di 3 °C, le possibilità di evitare i quattro gradi di riscaldamento sono scarse e che, se arriviamo a 4 °C, si produrranno cicli di retroazione ancora più intensi, che renderanno estremamente difficile fermare l'aumento della temperatura a 5 °C[125]. Siamo su un giro di montagne russe diretto all'inferno.

La piena crisi climatica è arrivata.

- **Scarsità d'acqua**: si prevede che lo stress idrico avrà un impatto sul 52% della popolazione mondiale entro il 2050[126]. Con una popolazione mondiale che si avvicina ai dieci miliardi, ciò significa che più di cinque miliardi di persone probabilmente soffriranno per la scarsità d'acqua[127] (questa stima non tiene conto della probabilità di un periodo di Grande morte in cui un miliardo o più di esseri umani periranno). Per molti la vita è diventata una misera lotta per la sopravvivenza in un mondo surriscaldato e arido.

- **Scarsità di cibo**: entro il 2050, si prevede che la popolazione globale crescerà oltre i nove miliardi di persone: le scorte alimentari sono sottoposte a un enorme stress e sono minacciate dal fatto che il mondo si avvia verso un ecosistema sempre più arido, privo di una ricca diversità di vita vegetale e animale. La domanda di cibo è superiore del 60% rispetto al 2020, ma il riscaldamento globale, l'urbanizzazione e il degrado del suolo hanno ridotto la disponibilità di terreni coltivabili[128]. Ricordiamo che si stima che ogni grado Celsius di riscaldamento produca una diminuzione del 10-15% delle rese agricole. Pertanto, a 3 °C, la produttività agricola diminuisce del 30-45% a causa dell'aumento delle temperature. Ad aggravare la situazione, gli sforzi per ridurre le emissioni di carbonio includono la riduzione dell'uso di fertilizzanti e pesticidi a base di petrolio. Non potendo sostenere la produzione agricola, le scorte alimentari si riducono ulteriormente e miliardi di persone rischiano di morire di fame. "Ben cinque miliardi di persone [...] dovranno affrontare la fame e la mancanza di acqua pulita entro il 2050, poiché il riscaldamento del clima altera l'impollinazione, le risorse di acqua dolce e gli habitat costieri. Le popolazioni dell'Asia meridionale e dell'Africa saranno quelle che subiranno le conseguenze peggiori"[129].

- **Rifugiati climatici**: entro la metà del secolo si prevedono più di 300 milioni di rifugiati climatici, ma il numero potrebbe essere molto maggiore[130]. L'afflusso di un'enorme quantità di rifugiati in regioni più abitabili del pianeta pone le basi per enormi conflitti.

- **Popolazione mondiale**: si stima che il mondo raggiungerà i dieci miliardi di persone entro il 2057[131]. Tuttavia, questa stima non tiene conto della "Grande morte" del decennio 2040, in cui il 10% o più della popolazione mondiale potrebbe morire. L'entità potenziale dei decessi negli anni 2050 sembra inimmaginabile, soprattutto con la crescente scarsità d'acqua e il calo della produttività agricola.

- **Estinzione delle specie**: gli habitat di piante e animali sulla Terra (suolo, oceani e aria) vengono stravolti a una velocità di gran lunga superiore alla loro capacità di adattamento. A metà del secolo, circa un terzo di tutta la vita sul pianeta sta morendo, con risultati terribili. La morte di intere specie di insetti porta a un collasso a cascata della biosfera. La quantità e la qualità delle scorte alimentari sono drasticamente alterate. Le praterie sono minacciate. Gli animali che si nutrono di piante sono in pericolo. I beneficiari a breve termine di queste morie sono i saprofagi: scarafaggi e avvoltoi sulla terraferma e meduse negli oceani[132].

- **Crescita economica e disgregazione**: a metà del secolo, gli effetti del riscaldamento globale sono terribili. Gli sforzi per ridurre a zero le emissioni di carbonio deprimono la crescita economica e sono considerati un fallimento, aggravato da una crescente ondata di bancarotte, disgregazioni economiche e organizzative. Aumentano le carenze di ogni tipo, accompagnate da accaparramento, mercati neri, furti diffusi e violenza. Le fonti di valore tradizionali (contanti, azioni e obbligazioni) continuano a diminuire, mentre aumenta il valore di medicinali, alimenti e combustibili, ormai scarsi. La produttività agricola continua a diminuire con l'aumento delle temperature. Le perturbazioni climatiche e le massicce migrazioni umane sconvolgono i modelli commerciali e produttivi. Il sistema economico globale si frammenta, passando a economie locali vive. La mentalità di crescita del passato viene ampiamente sostituita da una mentalità di sopravvivenza e sostenibilità, con un'enfasi sullo sviluppo della resilienza locale nelle economie vive.

- **Disuguaglianze economiche**: le disuguaglianze estreme persistono nonostante i tentativi di mettere in atto una rivoluzione dell'equità. L'impatto del riscaldamento globale è sentito più intensamente dalle persone meno responsabili della sua creazione e meno in grado di mitigarlo. I poveri del mondo affrontano carestie, malattie e sfollamenti. L'estrema povertà, senza l'accesso agli strumenti e alle risorse essenziali per costruire un'economia locale sostenibile, costringe le persone a una vita di sopravvivenza e impedisce loro di partecipare agli sforzi per costruire una civiltà ecologica per la Terra. Una maggiore equità nell'accesso alle tecnologie e alle risorse di base è essenziale per migliorare la salute e la produttività delle persone svantaggiate e per creare le basi per un futuro più sostenibile. Migliorare le condizioni di vita dei più poveri è più di un'espressione di compassione: è il modo per mobilitare una risposta dal basso con un importante effetto di leva alle perturbazioni climatiche e alle disgregazioni globali.

Scenario: immaginiamo come si svilupperanno gli anni 2050

La Grande morte continua: milioni di persone muoiono ogni mese. L'ombra di una sofferenza inutile oscura il mondo e permea le prospettive future dell'umanità. Il "Grande rogo" accelera, mentre il riscaldamento globale inarrestabile prende velocità. Milioni di rifugiati climatici cercano di trasferirsi in aree favorite dalle risorse. Gli sforzi ben intenzionati delle comunità locali per condividere le risorse si scontrano con ondate massicce di profughi che rapidamente travolgono sistemi già sovraccarichi. Molte comunità si trovano a dover affrontare sfide che vanno ben oltre le loro capacità. La sopraffazione porta a conflitti violenti, poiché le persone e le comunità sono spinte ai limiti della sopravvivenza. La violenza favorisce l'isolazionismo locale e una mentalità che erige muri.

Soprattutto nei Paesi sviluppati, una profonda crisi psicologica continua a crescere quando le persone vedono diminuire le opportunità per le generazioni future. Molti affogano in una profonda disperazione. L'anima dell'umanità è gravemente ferita e ha lesioni morali: abbiamo devastato la Terra e violato il nostro istintivo senso etico. Ci troviamo di fronte a un futuro di sconforto senza fine. Abbiamo la volontà sociale di compiere una grande transizione?

La domanda delle domande è:
come può la comunità umana unirsi per affrontare con
solidarietà le sfide che abbiamo davanti?

Siamo di fronte a una crisi esistenziale come specie e siamo costretti a chiederci, ancora e ancora: chi siamo? Dove stiamo andando? Siamo spinti a rievocare la saggezza originaria secondo cui viviamo in un mondo permeato da una vitalità sottile. Il recupero della saggezza della vitalità profonda ci connette con l'universo come un tutt'uno. Il nostro senso di identità e il nostro percorso evolutivo si stanno trasformando. Sempre più spesso ci consideriamo esseri biologici e cosmici che imparano a vivere in un'ecologia della vitalità. Rompendo la trance consumistica del materialismo superficiale in un universo morto, siamo liberi di esplorare, in un universo senziente, modi di vivere che offrono una grande profondità di significato e di scopo.

Spinto in avanti da un'immensa perdita e trascinato dalla promessa di un viaggio di guarigione, il sistema nervoso globale si risveglia con una nuova capacità di autoconsapevolezza collettiva. Emerge una nuova "mentalità di specie" o coscienza riflessiva su scala terrestre. Abbiamo iniziato a sviluppare la capacità di osservarci, di conoscerci nello specchio della nostra mente collettiva e di guidarci verso livelli più elevati di organizzazione, coerenza e connessione. Con una coscienza riflessiva, possiamo assistere più chiaramente a ciò che accade nel mondo e scegliere più consapevolmente il nostro percorso. Usciamo dalla bolla della distrazione del materialismo per partecipare con piena consapevolezza alla vita.

Ora la famiglia umana prende atto che è stata la nostra capacità di comunicare a permetterci di evolvere per migliaia di anni fino a raggiungere la civiltà planetaria. Riconosciamo inoltre che abbiamo bisogno di un nuovo livello di comunicazione planetaria che ci permetta di collaborare e lavorare insieme per il benessere di tutti. Nel 2050, siamo alla terza generazione della rivoluzione delle comunicazioni globali e abbiamo una forte avversione alla manipolazione da parte del consumismo mediatico. Siamo consapevoli che la nostra sopravvivenza dipende da una comprensione accurata e realistica di ciò che accade nel mondo e siamo diventati molto diffidenti nei confronti di qualsiasi tentativo di manipolare la nostra mente collettiva a fini di potere e di profitto. Nella nostra memoria di specie, ricordiamo di essere stati inondati da distorsioni e disinformazione deliberate per creare caos, confusione e distrazione[133]. Queste esperienze dolorose servono come immunizzazione sociale per ridurre la possibilità di infezioni nella nostra mente collettiva.

Uno sviluppo chiave per la costruzione del consenso globale è l'ascesa dei supercomputer, che hanno capacità così enormi da poter facilmente monitorare il voto di miliardi di persone in tempo reale. Combinando la potenza dell'intelligenza artificiale con i dati affidabili delle tecnologie blockchain, i sistemi di supercomputer possono garantire il voto riservato di miliardi di persone in reti sicure. Grazie a questi progressi, la Terra è animata da nuovi livelli di comunicazione da locale a globale. Le organizzazioni di "voce della comunità" proliferano a livello locale e una solida organizzazione di "voce della Terra" funziona a livello globale. Il mondo è pervaso da una comunicazione chiara sul nostro futuro comune. La maggior parte delle persone accoglie con favore un crescente senso di:

- *identità* come cittadini della Terra: un'identità su scala globale non sminuisce le altre identità in termini di nazionalità, comunità, etnia, ecc.; piuttosto, riconosce la realtà dell'interdipendenza e la responsabilità di tutti i cittadini per il benessere della Terra;

- *responsabilizzazione* come cittadini della Terra: decenni di partecipazione a diversi forum elettronici hanno dimostrato che il feedback dei cittadini può avere una forte influenza sulle politiche pubbliche;

- *uguaglianza* come cittadini della Terra: nonostante le differenze di ricchezza e privilegi, nei forum elettronici la voce e il voto di ogni persona contano allo stesso modo nella scelta del futuro dell'umanità;

- *solidarietà* come cittadini della Terra: decenni di traumi e sofferenze hanno creato nuovi legami di fiducia e la consapevolezza che assicurare un futuro di trasformazione sarà un lavoro di squadra.

Emerge un percorso promettente verso un futuro rigenerativo, propositivo e sostenibile. Sebbene come specie ci siamo spinti sull'orlo della rovina, grazie ai dialoghi da locali a globali e a nuovi livelli di maturità e intuizione collettiva, ci siamo allontanati dal baratro. Dopo aver esaurito tutte le speranze di soluzioni parziali, abbiamo iniziato a scandagliare il caos e il dolore di questi tempi e a scoprire un senso più profondo di comunità e di scopo collettivo. Abbiamo vissuto un periodo di Grande morte e ora maturiamo in un Grande risveglio come comunità terrestre. Superiamo l'adolescenza egocentrica come specie ed entriamo nella prima età adulta con una crescente preoccupazione per il benessere di tutta la vita. Riconoscendo il razzismo strutturale, le estreme disuguaglianze di ricchezza e benessere, le divisioni di genere, ecc. cerchiamo la guarigione e un terreno comune più ampio che incarni un nuovo livello di cooperazione e collaborazione.

Il mondo si trova ora in una corsa tra l'estinzione e la trasformazione. Il crollo delle civiltà non ha ancora danneggiato in modo irreparabile le basi per costruire un futuro attuabile per la Terra. In tutto il mondo emergono nuove configurazioni di vita orientate verso eco-villaggi su piccola scala, auto-organizzati e autosufficienti.

La semplicità volontaria diventa un valore fondamentale e tocca ogni cosa: il cibo che mangiamo, il lavoro che svolgiamo, le case e le comunità in cui viviamo e molto altro ancora. I modi di vita ecologici fioriscono con una moltitudine di espressioni. Le persone si rendono conto che il ripristino e il rinnovamento della Terra come sistema di supporto vitale abitabile richiederanno secoli, ma il viaggio è ormai iniziato.

Una serie di fattori edificanti è emersa dalla notte oscura dell'anima della specie per generare un forte impegno a costruire un nuovo mondo. Quando questi sette fattori entrano in gioco e iniziano a rafforzarsi reciprocamente, creano collettivamente uno slancio abbastanza forte da permettere all'umanità di superare la spinta verso il basso dell'autoritarismo o dell'estinzione. Riconosciamo che stiamo attraversando un'iniziazione profonda come specie e che un futuro di ripristino e rinnovamento è possibile se sceglieremo consapevolmente il nostro percorso. Le scelte esitanti non saranno sufficienti. Il progresso evolutivo richiede il pieno impegno degli esseri umani per salvare la Terra e il nostro stesso futuro.

Anni 2060 – La grande libertà: scegliere la Terra

Riepilogo

La maggior parte degli esseri umani riconosce che stiamo attraversando un momento di scelta nella storia. La Terra premurosa che ha sostenuto la nostra ascesa ai margini di una civiltà globale è stata trasformata da incendi, inondazioni, siccità, carestie, malattie, conflitti ed estinzioni. Piuttosto che lasciarci alle spalle queste sfide, sappiamo che il nostro lavoro consiste nell'accettarle e integrarle. L'accettazione è la fonte dell'apprendimento fondamentale, che ci permette di resistere in un futuro lontano.

Il viaggio di trasformazione ci invita a maturare e ad affermarci come specie dinamicamente stabile, autoreferenziale e auto-organizzata. Una nuova economia inizia a crescere in tutto il mondo. Gli eco-villaggi e le comunità più grandi diventano motori di un nuovo tipo di commercio nell'interazione con altre comunità, utilizzando le valute locali per scambiare competenze e servizi, come l'istruzione, l'assistenza sanitaria, l'assistenza agli anziani, l'energia solare e i sistemi eolici, il giardinaggio biologico, l'idroponica, l'agricoltura verticale, le competenze in materia di costruzione di case, tra gli altri. Gli eco-villaggi resilienti si aggregano in comunità resilienti e queste si aggregano in regioni resilienti di vita cooperativa.

Sempre più spesso, la riverenza e la cura per il benessere della vita si fondano sulla comprensione emergente che l'universo è esso stesso un vasto organismo vivente di cui siamo parte integrante. Siamo più che esseri biologici, siamo esseri "bio-cosmici" che stanno imparando a sentirsi a casa in un universo vivente. La coscienza riflessiva non è più considerata un lusso spirituale per pochi: ora è vista come una necessità evolutiva per molti.

La maggior parte delle persone sceglie consapevolmente di lavorare per conto di una comunità terrestre fondata su libertà, uguaglianza, benessere ecologico, semplicità di vita, guarigione e ripristino del pianeta e comunicazione autentica. Un vibrante movimento di "voce della Terra" offre una crescente coerenza e direzione a questa intenzione di specie.

Una specie-organismo di dimensioni terrestri, composta da miliardi di individui, si risveglia come umanità collettiva. Con crescente solidarietà, scegliamo la Terra come nostra casa permanente. A costo di sofferenze e dolori indicibili, abbiamo consumato gli isolamenti del passato per scoprire una relazione profonda e sincera con la Terra e gli altri esseri umani. Attraverso la nostra immensa sofferenza, sentiamo di aver pagato il nostro debito, il prezzo dell'ammissione alla prima fase della maturità globale. La grande ansia per la sopravvivenza della nostra specie è sostituita da intensi sentimenti di comunità globale, solidarietà e affinità, che generano nuove ondate di ottimismo. Abbiamo superato *insieme* questo periodo di profonda iniziazione. La nostra specie ha attraversato il periodo di maggior pericolo immaginabile ed è sopravvissuta. Abbiamo veramente iniziato a conoscerci come famiglia umana, con tutti i nostri difetti e le nostre stravaganze. Sappiamo che non potremo fermarci mai, che dovremo lavorare per sempre per riconciliarci con noi stessi, ma ora sappiamo anche di essere all'altezza della sfida.

Rassegna delle principali tendenze trainanti negli anni 2060

- Il **riscaldamento globale** si avvicina rapidamente a un livello catastrofico di 3 °C e il clima mondiale diventa caotico. Spinto dall'urgente necessità, il mondo inizia a orientarsi verso l'uso su larga scala della geoingegneria climatica per limitare il fenomeno. La "geoingegneria solare", in cui una piccola parte dell'energia del Sole viene riflessa nello spazio, aiuta a ridurre l'innalzamento della temperatura causato dall'aumento dei gas serra. Un sottile velo di particelle combatte il riscaldamento globale come la cenere fine delle eruzioni vulcaniche che devia la radiazione solare nell'atmosfera. Se da un lato questo velo di particelle compensa il rapido aumento delle temperature globali, dall'altro si prevede che la riduzione delle radiazioni solari produca drastici cambiamenti nei sistemi meteorologici e nei modelli di precipitazioni guidati dall'energia solare. Ad esempio, con la geoingegneria solare, i monsoni asiatici, da cui dipendono le colture alimentari di due miliardi di persone, potrebbero iniziare a fermarsi. Nonostante gli enormi rischi, è probabile che la geoingegneria solare venga adottata su scala planetaria entro il 2060 nel tentativo di stabilizzare il riscaldamento globale. Questo fenomeno potrebbe essere mitigato anche con sforzi massicci per la cattura dell'anidride carbonica che includono, ad esempio, la piantumazione di mille miliardi o più di alberi in tutto il pianeta.

- La **scarsità d'acqua** mette a dura prova più della metà della popolazione mondiale, generando intensi conflitti e violenze per l'accesso alle risorse idriche. Si avvia un'iniziativa su scala planetaria per assegnare l'accesso all'acqua e sviluppare impianti di desalinizzazione alimentati dall'energia solare.

- La **scarsità di cibo** cresce con l'aumento della popolazione e il calo della produttività. Metà della popolazione mondiale si trova ad affrontare scarsità e carestia a livello cronico. Come per l'acqua, prende il via un'iniziativa globale per il razionamento e l'allocazione del cibo.

- Il numero dei **rifugiati climatici** continua a crescere vertiginosamente. L'Università di Cornell stima che, entro il 2060, ben 1,4 miliardi di persone (circa un quinto della popolazione mondiale) potrebbero diventare rifugiati a causa dei cambiamenti climatici[134]. Le strutture civili di un mondo in disfacimento saranno sopraffatte e richiederanno una cooperazione globale per trovare gli alloggi adatti.

- L'**estinzione delle specie** accelera quando piante e animali non riescono a adattarsi abbastanza rapidamente ai drastici cambiamenti del clima e dei modelli meteorologici. Mentre la biosfera si degrada, una frazione crescente dell'umanità potrebbe arruolarsi in un corpo di volontari per lavorare al rinnovamento della Terra.

- La **disgregazione economica** è diffusa e produce accaparramento, mercati neri e violenza. Tuttavia, le lotte per la sopravvivenza sono controbilanciate da robuste sacche di economia locale a livello delle comunità. A livello locale emerge un nuovo tipo di economia, incentrata sul rinnovamento, sul recupero e sulla rigenerazione.

Scenario: immaginiamo come si svilupperanno gli anni 2060

La maggior parte dell'umanità riconosce che abbiamo raggiunto un momento di scelta nella storia. La Terra premurosa che ha sostenuto l'ascesa di una civiltà globale è stata trasformata. Non si sa se la biosfera potrà essere riparata abbastanza da sostenere l'ascesa di un nuovo tipo di civiltà umana. Il segnale di partenza della storia è stato lanciato e siamo in corsa per superare un disastro che abbiamo creato con le nostre mani.

Passo dopo passo, emerge una mente di specie trasformata con un carattere e un temperamento riconoscibili. Sviluppiamo progressivamente un nuovo livello di maturità e compassione collettive che supera le separazioni del passato. Facendo un passo indietro e vedendoci come una specie litigiosa e allo stesso tempo creativa, con enormi potenzialità di innovazione e gentilezza non sfruttate, diamo vita a una specie-civiltà funzionante. Emerge una specie-organismo di dimensioni terrestri e, con crescente solidarietà, scegliamo la Terra come nostra casa permanente. A costo di sofferenze e dolori indicibili, abbiamo consumato gli isolamenti del passato per scoprire una relazione profonda e sincera con la Terra, tutte le sue creature e gli altri esseri umani.

L'intelligenza creativa latente e l'immensa pazienza dell'universo vivente diventano sempre più evidenti. Attraversiamo una soglia che ci porta a nuovi livelli di comprensione collettiva del nostro viaggio evolutivo. L'intera storia della nostra specie ci ha portato ad aprirci a un'identità, un'umanità e un futuro più grandi. Cominciamo a vederci come cellule nel corpo di un superorganismo. Mentre il vecchio mondo si disfa e cade a pezzi, una nuova umanità si auto-assembla da questi frammenti.

Onde di comunicazione avvolgono la Terra. Un movimento di "voce della comunità" si radica nelle regioni metropolitane del pianeta e crea una voce dal basso robusta per l'umanità. Le iniziative di "voce del quartiere" contribuiscono alle iniziative su scala bio-regionale, accendendo la coscienza collettiva della specie con un'intensa comunicazione su tutto il pianeta. Queste vibranti fonti di comunicazione locale si fondono in iniziative regionali in tutto il mondo. Con una comunicazione potenziata che accende la maggior parte delle regioni della Terra, cresce e si approfondisce una solida base per la "voce della Terra".

Sebbene le divisioni di razza, ricchezza, genere, religione, etnia e geografia rimangano, la rivoluzione globale delle comunicazioni è diventata una potente forza di riconciliazione. Martin Luther King, Jr. disse che, per realizzare la giustizia nelle vicende umane, "dobbiamo mettere a nudo l'ingiustizia, con tutte le tensioni che un simile svelamento crea, esponendola alla luce della coscienza umana, all'aria dell'opinione nazionale prima di poterla guarire"[135]. Le ingiustizie e le disuguaglianze globali hanno prosperato nell'oscurità della disattenzione e dell'ignoranza. Ora la luce risanatrice della consapevolezza pubblica crea una nuova coscienza tra la comunità umana. Poiché gli esseri umani sopravvissuti sanno che il mondo intero li sta guardando, un potente impulso riparatore e curativo permea le relazioni umane. Con innumerevoli risoluzioni, petizioni, dichiarazioni e sondaggi provenienti da ogni regione e livello del mondo, i popoli della Terra rendono noti i loro sentimenti: scegliamo, sempre di più, di trascendere le nostre numerose differenze e di unirci nella cooperazione. L'impegno per un futuro rigenerativo e propositivo si consolida in modo visibile, consapevole e profondo nella nostra psiche collettiva. Spinta dalla necessità e trainata dall'opportunità, la grande svolta che l'umanità ha cercato emerge gradualmente dal dolore e dalla tristezza di questi decenni cruciali.

Miliardi di esseri umani sono morti nel passaggio dall'iniziazione della nostra specie alla prima età adulta. Giuriamo di rendere sacro il loro sacrificio, di non dimenticarlo mai; anzi, ne facciamo un sacro dono di gratitudine mentre impariamo a vivere nel quadro di una vitalità più grande. L'oscurità della morte ha acceso la fiamma di una profonda vitalità. Mentre siamo ancora in lutto per la perdita di tante vite, di tante culture, di tante specie, passo dopo passo ci impegniamo in nuovi modi di vivere che onorano tutto ciò che è andato perduto, trasformando la grande sofferenza in nuovi modi di stare insieme.

Sfiniti dalla superficialità del consumismo, siamo inebriati dal progetto profondo di imparare a vivere nel nostro universo vivente. Abbiamo guardato in faccia la possibilità della nostra estinzione funzionale e, invece, abbiamo raggiunto una vita più grande. Accettiamo il nostro destino, prendendo atto del fatto che non c'è nessuna tregua finale o armonia duratura. Piuttosto, ci impegniamo alla buona volontà e alla cooperazione ogni giorno, per sempre.

Rendendoci conto che non potremo fermarci mai e che abbiamo le capacità e la resistenza per continuare il viaggio, raggiungiamo un nuovo livello di consapevolezza, maturità e responsabilità collettive.

Con un "sì" collettivo, coloro che sono sopravvissuti fanno la potente scelta di trovare un nuovo percorso per il futuro. Ci impegniamo a scegliere la Terra come nostra casa per l'avvenire. Il nostro futuro a lungo termine è tutt'altro che sicuro, ma siamo impegnati nel compito di ripristinare un mondo profondamente ferito e di affermarci come specie e civiltà vitale. Dentro di noi matura la capacità di comportarci in modo etico. Partendo da una base di riflessione consapevole e di riconciliazione, la comunità umana inizia il ripristino e il rinnovamento della biosfera come progetto comune, promuovendo un profondo senso di affinità e di connessione. Emerge una cultura globale della gentilezza.

Vivere nel momento presente sperimentando direttamente l'essere vivi diventa la fonte del significato e dello scopo. Scegliamo di andare oltre l'infinita ricerca del consumismo per passare alla ricchezza dell'essere semplicemente vivi in questo straordinario universo. Insieme, passiamo da una mentalità di disconnessione e sfruttamento in un universo morto a una di connessione e cura in un universo vivo.

Anni 2070 – Il grande viaggio: un futuro aperto

Riepilogo

In prospettiva, tutti e tre i percorsi primari sono ancora presenti nel mondo. Quale di questi prevarrà alla fine non è ancora chiaro.

L'intero pianeta è ancora nel mezzo di una crisi dell'intero sistema. La necessità di un'azione forte e coordinata è tale che, se i cittadini non si fanno avanti con azioni altamente auto-organizzate, l'estremo bisogno di un processo decisionale rapido e mirato potrebbe rendere l'autoritarismo la realtà politica dominante.

Sebbene il centro di gravità sociale si sia spostato a favore di un percorso di trasformazione, la minaccia di estinzione funzionale dell'umanità rimane una possibilità realistica. Le nuove tecnologie possono aiutarci, ma non ci salveranno. Fattori invisibili, come la comunicazione, la coscienza, la riconciliazione, la vitalità, determineranno il risultato.

Dopo mezzo secolo di turbolenze e transizioni, vediamo, con ineluttabile chiarezza, che abbiamo ancora tre futuri, molto diversi, davanti a noi:

- l'estinzione funzionale e una nuova epoca di oscurità;

- il dominio autoritario e la stagnazione evolutiva;

- la trasformazione e una nuova esplosione di evoluzione creativa.

Questi versi di T. S. Eliot parlano chiaro:

Non cesseremo mai di esplorare

e la fine di tutto il nostro esplorare
sarà giungere dove siamo partiti
e conoscere il posto per la prima volta[136].

Anche se la strada da percorrere rimane aperta, il centro di gravità sociale si è spostato decisamente a favore di un futuro di trasformazione e della prospettiva di far crescere una civiltà planetaria sempre più matura. Mentre continuiamo a imparare, crescere e risvegliarci, il futuro rimane una questione di scelta collettiva. Non abbiamo guarito la grande ferita alla Terra. Non ci siamo affermati in una miracolosa nuova età dell'oro di pace e prosperità. Continuiamo a lottare per la sopravvivenza, affrontando le immense sfide del riscaldamento globale, l'immenso dolore e la tristezza della Grande morte, le estreme difficoltà per sistemare milioni di rifugiati climatici, recuperare il maggior numero possibile di specie vegetali e animali e portare a termine la colossale sfida della transizione verso un futuro di energie rinnovabili. Eppure, quello che abbiamo realizzato è epocale: abbiamo raggiunto una fase di matura comprensione collettiva come specie varia ma litigiosa. Sappiamo che dobbiamo lavorare insieme, per sempre, se non vogliamo scomparire dalla Terra. Ora dobbiamo trovare un modo per vivere in equilibrio con l'ecologia della Terra e dell'universo vivente.

PARTE IV

Le forze edificanti di un futuro che si trasforma

Sono le 3:23 del mattino
e sono sveglio
perché i miei pro-pro-nipoti
non mi lasciano dormire.
I miei pro-pro-nipoti
mi chiedono in sogno:
Cosa avete fatto mentre il pianeta veniva saccheggiato?
Cosa avete fatto mentre la Terra si stava disfacendo?
Di certo avrete fatto qualcosa
quando le stagioni hanno iniziato a cedere?
Quando i mammiferi, i rettili e gli uccelli morivano?
Siete scesi in strada a protestare
quando la democrazia è stata rubata?
Cosa avete fatto quando avete saputo?

—*Hieroglyphic Stairway* di Drew Dellinger[137]

Forze edificanti della trasformazione

"Quando curiamo la Terra, curiamo noi stessi".
— David Orr

L'elevazione avviene quando *tutta* la vita viene elevata! Scegliere il *benessere di tutta la vita* come fondamento del nostro benessere come specie richiede l'espandere e il rafforzare in maniera profonda il nostro coinvolgimento con la vita. Una grande transizione dalla separazione profonda alla comunione consapevole, al servizio del benessere di tutta la vita, non avverrà automaticamente. Si tratta di un processo impegnativo sia a livello individuale che collettivo.

Di fronte alla prospettiva dell'estinzione dell'umanità, scoprire le forze che, se scelte consapevolmente, possono innalzarci nel nostro percorso evolutivo è un tesoro inestimabile. Di seguito sono riportate sette forze edificanti semplici, universali, emotivamente potenti e in grado di risvegliare il nostro potenziale umano superiore. Alcune di esse sono state inserite nel precedente scenario del prossimo mezzo secolo. In questo capitolo vengono esplorate più a fondo per rivelare la potente spinta ascensionale che possono apportare al viaggio umano.

1. Scegliere la vitalità

2. Scegliere la coscienza

3. Scegliere la comunicazione

4. Scegliere la maturità

5. Scegliere la riconciliazione

6. Scegliere la comunità

7. Scegliere la semplicità

Esaminiamo ora ciascuna forza in modo più approfondito.

Scegliere la vitalità

"L'universo [...] un unico vivente visibile, avente dentro di sé tutti quanti gli altri viventi".
— Platone

"Siamo anime vestite con abiti biochimici sacri e i nostri corpi sono gli strumenti attraverso cui le nostre anime suonano la loro musica".
— Albert Einstein

Una grande elevazione può avvenire in modo naturale quando ci stabiliamo in un paradigma di vitalità che offre una nuova comprensione della natura della *realtà* e dell'*identità* umana. Questi due elementi, a loro volta, arricchiscono il nostro *percorso evolutivo* apportando nuovi spunti di comprensione. I cambiamenti di paradigma che risvegliano questa triplice trasformazione sono estremamente rari nella storia. Ora siamo nel bel mezzo di una presa di coscienza tale che la sua essenza può essere riassunta come il *passaggio dalla morte alla vitalità*: invece di considerare l'universo come composto da materia morta e spazio vuoto senza significato o scopo, viene considerato e sperimentato come un organismo senziente unitario, un'entità singolare e vivente, che diventa sempre più consapevole e genera espressioni sempre più complesse della sua vitalità.

L'idea che viviamo in un universo unitario e vivente non è "nuova": di fatti, si tratta della comprensione originaria della realtà da parte dell'umanità, che però è stata in gran parte dimenticata nelle ultime centinaia di anni. Ora viene riscoperta grazie alla convergenza di scoperte provenienti dalle frontiere della scienza e delle più antiche tradizioni sapienziali del mondo.

Le prime intuizioni umane hanno rivelato una sottile vitalità che permea tutta l'esistenza. Per almeno 5.000 anni, questa è stata l'opinione della tribù di nativi americani Ohlone, oggi estinta, ma che viveva in modo sostenibile sulla propria terra nella Bay Area di San

Francisco. L'antropologo culturale Malcolm Margolin ha descritto magnificamente come, per gli Ohlone, la natura fosse viva e scintillante di energia[138]. La vitalità non era remota, ma, come l'aria, era presente ovunque e in ogni cosa. Poiché tutto era pieno di vita, ogni atto era spirituale. Tutti le attività (cacciare un animale, preparare il cibo o intrecciare un cesto) venivano svolte percependo la vita e il potere del mondo circostante. La percezione di vivere in un universo vivente non era limitata alle culture indigene. Più di duemila anni fa, Platone scrisse la sua storia della creazione (il *Timèo*) e descrisse l'universo o il cosmo come un unico essere vivente dotato di anima.

Nonostante queste profonde radici di vitalità, l'idea di un universo non vivente e di un materialismo morto si è radicata circa 300 anni fa nelle società occidentali. Il materialismo considera la materia morta e lo spazio vuoto come l'unica vera realtà e vede l'universo privo di vitalità o di un significato e uno scopo più profondi. Questa visione superficiale e impoverita della realtà, dell'identità umana e del nostro percorso evolutivo è stata immensamente potente per un semplice motivo: ha trasformato il mondo in una risorsa da consumare. Se la natura era essenzialmente materia morta, allora era logico consumarla a vantaggio dei vivi, cioè noi stessi. Questo semplice quanto spietato ragionamento dava il permesso allo sfruttamento sfrenato della natura. Data l'assenza di freni etici, il paradigma del materialismo morto è stato implacabile nell'esercizio di potere: ha continuato ad applicare tutta la sua forza fino a raggiungere i limiti della sua superficiale e semplicistica comprensione dell'esistenza. Quei limiti sono ora in vista, nel momento in cui vediamo la logica suicida del materialismo morto che porta all'estinzione della nostra specie, insieme a gran parte del resto della vita sulla Terra. Ci troviamo ora di fronte al paradosso di un grande impoverimento come costo dell'abbondanza materiale. Ci stiamo uccidendo. La distruzione degli ecosistemi ci spinge a ricordare la nostra prima comprensione dell'esistenza e a reclamarne il fondamento etico: se il mondo che ci circonda è vivo, allora il nostro compito maturo è quello di estendere la cura consapevole a tutto ciò che è vivente e di trattarlo con grande rispetto.

C'è una differenza essenziale e semplice tra questi due paradigmi: se il mondo è morto alla base, allora lo sfruttiamo, lo utilizziamo e lo consumiamo; se è vivo, bisogna prendersene cura e usare i suoi doni con gratitudine e moderazione. La mente moderna ha visto la natura come morta e, quindi, insensibile. Di conseguenza, le riserviamo un riguardo solo superficiale per il modo in cui la utilizziamo (e ne abusiamo). Con disinteresse e distanza, la ricchezza e la profondità del mondo sono state semplificate in risorse da sfruttare. Qualunque elevazione esista nel paradigma meccanicistico equivale a una sottile patina di felicità basata sul consumo di cose materiali.

Al contrario, l'elevazione abbonda nel paradigma della vitalità. Il nostro intero universo è emerso da un punto di energia quasi 14 miliardi di anni fa, dando vita all'esistenza con circa duemila miliardi di galassie, ognuna con cento miliardi o più di sistemi stellari! La nostra esistenza è un incredibile esempio di elevazione, in quanto sorgiamo continuamente da un terreno generativo di vitalità. Una straordinaria forza vitale è sia *fondante*, nel dare vita e sostenere il nostro universo, sia *emergente*, nel dare vita a innumerevoli espressioni di vitalità. Ovunque vediamo un'insopprimibile vitalità, per esempio nell'erba che cresce tra le fessure dei marciapiedi, nelle gelide distese del Mar Glaciale Artico, nel calore bruciante delle sorgenti nelle profondità oceaniche, nei letti di argilla a chilometri di profondità sotto la superficie terrestre che non hanno mai visto la luce del sole e l'acqua. Sostenere un intero universo e dare vita a innumerevoli espressioni di vita rappresenta un'elevazione sorprendente. Prendendo coscienza della vitalità, riscopriamo la continua elevazione che sta alla base di tutta l'esistenza. Se la vitalità su scala cosmica può creare e sostenere migliaia di miliardi di galassie, allora può sicuramente fornire un'elevazione per trasformare il dolore della rovina della Terra causata dal materialismo nella gioia di vivere in un giardino fiorente, ricco di possibilità.

Il potere della vitalità

Il nostro mondo al collasso ci sfida con una domanda insistente: "esiste un'esperienza di vita così ampiamente condivisa da poterci unire in un viaggio comune verso un futuro prospero?". La risposta è un chiaro "sì". Oltre le nostre molte differenze, tutti condividiamo l'esperienza straordinaria di essere semplicemente vivi e ciò fornisce un fondamento incrollabile per l'unione dell'umanità in un viaggio comune di transizione e trasformazione[139].

Quando la nostra vitalità personale si fonde alla vitalità dell'universo vivente, emergono naturalmente esperienze di meraviglia e stupore. Quando ci apriamo alle dimensioni cosmiche del nostro essere, ci sentiamo più a casa, meno egocentrici, più empatici verso gli altri e più desiderosi di essere al servizio della vita. Questi cambiamenti di prospettiva sono immensamente preziosi per costruire un futuro sostenibile e significativo.

Uno dei più importanti studiosi delle tradizioni di saggezza dell'umanità è stato Joseph Campbell. Ho avuto il privilegio di essere suo co-autore per il libro *Changing Images of Man*, che esplorava gli archetipi profondi che ci attirano nel futuro in questi tempi di transizione[140]. In un'intervista rivelatrice, a Campbell fu chiesto se la ricerca più profonda degli esseri umani sia la "ricerca del significato". Ha risposto:

> "La gente dice che stiamo cercando solo di dare un senso alla nostra vita. Ma io non credo che ciò che cerchiamo davvero sia questo, quanto piuttosto l'esperienza dell'essere vivi, così che le nostre vite fisiche abbiano una risonanza interiore e ci facciano provare il rapimento del vivere"[141].

Una citazione attribuita al filosofo Blaise Pascal parla chiaro: "L'obiettivo della vita non è la felicità, la pace o l'appagamento, ma la *vitalità*"[142]. Howard Thurman, autore, filosofo, teologo e leader dei diritti civili, ha detto: "Non chiedetevi di cosa ha bisogno il mondo.

Chiedetevi cosa vi rende vivi e fatelo. Perché il mondo ha bisogno di persone che siano vive"[143].

La vitalità è la nostra unica vera ricchezza

Lo psicologo e filosofo Erich Fromm ha scritto che la nostra esperienza di vitalità è il dono più prezioso che possiamo condividere con gli altri. Quando condividiamo l'esperienza della vitalità dentro di noi, che comprende la gratitudine e le paure, la comprensione e la curiosità, l'umorismo e il dolore, offriamo l'essenza del nostro essere. Condividendo la nostra esperienza di essere vivi nel momento, arricchiamo la vita degli altri, risvegliando al contempo il loro senso di vitalità. Non condividiamo con l'intenzione di ricevere qualcosa dagli altri; piuttosto, la condivisione stessa è un dono di noi stessi che risveglia una vitalità reciproca negli altri, e ritorna a noi in un flusso di mutuo miglioramento.

La spiritualista ed ecologista Joanna Macy mette in relazione l'attivismo per il clima con la nostra esperienza della vitalità:

"Il momento attuale è splendido per essere vivi. Perché la consapevolezza dell'imminente collasso è un invito a porci domande profonde sul significato che di solito rimandiamo e che alcuni di noi non si porranno mai. *La disperazione climatica invita le persone a tornare alla vita.* [...] La via attraverso la disperazione implica sperimentare sé stessi come parte di un tutto più grande e arrendersi al mistero della creazione. [...] La crisi climatica ci invita ad affrontare il mistero della vita con occhi nuovi e cuore aperto"[144].

La filosofa junghiana Anne Baring descrive come le culture consumistiche trovino difficile entrare nell'esperienza delle culture indigene e nella loro comprensione che "[...] la vita del Cosmo, la vita della Terra e la vita dell'umanità fossero una cosa sola, permeata e influenzata dallo spirito che la anima"[145]. Scrive che la grande rivelazione del nostro tempo è che "ci stiamo spostando dalla storia di un cosmo morto e non senziente alla nuova storia di un Cosmo che è vibrante e vivo e terreno principale della nostra stessa coscienza"[146].

Un universo non vivente è privo di coscienza ed è quindi ignaro di qualsiasi senso di scopo umano. In quanto forme di vita separate dal punto di vista esistenziale, possiamo cercare in tutti i modi di imporre all'universo una qualche ragione per la nostra esistenza, ma questo è in definitiva infruttuoso in un cosmo ignaro della vita. Al contrario, un universo vivente sembra intenzionato a generare al suo interno sistemi auto-referenziali e auto-organizzati a ogni livello. Noi siamo espressioni di vita che, dopo quasi 14 miliardi di anni, permettono all'universo di guardarsi indietro e riflettere su sé stesso. Il paradigma dell'universo vivente comporta un profondo cambiamento nel nostro scopo evolutivo:

> *"La vita è occupata sia a perpetuare sé stessa che a superarsi; se non fa altro che mantenere sé stessa, allora vivere non è altro che non morire"*[147].
> — Simone de Beauvoir

Al di là delle differenze linguistiche e storiche, è presente una consapevolezza comune: l'universo è un sistema vivente che emerge come una nuova creazione in ogni momento. Noi siamo una parte inseparabile di questo processo rigenerativo. Questa comprensione è ben nota e riconosciuta da mistici, poeti e naturalisti[148]:

> *"Il paradiso è sotto i nostri piedi e sopra le nostre teste"*.
> — Henry David Thoreau[149]

> *"Più guardiamo in profondità la natura, più riconosciamo che è piena di vita. [...] Da questa conoscenza nasce la nostra relazione spirituale con l'universo"*.
> — Albert Schweitzer[150]

"E nella foresta vado per perdere la testa e trovare la mia anima".
— John Muir[151]

"Ma non è solo bella. Sì, penso, le stelle, come gli alberi della foresta, vivono e respirano. E mi osservano".
— Haruki Murakami[152]

"L'obiettivo della vita è far coincidere il proprio battito cardiaco con quello dell'universo, far coincidere la propria natura con la Natura".
— Joseph Campbell[153]

"Se desideri conoscere il divino, senti il vento sul viso e il sole caldo sulla tua mano".
— Buddha[154]

"Io credo in Dio, solo che lo chiamo Natura".
— Frank Lloyd Wright[155]

Il risveglio della nostra connessione consapevole con l'universo vivente espande naturalmente la nostra sfera di preoccupazione e compassione e illumina la prospettiva di lavorare insieme per costruire un futuro sostenibile. Non si tratta di filosofia astratta, ma dell'esperienza viscerale di essere semplicemente vivi nella nostra esperienza unica di noi stessi. Le parole pronunciate da Florida Scott-Maxwell quando aveva 90 anni descrivono con forza questa visione: "Hai solo bisogno di richiamare li eventi della tua vita per diventare completamente te stessa. Quando possiederai tutto ciò che sei stata e che hai fatto [...] sarai invasa dal fuoco della realtà"[156].

Quando prendiamo atto della vitalità al centro del nostro essere, ci connettiamo simultaneamente con la vitalità dell'universo.

La vitalità non costa nulla, ci viene data gratuitamente come nostro diritto di nascita. L'esperienza della vitalità è disponibile per noi in ogni momento. La vitalità è un'esperienza incarnata, potente e universalmente condivisa. Per illustrare questo concetto, ho chiesto ai partecipanti di una comunità di apprendimento che accompagno di descrivere cosa significa per loro "essere pienamente vivi". Le risposte sono state immediate e dirette: "essere nel flusso"; "la mente che torna al corpo"; "sentire l'intero spettro delle mie emozioni"; "vivere con consapevolezza e senza aspettative"; "dare piena espressione ai miei doni profondi"; "profonda connessione con la natura"[157].

Un percorso di vita dedicato allo sviluppo della piena vitalità può essere considerato come una fantasia velleitaria da chi vive nella mentalità del materialismo e del consumismo. Tuttavia, questa visione sta cambiando. La mentalità del materialismo si sta trasformando grazie alle nuove scoperte della scienza, alle intuizioni longeve delle tradizioni di saggezza e all'esperienza diretta di gran parte dell'umanità. Integrando queste diverse fonti di comprensione, scopriamo che la vitalità è la nuova esperienza, senza età, che offre all'umanità un luogo di incontro comune e di guarigione collettiva.

Il nostro legame più stretto con le prime conoscenze dei popoli antichi proviene da tradizioni indigene con radici profonde che affondano nel passato dell'umanità. La saggezza indigena ha sostenuto i nostri antenati nel sopportare condizioni eccezionalmente dure per diverse centinaia di migliaia di anni. Come vivono la vita e il mondo le persone che continuano a sostenere queste antiche tradizioni?

La tribù dei Koyukon dell'Alaska centro-settentrionale
I Koyukon vivono "in un mondo che guarda, in una foresta di occhi". Credono che, ovunque ci troviamo, non siamo mai veramente soli perché l'ambiente circostante, per quanto remoto, è consapevole della nostra presenza e deve essere trattato con rispetto[158].

Sarayaku Kichwa, della giungla amazzonica ecuadoriana
Credere che "tutto nella giungla è vivo e ha uno spirito".

Luther Orso in piedi, Lakota Sioux della regione del Nord e del Sud Dakota

"Non esisteva il vuoto nel mondo. Neanche in cielo c'erano posti vuoti. Ovunque c'era vita, visibile e invisibile, e ogni oggetto suscitava un grande interesse per la vita. Il mondo brulicava di vita e di saggezza; per i Lakota, la solitudine assoluta non esisteva"[159].

L'idea e l'esperienza di una presenza viva e consapevole che permea il mondo è condivisa dalla maggior parte (forse da tutte) le culture indigene. Il popolo Koyukon dell'Alaska descriveva il mondo naturale come una "foresta di occhi" consapevoli della nostra presenza, indipendentemente da chi siamo o dove ci troviamo. Un'intuizione analoga ci dice che una forza vitale o "vento sacro" soffia attraverso l'universo e porta con sé una capacità di consapevolezza e comunione con tutta la vita.

Coerentemente con il pensiero indigeno, nelle diverse tradizioni spirituali troviamo un'intuizione sorprendente sulla natura dell'universo. La maggior parte delle tradizioni spirituali vede l'universo come un continuo risorgere in ogni momento, un tutto indiviso che emerge in un processo immensamente vasto di impressionante precisione e potenza:

Cristianesimo: *"Dio sta creando l'intero universo, pienamente e totalmente, in questo momento presente. Tutto ciò che Dio ha creato [...] Dio lo crea ora, tutto insieme"[160].*

— Meister Eckhart, mistico cristiano

Islam (sufi): *"In ogni momento, c'è morte e c'è ritorno. [...] Ogni momento il mondo si rinnova, ma noi, nel vedere la continuità del suo aspetto, non siamo consapevoli del suo rinnovamento"[161].*

— Jalāl ad-Dīn Muhammad Rūmī, poeta e maestro sufi del XIII secolo

Buddismo (zen): *"[...] un nuovo universo si crea ogni volta [...]"[162].*

— D. T. Suzuki, studioso e maestro zen

Induismo: *"L'intero universo contribuisce incessantemente alla tua esistenza. Perciò l'intero universo è il tuo corpo"[163].*

— Sri Nisargadatta, maestro indù

Taoismo: *"Il Tao è la forza vitale che sostiene e la madre di tutte le cose; da esso tutte le cose sorgono e cadono senza sosta"[164].*

— Lao Tzu, fondatore del taoismo

Quanto è diffusa, nella vita di tutti i giorni, l'esperienza di una profonda unità e di una permeante vitalità? Con quale frequenza le persone sentono la vitalità e l'intima connessione con la natura e con il mondo circostante? Alcune indagini scientifiche hanno esplorato questa domanda cruciale:

- Un sondaggio globale condotto nel 2008 su 7.000 giovani in 17 Paesi ha rilevato che il 75% crede in un "potere superiore" e la maggioranza dichiara di aver vissuto un'esperienza trascendente, di credere nella vita dopo la morte e di ritenere "probabilmente vero" che tutti gli esseri viventi sono collegati tra loro[165].

- Nel 1962, un sondaggio di Gallup sulla popolazione adulta degli Stati Uniti ha rilevato che il 22% afferma di aver avuto esperienze illuminanti che gli hanno rivelato la nostra intima connessione con l'universo. Nel 1976, Gallup ha riferito che la percentuale era salita al 31%. Nel 1994, secondo un sondaggio di *Newsweek* la percentuale aveva raggiunto il 33%. Nel 2009, un sondaggio di Pew Research ha riferito che i "momenti di improvvisa intuizione o risveglio religioso" sono cresciuti drasticamente fino interessare il 49% della popolazione adulta[166].

- In un sondaggio nazionale condotto negli Stati Uniti nel 2014, quasi il 60% degli adulti intervistati ha dichiarato di provare regolarmente un profondo senso di "pace e benessere spirituale" e il 46% ha dichiarato di provare un profondo senso di "meraviglia per l'universo" almeno una volta alla settimana[167].

- Una ragione importante di questi cambiamenti potrebbe essere l'esponenziale diffusione della meditazione negli ultimi anni. Una novità New Age degli anni '60 si è trasformata in un movimento mainstream nel XXI secolo. La percentuale di adulti che meditano cresce rapidamente: da uno stimato 4% della popolazione statunitense nel 2012 a oltre il 14% solo cinque anni dopo (2017)[168]. La meditazione, la dieta e l'esercizio fisico sono ormai considerate attività comuni per la salute e il benessere.

Figura 5: Crescita delle esperienze di risveglio della coscienza negli Stati Uniti nel periodo 1962-2009 per percentuale di popolazione

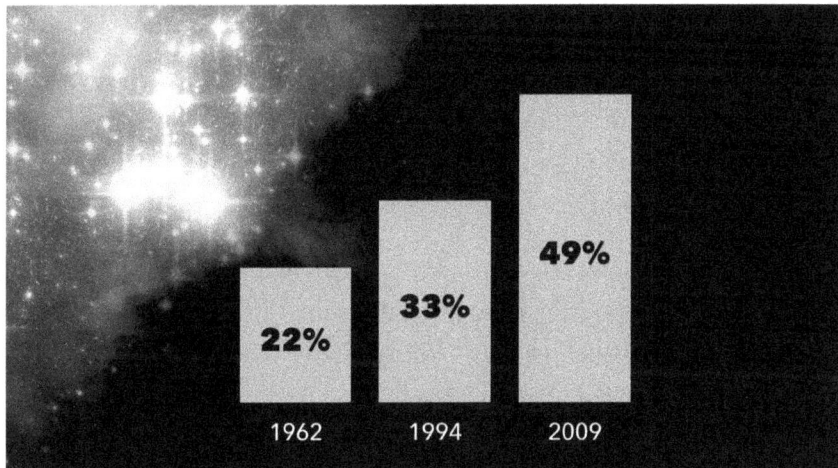

Questi sondaggi mostrano che le esperienze di risveglio, di comunione e di connessione con la vitalità dell'universo non sono un fenomeno marginale, ma sono familiari a un'ampia porzione di pubblico. L'umanità sta sensibilmente sviluppando una visione di sé stessa come inseparabile dall'universo più ampio[169].

Fino agli ultimi decenni, qualsiasi ipotesi di considerare l'universo come un sistema vivente unificato era considerata una fantasia dalla scienza tradizionale. Ora, grazie alle scoperte della fisica quantistica e di altre discipline, l'antica intuizione di un universo vivente unificato viene riconsiderata, mentre la scienza dissipa qualsiasi superstizione rivelando il cosmo come un luogo di inaspettata meraviglia, profondità, dinamismo e unità[170].

- **Un tutto unificato**: negli ultimi decenni, la fisica quantistica ha ripetutamente confermato che l'universo è un'unica, vasta unità profondamente connessa con sé stessa ovunque e in ogni momento. Una famosa citazione di Albert Einstein mette in dubbio una visione separata: "Un essere umano è parte di quel tutto che abbiamo battezzato 'universo', una parte limitata nel tempo e nello spazio. Sperimenta sé stesso, i propri pensieri e sentimenti come qualcosa di separato dal resto, una specie di illusione ottica della coscienza. La lotta per liberarsi da tale illusione è il solo scopo della vera religione"[171].

- **Per lo più invisibile**: contro corrente rispetto all'idea che la materia-energia sia tutto ciò che esiste, oggi gli scienziati sostengono che la stragrande maggioranza dell'universo è invisibile e immateriale!

Oggi gli scienziati stimano che circa il 95% dell'universo conosciuto sia invisibile ai nostri sensi fisici: un 72% è costituito da energia "oscura" (o invisibile) e un 23% è costituito da materia "oscura" (invisibile)[172]. La nostra biologia è una manifestazione del 4% dell'universo composto da materia visibile. Questa nuova comprensione da parte della scienza conferma la percezione originale dell'umanità per cui, alla base del mondo fisico, c'è un mondo molto più grande di energia invisibile e di immenso potere.

Ecco una visione ancora più ampia di Albert Einstein: "Ciò che abbiamo chiamato 'materia' è energia, la cui vibrazione è stata abbassata a tal punto da essere percepibile dai sensi. La materia è spirito ridotto al punto di visibilità. Non c'è materia".

Figura 6: Composizione dell'universo: percentuali di materia ed energia visibili e invisibili

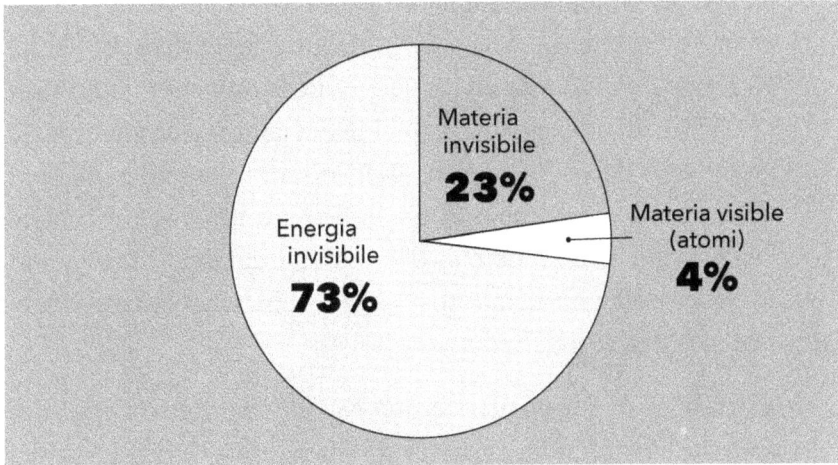

- **Originazione interdipendente**: in ogni momento, l'intero universo riemerge come un'eccezionale orchestrazione dell'espressione cosmica. Nulla permane. Tutto fluisce. Citando le parole del cosmologo Brian Swimme, "l'universo emerge da un abisso che nutre ogni cosa, non solo quattordici miliardi di anni fa, ma in ogni momento"[173]. Nonostante le apparenze esteriori di solidità e stabilità, quando la scienza esplora in profondità, vediamo le prove che l'universo è un sistema che si rigenera.

- **Coscienza a ogni livello**: sembra che in tutto l'universo siano presenti diversi gradi di coscienza: man mano che esploriamo espressioni sempre più piccole della vita, essa non svanisce mai del tutto. Al contrario, la coscienza diminuisce soltanto man mano che la complessità organica si riduce: dagli esseri umani ai cani, agli insetti, alle piante e alle creature unicellulari, per poi continuare a sfumare nella materia inorganica come gli elettroni e i quark, che possiedono una forma di coscienza estremamente semplice e congruente con la loro natura[174]. Inoltre, poiché l'universo è un tutto unificato e non ci sono parti indipendenti, ciò suggerisce che l'universo stesso ha una coscienza, espressione della sua natura olistica, che può essere sperimentata dagli esseri umani come coscienza del cosmo o "coscienza cosmica"[175]. Il potere generativo di "Madre Universo", che ha dato vita al nostro "figlio universo", suggerisce l'esistenza di un oceano sottostante di vitalità e consapevolezza generativa da cui può nascere un intero universo e crescere da un seme più piccolo di un singolo atomo fino a un vasto sistema con diverse migliaia di miliardi di galassie. Max Planck, ideatore della teoria quantistica, ha dichiarato: "Io considero la coscienza come fondamentale"[176].

- **Capacità di riprodursi**: una capacità vitale per qualsiasi sistema vivente è la capacità di riprodursi. Un'idea sempre più diffusa in cosmologia è che il nostro universo si riproduca attraverso i buchi neri. Il fisico John Gribbin scrive: "Invece che considerare un buco nero come un viaggio di sola andata verso il nulla, molti ricercatori oggi credono che sia un viaggio di sola andata verso qualche luogo: un nuovo universo in espansione con un suo insieme di dimensioni"[177].

Si sta delineando un nuovo quadro del nostro universo. La vita esiste all'interno della vita. La nostra vita non è separabile da quella più vasta del cosmo vivente. L'universo è un "superorganismo" unificato che si rigenera continuamente in ogni momento e che include la coscienza, una capacità di conoscenza che permette ai sistemi a ogni livello di esistenza di esercitare una certa libertà di scelta.

Non siamo chi pensavamo di essere. Considerando l'enormità dell'universo con i suoi miliardi di galassie vorticose, ognuna con miliardi di stelle, è naturale trarre la conclusione che siamo assolutamente minuscoli nella scala cosmica delle cose. Tuttavia, questa visione è radicalmente sbagliata. Non siamo creature piccole: nella scala complessiva dell'universo, siamo letteralmente dei giganti! Immaginate di avere un righello che misura dalla scala più grande dell'universo conosciuto a quella più piccola. Alla scala più grande, vediamo centinaia di miliardi di galassie e, a quella più piccola, viaggiamo in profondità nel nucleo di un atomo e poi ancora più giù, fino ai regni inimmaginabili del nostro universo rigenerativo. Se mettiamo le dimensioni degli esseri umani a fianco di questo righello cosmico, scopriamo che ci troviamo in una fascia intermedia. In effetti, *c'è più piccolezza in noi che grandezza al di là di noi*! Nella scala cosmica delle cose, siamo davvero creature enormi, siamo giganti! In quanto esseri colossali, è facile per noi trascurare i vortici di attività rigenerativa continuamente all'opera nella scala veramente microscopica dell'universo.

Thomas Berry, studioso delle religioni del mondo, descrive l'inscindibile connessione dell'individuo con l'universo: "Noi portiamo l'universo nel nostro essere come l'universo porta noi nel suo essere. I due sono totalmente presenti l'uno all'altro e a quel mistero più profondo da cui entrambi sono emersi"[178]. È straordinario: un campo di vitalità crea e sostiene il nostro universo, tenendolo pazientemente nel suo ampio abbraccio per miliardi di anni, mentre produce espressioni di vitalità sempre più consapevoli e sempre più capaci di guardare indietro con coscienza riflessiva e di apprezzare le proprie origini.

Man mano che impariamo a riconoscere la nostra esperienza di vitalità, man mano che incontriamo questo principio alla base dell'universo come esperienza sentita, come la vita che incontra la vita, si apre una finestra e sorgono naturalmente esperienze di risveglio. Quando la nostra esperienza di vitalità si connette con la più grande vitalità dell'universo, riconosciamo, come esperienza diretta, che siamo parte della grande totalità della vita. Questo è ciò che siamo: sia un'unica vitalità biologica, sia una parte inseparabile della vitalità cosmica. Siamo esseri biologici e cosmici al tempo stesso, siamo esseri "bio-cosmici". In un paradosso sconvolgente, descritto magnificamente dallo psicoterapeuta Thomas Yeomans, quando cresciamo nella nostra maturità spirituale e diventiamo un tutt'uno con tutta la vita, diventiamo al contempo sempre più noi stessi in modo completo e unico.

Quando intessiamo i diversi fili di saggezza (le conoscenze indigene, le tradizioni spirituali, la saggezza della natura, l'esperienza diretta e le prove scientifiche), essi trasformano la nostra comprensione della *realtà* (da morta a viva), che a sua volta trasforma la nostra comprensione dell'*identità* umana (come natura biologica e cosmica), che infine trasforma la nostra comprensione del nostro *percorso* evolutivo (stiamo imparando a vivere in un universo vivente).

Ricapitolando: il paradigma del materialismo presuppone che abitiamo un universo non vivente alla base, senza coscienza, significato o scopo. Di conseguenza, ci identifichiamo con la nostra natura materiale o biologica, e nient'altro. Io penso e, quindi, sono i pensieri che penso e niente di più. Al contrario, in un universo vivente, il nostro essere include la coscienza che si estende in un'ecologia illimitata al di là del nostro cervello pensante. Pertanto, in quanto esseri coscienti, la nostra identità può andare ben oltre la nostra natura biologica e la nostra attività mentale. Siamo tanto esseri biologici che cosmici; per ribadire il concetto: *siamo esseri bio-cosmici.* Così come siamo in grado di coltivare ed evolvere la nostra capacità di pensare, siamo anche in grado di evolvere la nostra capacità di conoscere senza limiti nell'unità dell'universo. L'espansione e l'approfondimento della nostra naturale capacità di coscienza cosmica trasforma la nostra identità e il nostro percorso evolutivo.

Tuttavia, con un realismo incrollabile, sembra improbabile che ci allontaneremo da un percorso di separazione, caratterizzato da crescenti iniquità, eccessivo consumo di risorse e profonde ferite alla Terra, a meno che non scopriamo un percorso verso il futuro talmente straordinario, trasformativo e accogliente da essere riuniti dalla presenza sentita del suo invito. Questo percorso deve essere una possibilità così coinvolgente e così sentita da attrarci in esplorazione nel momento presente. Questo percorso si sta rivelando grazie alle conoscenze che convergono dalla scienza e dalle tradizioni di saggezza del mondo.

Stiamo scoprendo che, invece di lottare alla ricerca di un significato e di un miracolo di sopravvivenza in un universo morto, siamo invitati a imparare e a crescere per sempre nelle ecologie profonde di un universo vivente.

Accettare l'invito di imparare a vivere in un universo vivente rappresenta un viaggio così straordinario che ci impone di guarire le ferite della storia e realizzare un futuro straordinario che possiamo raggiungere solo insieme. Quando ci apriamo alle dimensioni cosmiche del nostro essere, ci sentiamo più a casa, meno egocentrici, più empatici verso gli altri e sempre più attratti dal servire la vita. Questi cambiamenti di prospettiva sono immensamente preziosi per costruire un futuro sostenibile.

Accettare l'invito di imparare a vivere consapevolmente in un universo vivente significa iniziare un nuovo capitolo nell'evoluzione dell'umanità con una comprensione trasformata della realtà, dell'identità umana e del nostro percorso evolutivo.

Anche solo per brevi momenti, *possiamo* intravedere e conoscere l'esistenza come una totalità uniforme. Sfiorare anche solo per pochi istanti la vitalità dell'universo può trasformare la nostra vita. Il poeta sufi Kabir, profondamente amato, scrisse di aver visto l'universo come un corpo vivente e in crescita "per quindici secondi, e questo lo rese un servitore per tutta la vita"[179]. Non importa quanto sia banale la circostanza, non importa quanto sia apparentemente insignificante la situazione: possiamo sempre diventare consapevoli della sottile vitalità e coscienza dentro e intorno a noi. Possiamo scorgere l'universo vivente nella luce dorata di un tardo pomeriggio o nello splendore di un vecchio tavolo di legno che brilla con una profondità e una presenza inspiegabili. Possiamo anche essere testimoni della ronzante vitalità dell'esistenza in luoghi che possono sembrare lontani dalla natura: una stanza piena solo di plastica, acciaio cromato e vetro mostrerà ferocemente la vitalità allo stato grezzo. Nella dolce contemplazione di qualsiasi parte della realtà ordinaria, possiamo intravedere il grande uragano di energia che soffia con forza silenziosa attraverso tutte le cose e che, con una "foresta di occhi", è consapevole della nostra esistenza. Anche lo spazio vuoto ci rivelerà che è un oceano di energia danzante, una sottile sinfonia di architetture trasparenti che forniscono un contesto concreto in cui la materia si manifesta.

Nascere come essere umano è un dono raro e prezioso. Se da un lato abbiamo il dono di un corpo con cui ancorare la nostra esperienza, è importante riconoscere la nostra natura bio-cosmica.

Siamo esseri bio-cosmici:
i nostri corpi sono veicoli biodegradabili per acquisire
esperienze che fanno crescere l'anima.

In quanto tramiti compostabili per le esperienze di apprendimento cosmico, i nostri corpi sono espressioni di una vitalità creativa che, dopo quasi 14 miliardi di anni, permette all'universo di guardarsi indietro e riflettere su sé stesso. Poiché il cosmo è un sistema di apprendimento, uno degli scopi principali dell'essere qui è imparare sia dai piaceri che dai dolori dell'esistenza. Se non ci fosse la libertà di sbagliare, non ci sarebbe dolore. Se non ci fosse la libertà di fare scoperte autentiche, non ci sarebbe l'estasi. Nella libertà, sperimentiamo sia il piacere che il dolore nel processo di sviluppo della nostra identità di esseri di dimensione sia terrena che cosmica.

Siamo sulla Terra come agenti di azione auto-riflessiva e creativa impegnati in un periodo di grande transizione, che imparano consapevolmente a vivere in un universo vivente. Un antico detto greco parla direttamente del nostro percorso di apprendimento: "Accendi la candela prima che la notte ti sorprenda". Se l'universo fosse non vivente alla base, ci vorrebbe un miracolo per salvarci dall'estinzione al momento della morte e poi per portarci da qui a un paradiso (o terra promessa) di continua vitalità. Se invece l'universo è vivo, allora siamo già immersi nella sua vitalità e qui cresciamo.

Tutte le cose finiscono.
Tutto ciò che è essere continua.
Questa è la natura di ciascuno.

Quando il nostro corpo fisico muore, il nostro flusso di vita si dirige verso una casa adeguata nell'ecologia più ampia della vitalità. Non abbiamo bisogno di un miracolo che ci salvi: esistiamo già all'interno del miracolo della vitalità che ci sostiene. Invece di essere salvati dalla morte, il nostro compito è quello di portare l'attenzione consapevole alla vitalità sempre emergente nel qui e ora. Ci stiamo spostando dal vedere noi stessi come una creazione casuale in un cosmo inanimato e privo di significato o finalità, a vederci impegnati in un sacro viaggio di scoperta in un cosmo vivente di stupefacente profondità e ricchezza di scopo. Cynthia Bourgeault, mistica moderna e sacerdotessa episcopale, scrive: "Ognuno di noi, e ogni azione che compiamo, ha una qualità di vitalità, una fragranza o una vibrazione unica. Se la forma esteriore di chi siamo in questa vita è trasmessa dal nostro corpo fisico, la forma interiore, la nostra vera bellezza e autenticità, si manifesta nella qualità della nostra vitalità. È qui che risiede il segreto del nostro essere"[180].

Imparando a vivere in un universo vivente, impariamo
a vivere nell'ecologia profonda dell'esistenza. È
la profonda compassione di un universo vivente
che, in modo stupefacente, ci richiama alla nostra
natura più intima.
Saremmo degli sciocchi cosmici a ignorare un invito
dal valore talmente incommensurabile.

Un vecchio detto dice: "Un uomo morto non racconta storie". In modo simile, "un universo morto non racconta storie". Al contrario, un universo vivente è esso stesso un'immensa storia in continuo svolgimento, con innumerevoli personaggi che recitano avvincenti drammi di prese di coscienza e di espressione creativa, inseparabili dall'arte di creare il mondo. L'universo è una creazione vivente e in divenire. Santa Teresa d'Avila se ne rese conto quando scrisse: "Rimane la sensazione che anche Dio sia in viaggio"[181]. Se ci riconosciamo consapevolmente come parte di un giardino cosmico di vita che è cresciuto pazientemente nel corso di miliardi di anni, possiamo prendere atto della crescente elevazione della vitalità e passare da sentimenti di separazione cosmica a sentimenti di partecipazione, curiosità e amore cosmici.

Scegliere la coscienza

"Nella storia della collettività, come in quella dell'individuo, tutto dipende dallo sviluppo della coscienza".

— Carl Jung

Secondo la saggezza antica, esistono tre miracoli nella vita. Primo: il fatto che qualcosa semplicemente esista. Secondo: il fatto che gli esseri viventi (piante e animali) esistano. Terzo: il fatto che gli esseri viventi sappiano di esistere. Il terzo miracolo è la capacità di coscienza auto-riflessiva ed è fondamentale per la nostra natura di esseri umani. Il nostro nome scientifico è *Homo sapiens sapiens*: non siamo solo "sapienti" (esseri con la capacità di sapere), ma siamo esseri che possono "sapere di sapere" e possono osservare o avere coscienza di sé stessi mentre si muovono nella vita quotidiana. Capiamo che, quando non funzioniamo in automatico, quando non seguiamo modi di vivere abituali e pre-programmati, abbiamo libertà di scelta. Coscienza e libertà sono partner intimi nella danza dell'evoluzione. La coscienza riflessiva è un potente aiuto per elevarci e attraversare questo momento di iniziazione per la nostra specie.

Il primo passo verso l'elevazione e l'evoluzione è vedere semplicemente "ciò che è", diventare osservatori o testimoni imparziali della nostra esperienza. La riflessione onesta e la testimonianza acritica sono fondamentali per elevare la nostra vita. Prestando attenzione alla nostra vita nello specchio della coscienza, possiamo diventarci amici e raggiungere una maggiore padronanza di noi stessi. La capacità di auto-riflessione onesta aiuta ad andare oltre il brusio superficiale delle nostre vite e a scoprire l'esperienza diretta della nostra esistenza.

Peter Dziuban scrive sul rapporto tra coscienza e vitalità[182]. Descrive la "vitalità" come un'esperienza diretta, piuttosto che come qualcosa a cui pensiamo. Ci chiede di immaginare una degustazione di vini in cui l'assaggio è lo scopo. Così è per la vita. Siamo qui per assaggiare ciò che significa essere vivi, per sperimentare e vivere direttamente la nostra vitalità. Dziuban scrive: "La vita non è nulla se non è viva!". Nella semplicità del silenzio, possiamo assaporare la vita. La nostra vitalità non è un pensiero, ma una presenza viva. La vitalità non è nemmeno un pensiero *sulla* vitalità, ma è l'*esperienza diretta della vitalità stessa*.

> "Siete coscienti e vivi. Le parole e i pensieri sono ciò
> di cui siete *coscienti*. Le parole e i pensieri da soli non
> sono mai coscienti: solo voi lo siete. Quindi è questo
> che siete veramente, questa pura coscienza, non parole
> e pensieri inconsci *su di* essa. Una differenza enorme.
> Il pensiero è un processo mutevole. La vitalità è una
> Presenza immutabile"[183].

Assistere o guardare noi stessi mentre affrontiamo la vita non è un processo meccanico, ma un'esperienza viva in cui "assaggiamo" consapevolmente la nostra vita e facciamo amicizia con noi stessi, e comprende quei momenti di dubbio, rabbia, paura e desiderio che vorremmo piuttosto ignorare. Un "sé osservatore" o "sé testimone" ci permette di allontanarci dalla completa identificazione con desideri, emozioni e pensieri corporei. Affidandoci allo specchio fidato della coscienza riflessiva, è come se ci vedessimo dal di fuori. Da questa prospettiva, capiamo che, sebbene la nostra esperienza corporea sia una parte di noi stessi, siamo molto più delle sensazioni, dei desideri e dei dolori del nostro corpo. Capiamo anche che, mentre l'esperienza emotiva è una parte di noi, siamo molto più della nostra esperienza di rabbia, felicità e dolore.

Introducendo la coscienza riflessiva nella nostra vita, sperimentiamo più spazio e più libertà. Non ci identifichiamo più esclusivamente con le sensazioni, le emozioni e il nostro flusso interiore di pensieri. Il distacco e la prospettiva forniti dalla consapevolezza riflessiva sono alla base della riconciliazione necessaria per attraversare questo periodo di grande transizione. Quando siamo presenti con la consapevolezza riflessiva, non agiamo più in modo in gran parte automatico. Espandendo la consapevolezza riflessiva a una scala sociale, vedendoci nello specchio dei mass media (Internet, televisione e altri strumenti del sistema nervoso globale), tutto cambia. Riconoscere che viviamo in un'ecologia di coscienza condivisa fa sì che la famiglia umana si unisca in un insieme di mutua riconoscenza, onorando allo stesso tempo le nostre differenze.

La coscienza riflessiva è fondamentale per affrontare lo stress e le sfide intense a livello globale. Siamo entrati in una tempesta perfetta di problemi interconnessi e critici che richiedono un livello di riflessione e riconciliazione globale senza precedenti, ispirate da una visione condivisa di un futuro sostenibile. Durante la sua testimonianza davanti al Congresso nel 1985 su come l'effetto serra cambierà il sistema climatico globale, ecco come l'eminente scienziato Carl Sagan ha espresso la nostra situazione:

> "L'elemento fondamentale per questo problema è una coscienza globale. Una visione che trascenda le nostre identificazioni esclusive con i gruppi generazionali e politici in cui ci è capitato di nascere. La soluzione a questi

problemi richiede una prospettiva che abbraccia il pianeta e il futuro, perché siamo tutti nella stessa serra"[184].

È importante notare che il risveglio della coscienza non si esaurisce con la consapevolezza o l'attenzione riflessiva. Al di là di esse e della polarità tra chi guarda e chi è guardato, o tra osservatore e osservato, possiamo evolvere verso la coscienza unitiva. Se perseveriamo nella consapevolezza sostenuta, la distanza tra osservatore e osservato diminuisce gradualmente fino a diventare un unico flusso integrato di esperienza. Quando il conoscitore e ciò che è conosciuto convergono e diventano uno nell'esperienza, ci rendiamo conto di essere inseparabili da qualsiasi cosa osserviamo. Poiché l'universo è un insieme profondamente unificato, permettiamo semplicemente alla nostra conoscenza consapevole di coincidere con ciò che è conosciuto. Abbandoniamo l'oggettivazione della realtà come qualcosa da vivere "all'esterno" e ci rendiamo conto che la realtà può essere sperimentata direttamente "all'interno". Possiamo andare oltre il "riflettere sulla" vita e passare all'esperienza del "coincidere con" (o semplicemente *essere*) la vita[185].

Una nuova atmosfera sociale emergerà in una cultura di coscienza compassionevole. Indipendentemente dal luogo in cui ci si trova nel mondo, sapremo sempre più di essere in famiglia. Il nostro senso di identità si espanderà e considereremo tutti come "cittadini compassionevoli del cosmo": esseri immersi nelle profondità di un universo vivente, che sentono un intenso legame con tutta la vita.

La parola "passione" deriva da "patire", quindi "compassione" indica "patire con". Se osserviamo le persone che attraversano una transizione dolorosa, possiamo diventare un tutt'uno con l'esperienza della sofferenza e impegnarci spontaneamente per alleviarla. Nuotando nel grande oceano della vita, sappiamo in modo intuitivo che, se la Terra soffre, tutti noi ci immergiamo in un oceano di sofferenza latente. Riconosciamo che la nostra esperienza di vita è permeabile e che condividiamo la felicità o il dolore dell'insieme.

Quando la necessità esteriore incontra la capacità interiore inespressa, l'umanità risveglia la sua capacità di riflessione e conoscenza consapevole. Ci rendiamo conto che, se siamo persi nella distrazione e nella negazione, e quindi trascuriamo l'urgenza e l'importanza della grande transizione in corso, perderemo un'opportunità di evolverci unica e irripetibile.

Ogni generazione fa dei sacrifici per la successiva come custode del futuro. Spinta da una Terra ferita e attratta da un universo accogliente, l'attuale generazione è invitata a fare un dono senza precedenti al futuro dell'umanità: risvegliarsi insieme con equanimità e maturità per realizzare consapevolmente il nostro potenziale e scopo bio-cosmico di imparare a vivere in un universo vivente.

La coscienza riflessiva o consapevole passa dall'essere un lusso spirituale per pochi in un mondo vecchio e frammentato all'essere una necessità sociale per molti nel nostro mondo moderno e interdipendente. La qualità della nostra attenzione personale e sociale è la risorsa e il dono più prezioso che possiamo offrire alla vita. L'antica saggezza assume un nuovo significato: "Il prezzo della libertà è l'eterna vigilanza". Il nostro livello di vigilanza sociale è fondamentale per il funzionamento di una società libera. Se non prestiamo attenzione mentre vengono prese decisioni di importanza evolutiva, ci giochiamo il nostro futuro. È il momento di essere ben svegli, sia personalmente che collettivamente.

Per essere liberi da inutili intrusioni governative, gli individui e le comunità devono sviluppare la capacità di autoregolarsi consapevolmente a un ritmo almeno pari a quello con cui l'ordine sociale diventa più complesso, interdipendente e vulnerabile. Applicare la coscienza riflessiva al nostro mondo interconnesso ci permette di testimoniare in modo oggettivo, ad esempio, le profonde ferite del razzismo, della povertà, dell'intolleranza, della discriminazione di genere. Osservare la coscienza ci permette di fare un passo indietro e di sperimentare la nostra comune umanità da una prospettiva spassionata, fornendo un collante invisibile per unire la famiglia umana in una comunità funzionale.

Lo sviluppo di una società più consapevole e riflessiva permette di far emergere molte altre capacità, tra cui:

- **Autodeterminazione**: una delle espressioni più basilari di una coscienza matura è una forte capacità di autodeterminazione. Una società consapevole è in grado di guardare alle proprie opzioni e di osservare sé stessa nel processo di scelta. Siamo in grado di osservare il nostro io collettivo "dall'esterno", proprio come una cultura o una nazione può osservare un'altra. Una società riflessiva non si fida ciecamente di una particolare ideologia, di un leader o di un partito politico. Al contrario, è in grado di riorientarsi continuamente andando oltre slogan e obiettivi vaghi per scegliere un percorso migliore per il futuro.

- **Benevolenza**: una società più consapevole riconosce che l'apprendimento sociale comporta inevitabilmente degli errori. Pertanto, gli errori non sono considerati automaticamente "gravi", ma accettati come feedback importante nel processo di apprendimento.

- **Equanimità**: una società più consapevole tende a essere obiettiva e a reagire con calma alle stressanti spinte e sollecitazioni delle tendenze e degli eventi. Dimostra equilibrio, lucidità e fiducia in sé stessa, imperturbabile dalle passioni del momento.

- **Inclusività**: una società più consapevole è alla continua ricerca di sinergie. Si invitano attivamente i diversi gruppi etnici, le regioni geografiche e le prospettive ideologiche a ricercare un terreno comune più ampio.

- **Anticipazione**: guardando il mondo in modo più oggettivo da una prospettiva più ampia, una società riflessiva tende a considerare consapevolmente percorsi alternativi per il futuro.

Invece di aspettare passivamente di agire forzati dalle crisi, prestiamo maggiore attenzione e reagiamo ai segnali di pericolo.

- **Creatività**: una società consapevole non è imprigionata in schemi abituali di pensiero e di comportamento. Invece di rispondere con soluzioni pre-programmate, esplora le opzioni con una mentalità aperta e flessibile.

Queste qualità tipiche di una coscienza riflessiva che si risveglia garantiscono una potente elevazione in questo momento di iniziazione collettiva.

Scegliere la comunicazione

La comunicazione è la linfa vitale della civiltà. La capacità di comunicare ha permesso agli esseri umani di evolvere da raccoglitori e cacciatori fino a diventare un'eco-civiltà planetaria. Grazie a Internet e alla televisione, la famiglia umana sta passando da una storia di separazione a un futuro di comunicazione e connessione globale istantanea. Ogni giorno, più della metà degli esseri umani attinge alla realtà espansa della televisione e di Internet. Con una velocità sbalorditiva, stiamo sviluppando capacità di comunicazione da locale a globale che trasformano la nostra comunicazione collettiva *e la nostra coscienza* come specie. Internet diventa sempre più veloce, più intelligente e più ampio e intesse l'umanità in un'unica rete di comunicazione che funziona come un "cervello" per il pianeta Terra.

Non più isolati gli uni dagli altri, siamo testimoni collettivi di un mondo in profonda transizione. Le prese di coscienza e le innovazioni che avvengono da una parte del pianeta vengono comunicate istantaneamente in tutto il mondo, permettendoci di prenderne atto insieme. Con una velocità sorprendente, l'umanità si risveglia dal sonno collettivo per scoprirsi un'unica specie, unita da una straordinaria rete planetaria di comunicazione. La Terra inizia a dare voce a sé stessa, trascendendo gli interessi locali e nazionali.

Questi strumenti possono offrire all'umanità una finestra limpida per vedere il mondo e uno specchio indefettibile in cui vedere noi stessi. Con Internet e la televisione, disponiamo di tecnologie estremamente potenti per uscire dalla negazione e dalla distrazione e per entrare in un futuro di profonda trasformazione. Tuttavia, con i controlli autoritari, questi stessi strumenti possono confinare la nostra attenzione sociale in una realtà angusta e censurata. È importante essere consapevoli di entrambe le possibilità. Con questi potenti strumenti di comunicazione possiamo attingere a potenziali umani più elevati o scendere in un pozzo oscuro di autoritarismo digitale.

Storicamente, quando un governo autoritario sale al potere, una delle prime azioni che intraprende è quella di isolare il Paese per impedire il libero flusso di comunicazioni con il mondo esterno. In seguito, si limita a reprimere la libertà di parola e il dissenso all'interno del Paese. Le dittature digitali che, invece, limitano la comunicazione sia all'interno che all'esterno di un Paese sono in crescita in tutto il mondo. Paesi come la Cina e la Russia chiudono siti Internet, sottomettono l'opposizione e impongono severe pene detentive per il dissenso online.

In altri Paesi, come gli Stati Uniti, le restrizioni alla libertà dei media non sono imposte dal governo, ma dall'autocensura delle aziende mediatiche che cercano di massimizzare i loro profitti sfornando programmi di intrattenimento pieni di pubblicità commerciale. Negli Stati Uniti, possiamo vedere i risultati di questo bias dei consumatori nei livelli di attenzione grossolanamente inadeguati dati alla catastrofe climatica, all'estinzione delle specie e ad altri aspetti della crescente crisi della Terra. Per illustrare: se sommiamo il numero di minuti di spazio televisivo dedicato al clima dalle principali reti statunitensi (ABC, CBS, NBC e Fox), *in un intero anno*, vediamo che il numero totale di minuti di programmazione delle notizie è sceso da poco più di quattro ore nel 2017 a poco più di due ore nel 2018[186]. *Due ore di attenzione collettiva alla nostra crisi climatica globale in un intero anno! Si tratta di un livello di attenzione sorprendentemente inadeguato per una democrazia moderna che si trova ad affrontare una crisi planetaria!* Altri fattori, come l'estinzione di massa delle specie, vengono sostanzialmente ignorati.

Figura 7: Spazio televisivo dedicato al cambiamento climatico negli Stati Uniti: 2017, 2018, 2020

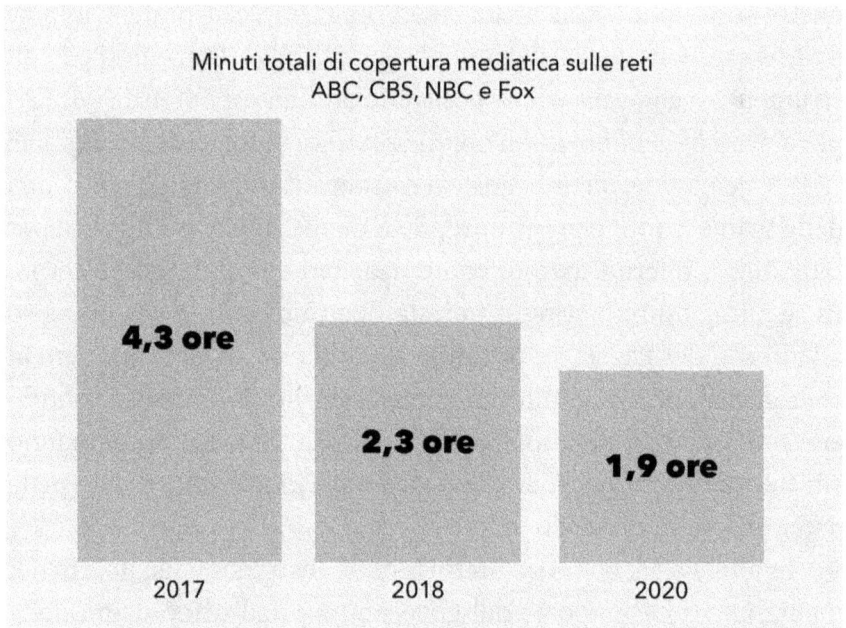

Minuti totali di copertura mediatica sulle reti
ABC, CBS, NBC e Fox

4,3 ore

2,3 ore

1,9 ore

2017   2018   2020

Nel 2020, la copertura complessiva data ai cambiamenti climatici nei notiziari televisivi è crollata ulteriormente (53%). Nel corso di un intero anno, questi notiziari hanno trattato il tema del cambiamento climatico per un totale di 112 minuti (meno di due ore), il valore più basso dal 2016[187]. Questa drastica diminuzione della copertura si è verificata nonostante i numerosi eventi meteorologici estremi causati dal clima, gli importanti rapporti sugli effetti dei cambiamenti climatici, i ripetuti attacchi all'ambiente da parte di interessi politici e commerciali e un'elezione presidenziale in cui il cambiamento climatico è stato al centro della scena. Complessivamente, nel 2020 il tema del clima ha rappresentato solo lo 0,4% dei notiziari televisivi. *Un tale livello di attenzione illustra con sorprendente chiarezza*

come le reti televisive, al servizio dei profitti delle aziende, hanno
un effetto devastante sull'intelletto della popolazione statunitense.

Come possiamo, in quanto umanità, superare questo debilitante e inutile impoverimento della nostra consapevolezza e comprensione collettiva? A mio avviso, per cambiare i mass media dobbiamo usare i mass media stessi. Se, invece di indirizzare le proteste di massa a una compagnia petrolifera o a una burocrazia governativa, i cittadini riservassero lo stesso livello di protesta alle compagnie e alle emittenti televisive e ne denunciassero la quasi totale incapacità di servire l'interesse pubblico, si potrebbe ottenere un drastico aumento dello spazio televisivo dedicato all'esplorazione delle sfide critiche per il nostro futuro. Ad esempio, cosa accadrebbe alla comprensione della crisi terrestre da parte dell'opinione pubblica se, invece della metà dell'1% del tempo di trasmissione, le emittenti dedicassero il 10% o addirittura il 20% della prima serata a questa minaccia esistenziale? Si genererebbe sicuramente un rapido e rivoluzionario aumento della preoccupazione, della comprensione e dell'impegno del pubblico!

È fondamentale riconoscere il ruolo guida dei mass media nel promuovere la follia collettiva del materialismo. È letteralmente folle sovraconsumare le risorse della Terra e costringerci a una discesa verso l'autoritarismo digitale o l'estinzione funzionale come specie. Gli Stati Uniti sono il primo esempio di questa follia: una persona media guarda più di quattro ore di televisione al giorno, il che significa che, *come civiltà, gli americani guardano più di un miliardo di ore di televisione al giorno.* Inoltre, si stima che l'americano medio guardi più di 25.000 spot pubblicitari all'anno! Gli spot sono molto più che pubblicità di prodotti: sono messaggi e storie altamente sofisticate che danno priorità e promuovono valori e modi di vita materialistici.

Forse non c'è sfida più pericolosa per il nostro futuro dell'ipnosi culturale creata dalla televisione commerciale, che banalizza la vita umana e distrae l'umanità dal rito di passaggio verso la prima età adulta. *Programmando la televisione per il successo commerciale, la mentalità delle civiltà viene programmata per la stagnazione evolutiva e il fallimento ecologico.* Le aziende mediatiche ci dicono che dovremmo consumare di più, mentre le nostre preoccupazioni ecologiche per la Terra ci dicono che dobbiamo consumare meno. Carl Jung diceva che la schizofrenia è una condizione in cui "il sogno diventa la realtà". Il sogno americano di uno stile di vita consumistico è diventato la nostra realtà principale, sempre più lontana da quella della Terra e dalle nostre potenzialità evolutive. Decenni fa, il professor Gene Youngblood aveva avvertito della possibilità che i mass media potessero imporre una mentalità materialista e frenare l'evoluzione umana semplicemente controllando la percezione delle alternative.

> "L'ordine industriale resiste non per cospirazione, ma per default, semplicemente perché non c'è una richiesta popolare di un'alternativa specificamente definita. […] Il desiderio si impara. Il desiderio si coltiva. È un'abitudine plasmata dalla ripetizione continua. […] Ma non possiamo coltivare ciò che non è disponibile. Non ordiniamo un piatto che non è nel menù. Non votiamo per un candidato che non è sulla scheda elettorale. […] Raramente scegliamo ciò che è poco disponibile, poco enfatizzato, poco proposto. […] Quale potrebbe essere un esempio più radicale di totalitarismo del potere dei mass media di sintetizzare l'unica realtà politicamente rilevante, specificando per la maggior parte delle persone, per la maggior parte del tempo, cosa è reale e cosa no, cosa è importante e cosa no? Questa, a mio avviso, è l'essenza stessa del totalitarismo: il controllo del desiderio attraverso il controllo della percezione. […] Ciò che impedisce alla nostra frustrazione di formare nuove istituzioni è l'incapacità di percepire alternative, che si traduce nell'assenza di desiderio, e quindi di richiesta, di alternative"[188].

La nostra situazione non ha precedenti nella storia. Noi esseri umani ci troviamo di fronte alla sfida pionieristica di unirci in nome di un futuro sostenibile e significativo per tutti noi. Martin Luther King Jr. ha descritto così questa sfida:

> "Siamo chiamati a superare gli angusti confini delle nostre preoccupazioni individualistiche e a raggiungere le preoccupazioni più ampie di tutta l'umanità. [...] Con il nostro genio scientifico abbiamo fatto del mondo un quartiere; ora con il nostro genio morale e spirituale dobbiamo farne una fratellanza"[189].

Questi sono anni cruciali per il futuro delle comunicazioni dell'umanità. La comunicazione, linfa vitale della nostra specie, sarà debole, scialba e pallida, oppure forte, creativa e colorata? Il modo in cui comunicheremo farà un'enorme differenza per poter mobilitare uno slancio sufficiente a liberarci dalla corrente discendente dell'estinzione o dell'autoritarismo.

È utile riconoscere i punti di forza e di debolezza delle due tecnologie al centro della rivoluzione delle comunicazioni: la televisione e Internet.

- La televisione ha una portata ampia, ma generalmente superficiale.

- Internet ha una portata profonda, ma generalmente ridotta.

Isolati l'uno dall'altro, questi strumenti generano una comunicazione che tende a essere *superficiale e ridotta*. Tuttavia, se combiniamo il potere di ciascuno, possiamo risvegliare una comunicazione *profonda e ampia*! Non si tratta di tecnologie concorrenti, ma complementari e altamente sinergiche. Se li usiamo in modo consapevole, siamo circondati da strumenti per una rivoluzione della comunicazione.

Per quanto riguarda la responsabilizzazione a livello locale, possiamo basarci su oltre un secolo di esperienza negli Stati Uniti con le assemblee cittadine del New England, in cui i residenti di una città votano su questioni di interesse comune. Nell'era moderna, possiamo considerare un'intera area metropolitana (San Francisco, Philadelphia, Parigi, ecc.) come una "città" e i residenti di quell'area possono "votare" dando il loro parere consultivo su questioni fondamentali, come la crisi climatica.

La fattibilità di un'assemblea cittadina elettronica su scala metropolitana non è solo una fantasia, ma è stata dimostrata decenni fa (nel 1987) nella Bay Area di San Francisco. Ero co-direttore di un'organizzazione no-profit e apartitica chiamata "Bay Voice", la voce elettronica della Bay Area. In collaborazione con l'emittente televisiva ABC, abbiamo prodotto un'assemblea cittadina apartitica elettronica di un'ora, in prima serata. *Abbiamo capito che, negli Stati Uniti, le emittenti televisive (ABC, CBS, NBC e Fox) che utilizzano le frequenze pubbliche hanno il rigoroso obbligo legale di "servire la convenienza, la necessità e gli interessi pubblici" della comunità, prima di servire i propri interessi a scopo di lucro*[190]. Per costruire la nostra "voce della comunità", abbiamo riunito una coalizione eterogenea di gruppi cittadini, tra cui diversi gruppi etnici, organizzazioni imprenditoriali e sindacali e organizzazioni ambientaliste. Questa ampia unione rappresentava realmente i diversi punti di vista e interessi della comunità della Bay Area. Per produrre il pilota dell'assemblea cittadina elettronica, abbiamo collaborato con due importanti università (Stanford e UC Berkeley) e abbiamo sviluppato un campione scientifico o casuale di cittadini che potessero partecipare dando un feedback da casa loro. A coloro che hanno accettato è stato inviato un elenco di numeri di telefono che potevano comporre corrispondenti a varie opzioni (questo esperimento è stato condotto più di un decennio prima che Internet diventasse di uso comune).

La versione pilota dell'assemblea cittadina elettronica (di seguito abbreviata in "ETM", che sta per "Electronic Town Meeting") è iniziata con un mini-documentario informativo per situare il nostro problema nel contesto, dopodiché si è passati al dibattito in studio con esperti e un pubblico eterogeneo. Le domande chiave emerse durante la discussione in studio sono state presentate al campione scientifico che ha visto da casa propria il programma rappresentativo della *voce della comunità*. I partecipanti hanno composto i loro voti, che sono stati poi trasmessi sia ai partecipanti in studio sia ai telespettatori a casa. Durante il programma di un'ora in prima serata, che è stato visto da più di 300.000 persone nella Bay Area, sono state effettuate facilmente sei votazioni, con cui sono stati stabiliti chiaramente i pareri e le posizioni generali del pubblico della Bay Area. Per maggiori informazioni, guardate i primi 3 minuti e mezzo di questo video[191].

Il successo del nostro progetto pilota del 1987 dimostra che è possibile aumentare drasticamente la portata e la profondità del dialogo e della costruzione del consenso a livello metropolitano. Oggi è perfettamente possibile sviluppare organizzazioni apartitiche o ETM che si fanno rappresentanti della *voce della comunità* e combinano la trasmissione televisiva con il feedback via Internet di un campione di cittadini scientificamente selezionato. Con questi semplici strumenti, il pubblico può conoscere la mentalità collettiva con un alto grado di precisione. Attraverso assemblee cittadine elettroniche regolari, le prospettive e le priorità dei cittadini possono essere rapidamente rese pubbliche e il processo democratico può essere elevato a un nuovo livello di impegno e funzionalità.

Il valore e lo scopo delle organizzazioni rappresentative della *voce della comunità* non è quello di controllare eccessivamente il governo attraverso la democrazia diretta; piuttosto, è quello di far scoprire ai cittadini le preoccupazioni e priorità ampiamente condivise che possono guidare i loro rappresentanti al governo. A mio avviso, lo scopo delle organizzazioni che rappresentano la *voce della comunità* non è quello di essere direttamente coinvolte in decisioni politiche complesse; piuttosto, è quello di consentire ai cittadini di esprimere le loro opinioni generali che possono guidare il processo politico. Il coinvolgimento dei cittadini nella scelta del nostro cammino verso il futuro non garantirà che vengano sempre fatte le scelte "giuste", ma garantirà che i cittadini siano coinvolti e partecipi in queste scelte. Invece di sentirsi cinici e impotenti, i cittadini si sentiranno coinvolti e responsabili del nostro futuro collettivo.

Le grandi aree metropolitane di tutto il mondo sono la scala naturale per organizzare questo nuovo livello di dialogo e di costruzione del consenso tra i cittadini. La leadership di una comunità potrebbe ispirarne altre a creare le proprie organizzazioni di rappresentanza della *voce della comunità*, e potrebbe rapidamente diffondersi in tutti i Paesi e in tutta la Terra un livello completamente nuovo di costante e significativo dialogo. I cittadini potrebbero esprimere le loro opinioni, proporre e discutere soluzioni e contribuire a superare l'impasse.

Nell'avviare le organizzazioni portavoce della *voce della comunità*, nessun fattore avrà un impatto maggiore sulla progettazione, sul carattere e sulla realizzazione delle assemblee cittadine elettroniche rispetto a chi le sponsorizza. Considerate tre possibilità principali:

- se le ETM sono sponsorizzate da emittenti televisive commerciali, saranno progettate per vendere pubblicità e intrattenere il pubblico, non per informare i cittadini e coinvolgere il pubblico nella scelta del proprio futuro;

- se le ETM sono sponsorizzate da governi locali, statali o federali, è probabile che vengano utilizzate come strumenti di pubbliche relazioni, piuttosto che come autentico forum per un dialogo aperto con la comunità;

- le ETM sponsorizzate da organizzazioni o istituzioni che rappresentano un particolare gruppo etnico, razziale o di genere si concentrano probabilmente sulle preoccupazioni di quel gruppo.

Emerge una conclusione fondamentale: è necessaria un'organizzazione rappresentativa della voce della comunità *indipendente e apartitica che agisca a nome di tutti i cittadini* come sponsor delle assemblee cittadine elettroniche. Una volta che le organizzazioni rappresentanti della *voce della comunità* saranno state istituite e operanti nelle principali aree metropolitane, sarà una questione prettamente pratica unirsi per creare ETM regionali; ad esempio, le città costiere potrebbero unirsi in uno sforzo comune per rispondere all'innalzamento del livello del mare. Una volta che le ETM regionali saranno avviate e saldamente ancorate a una comunicazione affidabile, il passo successivo sarà quello di creare dialoghi nazionali per il futuro che vogliamo. Guardando oltre le ETM regionali e nazionali, disponiamo già della capacità tecnologica per creare ETM globali con un sistema rappresentativo della *voce della Terra che potrebbe potenziare l'elevazione dell'umanità su scala planetaria* e sarebbe pratico e fattibile:

- *televisione*: già oggi, tra i tre e i quattro miliardi di persone guardano le Olimpiadi in televisione in tutto il mondo[192]. La maggior parte dei cittadini della Terra ha accesso a televisori a portata di segnale televisivo[193];

- *Internet*: nel 2021, circa il 65% della popolazione mondiale aveva accesso a Internet[194] e secondo le previsioni arriverà al 75% entro la fine di questo decennio[195].

Anche se siamo lenti a riconoscere l'immenso potere di un movimento apartitico espressione della *voce della Terra*, possediamo già strumenti che hanno il sorprendente potere di permetterci di iniziare a comunicare per andare verso un futuro praticabile e significativo.

*La prossima grande superpotenza non sarà una
nazione o un insieme di nazioni;
piuttosto, saranno i miliardi di cittadini ordinari
che circondano la Terra e che invitano, con voce
collettiva, a una cooperazione e a un'azione creativa*

senza precedenti per prenderci cura della nostra Terra in pericolo e per far sì che l'umanità cresca diventando una civiltà planetaria matura.

Una nuova superpotenza sta emergendo dalla voce e dalla coscienza dei cittadini del mondo, mobilitati in una rivoluzione della comunicazione da locale a globale. Quando le persone non saranno più destinatarie passive di informazioni, semplici *testimoni* dei disastri climatici, dell'intensa povertà e dell'estinzione delle specie, ma saranno anche in grado di offrire una *voce* collettiva per il cambiamento, allora si scatenerà nel mondo una nuova e potente forza di trasformazione creativa. Appena in tempo! *Mai prima d'ora nella storia così tante persone sono state chiamate a fare cambiamenti così radicali in così poco tempo.*

Una volta che i cittadini sono al corrente di quello che gli altri cittadini del mondo vogliono fare, e una volta che hanno chiarito nel cuore e nella mente cosa costituisce un'azione appropriata, allora queste persone e i loro rappresentanti al governo possono agire rapidamente e con autorevolezza. La democrazia è stata spesso definita "l'arte del possibile". Se non sappiamo cosa pensano e come si sentono i nostri concittadini riguardo agli sforzi collettivi per creare un futuro sostenibile e significativo, allora galleggiamo impotenti in un mare di ambiguità, incapaci di mobilitarci per un'azione costruttiva. Una democrazia e una società mature richiedono la partecipazione attiva e il consenso di un pubblico informato, non la semplice acquiescenza passiva. Quando l'umanità svilupperà la semplice capacità di una riflessione sociale costante e autentica, avremo i mezzi per raggiungere una comprensione condivisa e un consenso operativo sulle azioni appropriate per un futuro positivo. Le azioni potranno poi essere intraprese in modo rapido e volontario. Possiamo mobilitarci in modo mirato e ogni persona può contribuire con un talento unico alla costruzione di un futuro che favorisca la vita. Sono d'accordo con Lester Brown, presidente del Worldwatch Institute, che ha affermato: "Il settore della comunicazione è l'unico strumento che ha la capacità di educare alla portata necessaria e nel tempo disponibile".

Scegliere la maturità

Negli ultimi 40 anni, parlando a platee di diversa natura in tutto il mondo, ho spesso iniziato ponendo una semplice domanda: "Quando osservate la famiglia umana e il nostro comportamento, qual è la vostra opinione sullo stadio di vita generale della nostra specie? Ci comportiamo come neonati, adolescenti, adulti o anziani?". Ho posto questa stessa domanda a una moltitudine di persone: diversi leader aziendali in Brasile, negli Stati Uniti e in Europa; leader spirituali in Giappone e negli Stati Uniti; donne diplomate come insegnanti in India; gruppi no-profit e di studenti negli Stati Uniti, in Canada e in Europa; una comunità internazionale di donne leader e altro ancora. Ovunque abbia posto questa domanda, la risposta è stata immediata e schiacciante: *circa i tre quarti affermano che l'umanità, nel suo complesso, si trova nella fase adolescenziale del suo comportamento come specie!* Le ragioni più comuni date per questo punto di vista sono:

- gli adolescenti sono spesso *ribelli* e vogliono dimostrare la loro indipendenza. L'umanità si ribella alla natura, cercando di dimostrare la propria indipendenza e superiorità;

- gli adolescenti possono essere *sconsiderati* e inclini a vivere senza considerare le conseguenze del loro comportamento, spesso sentendosi immortali. La famiglia umana consuma in modo sconsiderato le risorse naturali come se dovessero durare per sempre, inquinando l'aria, l'acqua e la terra, eliminando una parte significativa della vita animale e vegetale del pianeta;

- gli adolescenti spesso si preoccupano dell'*aspetto* esteriore e dell'essere accettati a livello materiale. Molti esseri umani si preoccupano di come esprimere la propria identità e il proprio status attraverso i beni materiali;

- gli adolescenti sono inclini alla *gratificazione* immediata. Come specie, cerchiamo piaceri a breve termine, ignorando in gran parte i bisogni a lungo termine di altre specie o delle nostre generazioni future;

- gli adolescenti tendono a riunirsi in gruppi o cricche, adottando comportamenti e modi di pensare basati su *inclusione ed esclusione*. Gran parte dell'umanità è raggruppata in gruppi politici, socio-economici, razziali, religiosi e di altro tipo che ci separano gli uni dagli altri, favorendo la mentalità del "noi contro loro".

In questi risultati, intravedo una possibile speranza. Se riusciamo a passare dalla nostra adolescenza collettiva alla prima età adulta, la ribellione può trasformarsi in collaborazione; l'imprudenza può trasformarsi in discernimento; la concentrazione sull'aspetto esteriore può lasciare il posto all'attenzione per l'integrità interiore; l'attenzione per la gratificazione personale può trasformarsi nel desiderio di servire gli altri; e la separazione in cricche e gruppi può trasformarsi in preoccupazione per il benessere di una comunità più ampia.

Gli adolescenti hanno qualità importanti di cui abbiamo bisogno quando maturiamo verso la prima età adulta: spesso hanno grandi quantità di energia ed entusiasmo e, con il loro coraggio e la loro audacia, sono pronti a tuffarsi nella vita e a fare la differenza nel mondo. Molti adolescenti hanno un senso nascosto di grandezza e sentono che, se gli viene data una possibilità, possono realizzare cose straordinarie. Entrando nella nostra prima età adulta come specie, possiamo liberarci dalle costrizioni del passato, risvegliare l'energia, la creatività e il coraggio ancora inespressi e lavorare per raggiungere la grandezza che ora è celata.

Crescere è del tutto naturale, ma è importante riconoscere quanto sia impegnativo questo viaggio. Maya Angelou ha scritto queste potenti parole per descrivere la difficoltà di crescere:

"Sono convinta che la maggior parte delle persone non cresca. Troviamo parcheggi e onoriamo le nostre carte di credito. Ci sposiamo e osiamo avere dei figli e questo lo chiamiamo crescere. Credo che la maggior parte di noi invecchi. Accumuliamo anni nel nostro corpo e sul nostro viso, ma in genere il nostro vero io, il bambino che è dentro di noi, è ancora innocente e timido come una magnolia"[196].

Durante un discorso inaugurale, Toni Morrison ha detto: "La vera adultità è una bellezza difficile, una gloria intensamente conquistata, di cui non si deve permettere alle forze commerciali e alla vaporosità culturale di privarci"[197].

Quando chiedo alle persone cosa le ha spinte a passare dall'adolescenza all'età adulta, emergono temi comuni dal valore formativo per l'iniziazione e la grande transizione dell'umanità. Le persone spesso citano:

- *un incontro ravvicinato con la morte*, ad esempio la morte di un amico o di un familiare, che risveglia la comprensione della nostra mortalità e del fatto che abbiamo un tempo limitato sulla Terra per imparare e crescere. La minaccia della nostra estinzione è una motivazione potente per muoversi verso la prima età adulta;

- *i modelli di comportamento*, che ispirano gli adolescenti a superare i comportamenti attuali e a esplorare nuove potenzialità. Attualmente sono in genere le star del cinema, dello sport e i musicisti famosi. Tuttavia, questi modelli tendono a incoraggiare i comportamenti degli adolescenti piuttosto che a trascinarli verso una prima maturità;

- la spinta ad assumersi *la responsabilità del benessere degli altri*, ad esempio prendendosi cura di un fratello, di un genitore anziano, di un amico malato o facendo un lavoro extra per guadagnare soldi per la famiglia. Ora siamo spinti ad andare oltre noi stessi per assumerci la responsabilità del benessere della Terra;

- la spinta a *"guardarsi bene allo specchio"* e capire che viviamo in modo adolescenziale, ad esempio dando la priorità al consumo rispetto al servizio. Internet e la televisione ci offrono un feedback riflessivo e una visione penetrante di noi stessi. Possiamo vedere più chiaramente le conseguenze del nostro comportamento e la necessità di passare a un livello superiore di maturità.

Se la comunità umana è ancora generalmente in fase adolescenziale, ciò spiega gran parte del nostro comportamento attuale e suggerisce come potremmo comportarci diversamente se ci spostassimo collettivamente nella prima età adulta:

- **gli adulti maturi tendono a dare la priorità agli altri prima che a sé stessi**. Con una maggiore maturità, gli adulti sono in grado di guardare al di là dei desideri e delle voglie egocentriche e, piuttosto, considerano il modo in cui possono servire il benessere degli altri e della Terra. Invece di essere egocentrici, gli adulti possono essere altruisti e fare sacrifici per gli altri senza provare risentimento. Una persona e una società mature possono trovare gioia nel successo altrui e trarre soddisfazione dal condividere la propria fortuna con gli altri;

- **gli adulti maturi tendono a mantenere gli impegni a lungo termine e a scegliere la gratificazione ritardata**. Se vogliamo contribuire al benessere delle generazioni future e impedire il consumo eccessivo delle risorse della Terra, è indispensabile un livello di maturità più elevato. Al di là della generosità simbolica, la società e l'economia globale devono essere riconfigurate per l'equità e il bene comune. Questa è davvero un'impresa per adulti maturi;

- **gli adulti maturi tendono ad avere un maggiore senso di umiltà**. Gli adulti sono più modesti e si sentono meno preoccupati di dover dimostrare agli altri il proprio valore; tendono invece a scegliere modi di essere e di vivere più dimessi. La maturità porta con sé una maggiore preoccupazione per l'equità e l'uguaglianza dei diritti degli altri;

- **gli adulti maturi tendono ad accettare maggiormente sé stessi e gli altri**. Una persona o una società matura è stata arricchita dall'esperienza di vita e tende a rendersi conto che siamo qui per qualcosa di più della ricerca del piacere: siamo qui per imparare, crescere e dare il nostro contributo al benessere degli altri. Nella maturità, accettiamo la nostra umanità e abbiamo maggiore compassione per noi stessi e per gli altri;

- **gli adulti maturi tendono a parlare meno e ad ascoltare di più**. Una persona matura tende ad ascoltare per capire, piuttosto che ascoltare per avere l'opportunità di interrompere e argomentare il proprio punto di vista. In un'epoca di crescenti tensioni e conflitti, dobbiamo ascoltare profondamente, soprattutto le popolazioni più giovani ed emarginate. L'ascolto e l'apprendimento sono abilità preziose e complementari per un mondo in grande transizione;

- **gli adulti maturi tendono a sistemare i loro problemi da soli**. Gli adulti non si aspettano che gli altri rimedino ai loro pasticci. Invece di aspettare che siano gli altri a gestire le cose, gli adulti prendono in mano la propria vita;

- **gli adulti maturi riconoscono che il fallimento e i passi falsi fanno parte della crescita**. Non sempre vivremo secondo i nostri ideali, la nostra morale o le nostre qualità più elevate. Le persone mature riconoscono quando non sono in linea con i loro valori e impegni, e poi integrano ciò che hanno imparato per poter fare meglio;

- **gli adulti maturi sono consapevoli che ogni persona ha dei punti ciechi.** Maturare significa riconoscere che i nostri punti di vista possono limitare il modo in cui vediamo e comprendiamo noi stessi, gli altri e il mondo. Maturare significa riconoscere i propri pregiudizi e limiti e, con una certa umiltà, sviluppare empatia per le opinioni e i punti di vista degli altri.

Questi cambiamenti pratici e significativi, presi nel loro insieme, potrebbero elevare in maniera straordinaria il viaggio dell'umanità. Essi rivelano che uno dei cambiamenti più significativi necessari è che gli esseri umani si rendano conto di come siamo profondamente inseriti in una rete di relazioni interconnesse. La nostra sopravvivenza dipende dalla presa di coscienza dell'umanità affinché prenda il suo posto all'interno della rete della vita. Dobbiamo diventare co-creatori responsabili e vivere con consapevole riguardo, riverenza e cura per il benessere di tutta la vita.

Scegliere la riconciliazione

Le numerose divisioni nel nostro mondo assorbono un'enorme quantità di tempo ed energia. Se fossero sanate, si libererebbero l'energia e l'attenzione necessarie per promuovere e creare un mondo praticabile e significativo. Conflitto, agitazione, rifiuto, antagonismo, ecc. occupano l'attenzione personale e pubblica e ci distraggono dal riunirci per trovare un terreno comune più ampio per affrontare la crisi esistenziale del nostro futuro collettivo. Siamo veramente di fronte alla possibilità di un'estinzione funzionale come specie: senza sanare queste divisioni i nostri sforzi per un futuro sostenibile e rigenerativo saranno vani.

L'ingiustizia e le disuguaglianze prosperano nell'oscurità della disattenzione. Esporsi alla luce curativa della consapevolezza pubblica crea una nuova coscienza tra tutti coloro che sono coinvolti. Con la rivoluzione della comunicazione, il mondo diventa trasparente a sé stesso. Sempre più spesso i media portano l'ingiustizia, l'oppressione e la violenza dinanzi all'attenzione e all'opinione pubblica. Nel nostro mondo ricco di comunicazioni e strettamente interdipendente, sarà difficile che le vecchie forme di repressione e violenza continuino senza che l'opinione pubblica mondiale si rivolti contro gli oppressori.

Man mano che la nostra capacità di coscienza collettiva si risveglia, le profonde ferite psichiche che si sono incancrenite nel corso della storia dell'umanità verranno a galla. Sentiremo le voci non riconosciute e il dolore inespresso. Il professor Christopher Bache spiega:

> "Il pavimento dell'inconscio collettivo sembra sollevarsi. E mentre lo fa, porta con sé il fango psichico della storia. Il primo passo verso la consapevolezza è sempre la purificazione. Il residuo karmico delle scelte fatte da innumerevoli generazioni di esseri umani semi-coscienti si accumula nella nostra consapevolezza individuale e collettiva, mentre affrontiamo *in massa* l'eredità del nostro passato"[198].

Potrebbe sembrare poco saggio portare alla luce del sole il lato oscuro del passato dell'umanità, ma se non lo facciamo, questo dolore irrisolto rimarrà per sempre in fondo alla nostra coscienza limitando le nostre potenzialità future. Fortunatamente, la chiarezza compassionevole della coscienza riflessiva offre lo spazio psicologico per la guarigione.

Essere ascoltati è il primo passo in questa direzione. Quando ci sentiamo rispettati e ascoltati attivamente, ci apriamo più pienamente ai nostri dolori e a quelli degli altri. Riconoscendo e ascoltando le storie di coloro che hanno sofferto, costruiamo una base di compassione che aiuta il processo di guarigione. L'ascolto collettivo delle storie delle ferite dell'umanità è fondamentale per la guarigione della società. Guarire significa riconoscere e lamentare pubblicamente le legittime sofferenze e cercare rimedi giusti e realistici.

In termini più semplici, la guarigione culturale significa superare le nostre profonde separazioni, tra di noi, dalla Terra e dal cosmo vivente. La guarigione avviene quando ci rendiamo conto che la forza vitale che ci unisce è più profonda delle differenze che ci dividono. Con una guarigione culturale consapevole, la famiglia umana può avanzare oltre la cronicità dei conflitti etnici, dell'oppressione razziale, delle ingiustizie economiche, della discriminazione di genere e delle altre disumanità che ci dividono. Se riusciamo a essere testimoni della riserva di dolore irrisolto accumulato nella storia, libereremo un'enorme quantità di creatività ed energia repressa. Liberando l'energia collettiva dell'umanità al servizio della costruzione di un futuro positivo e pieno di calore, possiamo attuare una straordinaria crescita evolutiva. Si tratterebbe di un progetto di specie straordinario. Quando il mondo interiore dell'esperienza dell'umanità coinvolgerà consapevolmente il mondo esterno dell'azione, potremo iniziare il nostro lavoro comune di costruzione di una specie-civiltà sostenibile, soddisfacente e profonda.

Tutte le persone sono immerse nell'oceano comune della coscienza. A prescindere dalle differenze di genere, razza, ricchezza, religione e così via, tutti partecipiamo all'ecologia profonda della coscienza e questo fornisce un terreno comune per l'incontro, la comprensione reciproca e la riconciliazione. Riconciliazione non significa che le ingiustizie e le sofferenze del passato vengano cancellate; piuttosto, se riconosciute consapevolmente e accompagnate da un sincero impegno a ricostruire, non ostacolano più il nostro progresso collettivo. Quando le ingiustizie vengono consapevolmente riconosciute e accompagnate da scuse pubbliche e dalla riparazione, entrambe le parti si liberano dalla necessità di continuare il processo di colpevolizzazione e di risentimento, e possono invece concentrarsi su azioni di riparazione e di cooperazione per plasmare un futuro costruttivo. La comunità terrestre si trova di fronte a una scelta cruciale per il futuro:

- vogliamo **unirci** come comunità umana, accettando tutti i *sacrifici* che ne deriveranno, oppure

- vogliamo **separarci** in sottogruppi umani, sopportando tutte le *violenze* che inevitabilmente avverranno?

Con la riconciliazione e l'unione, noi esseri umani possiamo davvero realizzare risultati sorprendenti. L'autentica elevazione può derivare dalla guarigione delle ferite della divisione e dall'unirsi in uno sforzo comune come specie. Non si tratta di fantasia, ma della chiara realtà della nostra attuale situazione mondiale. Siamo così divisi in tanti modi che lavorare e impegnarsi insieme sembra quasi impossibile. Tuttavia, il passaggio infuocato attraverso la grande iniziazione può bruciare le molte barriere che ora ci dividono dall'interezza e dallo sforzo collettivo come specie.

Se la comunità terrestre sceglie di unirsi e collaborare per il benessere di tutti, può scaturire rapidamente una cascata di azioni e innovazioni dalla chiarezza della nostra volontà sociale unificata. Tuttavia, se la volontà sociale delle persone non si risveglia in nome del nostro benessere *collettivo*, ma rimane profondamente divisa, allora probabilmente ci orienteremo verso l'apparente sicurezza dell'autoritarismo o ci divideremo in innumerevoli sottogruppi, lasciando aperte le ferite e le divisioni irrisolte, generando una separazione sempre più profonda e una maggiore violenza.

Solo insieme possiamo realizzare una grande transizione verso una comunità planetaria. La transizione è un lavoro di squadra: tutti devono fare la loro parte! Uno sforzo collettivo è impossibile se siamo profondamente divisi come comunità umana. Il mondo è pieno di discriminazioni razziali e di genere, genocidi, guerre di religione, oppressione delle minoranze etniche ed estinzione di altre specie. Alcune di queste tragedie sono cresciute e si sono aggravate nel corso di migliaia di anni e questo rende estremamente difficile unire le forze in uno sforzo comune. Tuttavia, senza una riconciliazione profonda e autentica che superi queste e altre barriere, l'umanità rimarrà separata e diffidente, e il nostro futuro collettivo sarà gravemente minacciato[199]. Per quanto difficile e scomodo possa essere questo processo, una riconciliazione consapevole che includa il racconto della verità, le scuse pubbliche e una riparazione significativa è una parte vitale della nostra guarigione collettiva, essenziale se l'umanità vuole andare avanti insieme nel viaggio.

Un mondo diviso è una ricetta per il collasso globale e l'estinzione funzionale dell'umanità. Ricordiamo la saggezza del Dr. Martin Luther King Jr.: "Dobbiamo imparare a vivere insieme come fratelli o periremo insieme come stolti"[200]. Con le parole dell'attivista sudafricano anti-apartheid Alan Paton, "non si tratta di 'perdonare e dimenticare' come se non fosse mai successo nulla di male, ma di 'perdonare e andare avanti', basandosi sugli errori del passato e sull'energia generata dalla riconciliazione per creare un nuovo futuro"[201].

Sebbene possiamo intravedere il profilo generale di un futuro sostenibile, la famiglia umana è ben lontana dall'essere pronta a lavorare come un tutt'uno. Per riunirsi, la famiglia della Terra deve impegnarsi in un processo di autentica riconciliazione in diversi ambiti:

- **riconciliazione di genere, razziale, sessuale ed etnica**: la discriminazione divide profondamente l'umanità. Per lavorare insieme per il nostro futuro comune, dobbiamo costruire una cultura globale di rispetto reciproco che ci permetta di lavorare insieme come pari. Questo non significa che ignoreremo le differenze di genere, razziali, sessuali ed etniche; piuttosto impareremo a rispettare e includere le differenze, per poi lavorare per trasformare le strutture e i sistemi oppressivi. Superiamo i giudizi limitanti sugli altri e tessiamo una nuova cultura di rispetto, inclusione ed equità;

- **riconciliazione generazionale**: lo sviluppo sostenibile è stato descritto come uno sviluppo che soddisfa i bisogni attuali senza compromettere la capacità delle generazioni future di soddisfare i propri[202]. Poiché molte nazioni industriali stanno consumando risorse vitali non rinnovabili nel breve periodo, le opzioni disponibili per le generazioni future saranno fortemente limitate. Per unire le forze, dobbiamo riconciliarci tra le generazioni. Ad esempio, gli adulti possono sostenere i giovani ascoltando le loro esigenze, facendo luce sui loro movimenti e sulle loro preoccupazioni e capendo come gli stili di vita dell'attuale generazione abbiano contribuito a creare la crisi climatica;

- **riconciliazione economica**: esistono enormi disparità tra ricchi e poveri. La riconciliazione richiede la riduzione di queste differenze e la definizione di uno standard minimo globale di benessere economico che aiuti le persone a realizzare il proprio potenziale. Narasimha Rao, professore dell'Università di Yale, afferma che "ridurre le disuguaglianze, sia all'interno dei Paesi che tra di essi, migliorerebbe la nostra capacità di mitigare alcuni dei peggiori effetti del cambiamento climatico e garantirebbe un futuro climatico più stabile. [...] Il cambiamento climatico, nella sua essenza, è un problema di giustizia"[203]. Una ricerca delle Nazioni Unite rivela che la disuguaglianza globale spesso riguarda più le disparità di opportunità che quelle di reddito[204]. Forse il cambiamento più profondo sarà quello di scollegare il valore personale dalla posizione in una gerarchia di ricchezza o di classe sociale;

- **riconciliazione ecologica**: vivere in sacra armonia con la biosfera terrestre è essenziale per la nostra sopravvivenza ed evoluzione come specie. Il ripristino della biosfera è vitale perché il nostro futuro comune dipende dalla presenza di un'ampia varietà di piante e animali. Per passare dall'indifferenza e dallo sfruttamento a una gestione reverenziale, sarà necessario riconciliarsi con la comunità più ampia di tutta la vita terrestre e onorare coloro che hanno conservato culture di sacra reciprocità con tutti gli esseri viventi. Le culture consumistiche pongono i desideri materiali di pochi al di sopra dei bisogni dell'intera comunità terrestre e questo ha portato a disastri ecologici. Noi esseri umani siamo inseparabili dalla Terra: ciò che accade alla Terra accade a noi;

- **riconciliazione religiosa**: l'intolleranza religiosa ha prodotto alcune delle guerre più sanguinose della storia. Per il futuro dell'umanità è fondamentale la riconciliazione tra le tradizioni spirituali del mondo, ad esempio tra cattolici e protestanti in Irlanda del Nord, tra musulmani ed ebrei in Medio Oriente, tra musulmani e indù in India. Poiché le tradizioni religiose e spirituali del mondo diventano più accessibili grazie a Internet e ai social media, possiamo scoprire i valori fondamentali di ciascuna e vederli come una sfaccettatura diversa nel gioiello comune della saggezza spirituale umana.

Molte di queste divisioni sono ben evidenti nel nostro mondo e, con le perturbazioni climatiche, avranno un impatto sproporzionato ed estremamente profondo sulle donne e sui poveri del mondo. Ecco un'interessante sintesi tratta da un recente rapporto di Oxfam:

"All'interno dei Paesi, sono spesso le comunità più povere, e in particolare le donne, a essere più vulnerabili. Le comunità povere tendono a vivere in case mal costruite su terreni marginali che sono più a rischio di eventi atmosferici estremi come tempeste o inondazioni. Spesso vivono in aree con infrastrutture carenti, che rendono difficile l'accesso a servizi essenziali come l'assistenza sanitaria o l'istruzione in seguito a un'emergenza. È improbabile che dispongano di assicurazioni o di risparmi che li aiutino a ricostruire le loro vite dopo un disastro. Inoltre, molte dipendono dall'agricoltura o dalla pesca, attività particolarmente vulnerabili a condizioni climatiche più estreme e imprevedibili. Con l'aumento della frequenza e dell'intensità dei rischi legati al clima, la capacità delle persone in povertà di resistere agli shock si sta gradualmente erodendo. Ogni catastrofe le trascina in una spirale discendente di maggiore povertà e fame e, infine, di sfollamento. […] Quando costretti a lasciare la propria casa, le donne e i bambini sono particolarmente vulnerabili alla violenza e all'abuso. […] Ai bambini sfollati viene spesso negata l'istruzione, condannandoli a restare in un ciclo intergenerazionale di povertà"[205].

L'emergere di un paradigma basato su un "universo vivente" risveglia una profonda prospettiva femminile che onora l'unità della vita[206]. Da almeno 50.000 fino a circa 6.000 anni fa, una prospettiva incentrata sulla Dea Terra ha guidato la relazione degli esseri umani con il mondo[207]. L'archetipo femminile riconosceva e rispettava l'energia e i poteri rigenerativi della natura e la fertilità della vita. Poi, circa 6.000 anni fa, con l'ascesa delle città-stato, di classi più differenziate (sacerdoti, guerrieri, mercanti) e di culture più complesse, la mentalità maschile e la spiritualità del "Dio dei Cieli" sono divenute dominanti e hanno sostenuto lo sviluppo della società umana organizzata in strutture e istituzioni su larga scala. La mentalità maschile e patriarcale è cresciuta e si è sviluppata per migliaia di anni, incoraggiando la crescente individualizzazione, differenziazione e legittimazione delle persone. Ha anche sostenuto la crescente separazione e lo sfruttamento della natura da parte dell'umanità, che ha portato alla nostra attuale crisi ecologica. La prospettiva della "Dea cosmica", invece, considera la natura generativa e sostenitrice dell'universo più da un punto di vista femminile. Superare migliaia di anni di separazione attraverso una profonda riconciliazione che onori il sacro femminile e la sua affermazione dell'unità della vita è essenziale se vogliamo superare le divisioni del passato.

È necessaria una grande maturità personale e sociale per riconoscere e rimediare alle ingiustizie e alle ferite, in modo che la famiglia umana possa lavorare insieme per il nostro benessere comune. Portare le legittime sofferenze alla consapevolezza pubblica, piangere gli errori del passato, assumersene la responsabilità e poi cercare rimedi giusti e realistici: questi sono i difficili punti al cuore dell'era della riconciliazione.

Abbiamo bisogno di una comunicazione senza
precedenti per scoprire la nostra comune umanità
da una mentalità di umiltà fuori dal comune.

Con la riconciliazione e la ricostruzione, l'energia sociale precedentemente bloccata dall'oppressione e dall'ingiustizia può essere liberata e resa disponibile per relazioni funzionali e produttive.

Il processo di riconciliazione è complesso e prevede tre fasi principali: le persone ferite devono essere ascoltate pubblicamente, i trasgressori devono scusarsi pubblicamente e assumersi la responsabilità dell'impatto delle loro azioni, e poi devono fornire una restituzione o una riparazione che faccia ammenda per il passato e fornisca una base di maggiore integrità per tutti verso un futuro insieme.

Essere ascoltati è il primo passo verso la guarigione. Ascoltando e riconoscendo le storie di coloro che hanno sofferto, iniziamo il processo di guarigione. L'ascolto collettivo delle ferite della psiche e dell'anima dell'umanità è fondamentale per la nostra guarigione collettiva. Ascoltare non significa dimenticare; significa invece portare le ferite della divisione nella consapevolezza collettiva e ricordarle mentre cerchiamo un modo per andare verso il futuro.

L'arcivescovo Desmond Tutu conosceva il processo di riconciliazione meglio di molti altri. È stato il presidente della Commissione per la verità e la riconciliazione (TRC), istituita per indagare sui crimini commessi durante l'era dell'apartheid in Sudafrica, dal 1960 al 1994. Quando l'apartheid finì, la maggioranza nera del Sudafrica dovette scegliere tra tre modi diversi per cercare giustizia e vivere insieme alla minoranza bianca del Paese: poteva scegliere una giustizia basata sulla *punizione* (occhio per occhio); una giustizia basata sull'*oblio* (non pensare al passato, ma andare avanti verso il futuro); una giustizia basata sulla *riparazione* (concedere l'amnistia in cambio della verità). L'arcivescovo Tutu ha spiegato la scelta fatta:

"Crediamo nella giustizia riparativa. In Sudafrica, stiamo cercando di trovare la nostra strada verso la guarigione e il ripristino dell'armonia all'interno delle nostre comunità. Se nella lettera della legge cercate solo la giustizia retributiva, siete finiti. Non conoscerete mai la stabilità. Avete bisogno di qualcosa che vada oltre la vendetta. Avete bisogno di perdono"[208].

Un secondo passo per la guarigione è che il malfattore offra delle scuse pubbliche e sincere. Ecco alcuni esempi di scuse pubbliche di una certa rilevanza[209]:

- nel 1988, un atto del Congresso ha chiesto scusa "a nome del popolo degli Stati Uniti" per l'internamento dei giapponesi americani durante la Seconda Guerra Mondiale;

- nel 1996, i funzionari tedeschi si sono scusati per l'invasione della Cecoslovacchia nel 1938 e hanno istituito un fondo per il risarcimento delle vittime cecoslovacche per gli abusi subiti dai nazisti;

- nel 1998, il primo ministro giapponese ha espresso "profondo rimorso" per il trattamento riservato dal Giappone ai prigionieri britannici durante la Seconda Guerra Mondiale;

- nel 2008, il Congresso degli Stati Uniti si è formalmente scusato per il "peccato originale" del Paese: il trattamento riservato agli afroamericani durante l'epoca della schiavitù e le leggi successive che hanno discriminato i neri come cittadini di seconda classe nella società statunitense.

Un altro potente esempio di scuse pubbliche e di guarigione sociale è il tentativo di sanare il rapporto tra gli aborigeni e i coloni europei in Australia. Nel 1998, l'Australia ha celebrato la prima "Giornata di scuse" ("Sorry Day") per esprimere il rammarico e il dolore condiviso per un tragico episodio della storia australiana: l'allontanamento organizzato dei bambini aborigeni dalle loro famiglie sulla base della razza.

Per gran parte del XX secolo, i bambini aborigeni sono stati allontanati con la forza dalle loro famiglie con l'obiettivo di assimilarli alla cultura occidentale[210]. La Giornata di scuse segna un modo per gli australiani di fare i conti con la loro storia e di ricordare insieme, per costruire un futuro su basi di rispetto reciproco. Patricia Thompson, membro del consiglio indigeno, ha dichiarato: "Quello che vogliamo è il riconoscimento, la comprensione, il rispetto e la tolleranza gli uni degli altri, gli uni per gli altri". Nelle città, nei paesi e nei centri rurali, nelle scuole e nelle chiese, la gente interrompe le proprie attività quotidiane per riconoscere questa ingiustizia. Inoltre, centinaia di migliaia di australiani hanno firmato i "Libri di scuse" ("Sorry Books"). Un requisito essenziale per la riconciliazione è la richiesta consapevole di perdono e il ricordo.

Il terzo passo della riconciliazione è la restituzione o il pagamento delle riparazioni. L'arcivescovo Desmond Tutu ha spiegato il ruolo della restituzione quando ha detto che la riconciliazione non si riduce al riconoscimento e al ricordo dell'ingiustizia: "Se rubi la mia penna e dici 'Mi dispiace' senza restituirmela, le tue scuse non significano nulla"[211]. C'è bisogno anche della restituzione. Le scuse costituiscono un verbale di verità. La restituzione crea un nuovo precedente. Lo scopo della riparazione è risanare le condizioni materiali di un gruppo e ripristinare l'equilibrio o l'uguaglianza di potere e opportunità materiali[212].

Con un'autentica riconciliazione (fatta di ascolto, ricordo, scuse e riparazione), le divisioni e le sofferenze del passato non ostacolano l'armonia futura. Non si tratta semplicemente di garantire denaro, terre o politiche volte a eliminare le disuguaglianze. La profonda ferita degli oppressi si manifesta anche come trauma generazionale che nessuna somma di denaro potrà cancellare. La vera riparazione deve consentire la guarigione e l'integrità.

Per quanto difficile e scomodo possa essere questo processo, si tratta di una fase vitale della nostra guarigione collettiva che può dare un'enorme spinta all'umanità per andare avanti nel nostro viaggio comune. Proprio come una marea crescente solleva tutte le barche, allo stesso modo un livello crescente di comunicazione globale può portare tutte le ingiustizie alla luce risanatrice della consapevolezza pubblica. La nostra capacità di comunicare con noi stessi, come specie planetaria, su queste dolorose ferite sarà fondamentale per realizzare una riconciliazione edificante.

Scegliere la comunità

La questione dello "scegliere della Terra" solleva un'ulteriore domanda: sentiamo un senso di appartenenza alla Terra? Ci sentiamo a casa su questo pianeta, dove "casa" è inteso non solo come un luogo fisico, ma anche una sensazione nel nostro corpo, cuore e anima? La nostra casa fisica ci collega a una comunità locale che, a sua volta, ci collega alla Terra? La casa e la comunità in cui viviamo sono portatrici di un linguaggio e di sensazioni invisibili che vengono comunicate nella loro struttura fisica. L'architetto Christopher Alexander scrive del "linguaggio modello" comunicato dalle case, dalle comunità e dalle città che abitiamo.

> "Un linguaggio modello esprime la saggezza più profonda di ciò che porta vitalità nella vita della nostra comunità. La vitalità è un termine che indica 'la qualità che non ha nome': un senso di integrità, di spirito o di grazia che, pur avendo forme diverse, è puntuale e verificabile nella nostra esperienza diretta"[213].

Le qualità di vitalità espresse nei modelli fisici delle nostre case e comunità comunicano un messaggio che può essere silenzioso alle nostre orecchie, ma forte per le nostre intuizioni. Come possiamo "scegliere la Terra" se non ci sentiamo parte dei suoi modelli e se non sentiamo di appartenervi?

Nei Paesi materialmente più sviluppati, le persone cercano spesso di vivere in uno splendido isolamento. Negli estesi sobborghi, le case unifamiliari sono progettate per essere separate dalle altre abitazioni, spesso con una recinzione che le separa dai vicini. Vivendo in un isolamento circoscritto, tutto ciò di cui abbiamo bisogno per la nostra vita quotidiana può essere acquistato in negozi ben forniti o ordinato online per una consegna rapida. Non avete bisogno di disturbare gli altri o che loro disturbino voi. Possono passare anni senza conoscere gli immediati vicini.

Le linee fisiche delle nostre case e comunità creano un'esperienza di appartenenza edificante o di isolamento esistenziale. Le nostre vite moderne sono state spesso progettate per una deliberata separazione: questo contrasta profondamente con le antiche radici di un'esistenza tribale fondata su strette relazioni con altre persone, con la natura locale e con le forze invisibili del mondo. La parola africana *ubuntu* comunica l'importanza della comunità e si riferisce all'idea che scopriamo noi stessi attraverso le relazioni con gli altri. L'*ubuntu* è definito come la consapevolezza che *"io sono ciò che sono in virtù di ciò che tutti siamo"*. Sviluppiamo noi stessi attraverso le interazioni con gli altri. Di conseguenza, la qualità di queste relazioni è al centro della nostra vita. Con l'*ubuntu*, siamo aperti e disponibili agli altri e ci sentiamo parte di un insieme più grande. *Ubuntu* è relazione ed elevazione. L'isolamento è alienazione e caduta.

Un'esistenza individuale, isolata, può funzionare bene con l'accesso all'abbondanza materiale e a catene di approvvigionamento ben funzionanti per l'acquisto di cibo e prodotti per sostenere la propria vita. Tuttavia, quando le catene di approvvigionamento si rompono e il denaro non può comprare un facile accesso alle cose di cui abbiamo bisogno, allora la qualità delle nostre relazioni con gli altri definisce ancora una volta la nostra esistenza.

Le innovazioni nella progettazione fisica delle comunità sono fondamentali per trasformare il modo in cui viviamo sulla Terra. I modelli di vita che privilegiano i sobborghi tentacolari e le famiglie isolate non sono adatti alla sostenibilità. I modelli di vita iper-individualizzati creano barriere formidabili per ulteriori innovazioni. La crescita crea la forma e la forma limita la crescita. La crescita urbana crea un modello di vita (come un sobborgo tentacolare) e una volta che queste forme fisiche sono ancorate al territorio, limitano la capacità di creare nuovi modelli di vita.

Un mondo in trasformazione richiede nuove configurazioni di vita più adatte a un'ecologia, una società e un'economia in rapida evoluzione. A sua volta, uno spettro di innovazione sta iniziando a crescere dai livelli locali a quelli globali:

- I **mini-quartieri** sono generalmente costituiti da poche case collegate tra loro per promuovere un senso di vicinanza e di comunità, con un maggiore livello di connessione edificante.

  I mini-quartieri sono generalmente gruppi di case o appartamenti vicini riuniti intorno a uno spazio aperto condiviso: un cortile con giardino, una strada pedonale, una serie di cortili uniti o un vicolo recuperato, tutti caratterizzati da un chiaro senso del territorio e della gestione condivisa. Possono trovarsi in aree urbane, suburbane o rurali. Un mini-quartiere *non è* un quartiere più ampio, composto da diverse centinaia di famiglie e da una rete di strade, ma un piccolo mondo composto da una decina di vicini che interagiscono quotidianamente intorno a dei beni comuni locali, una sorta di quartiere isolato all'interno di un quartiere.

- Gli **eco-villaggi** sono progettati ex novo o, più comunemente, riadattati per offrire uno stile di vita integrato a circa un centinaio di persone. Sono comunità intenzionali, unite da valori condivisi e con l'obiettivo di diventare più sostenibili a livello sociale, culturale, economico ed ecologico. Di solito sono di proprietà locale e sono governati da processi partecipativi. Alcuni elementi fissi di molti eco-villaggi o comunità di co-residenza sono: una casa comune per le riunioni, le celebrazioni e i pasti regolari; un orto comunitario biologico; un'area per il riciclaggio e il compostaggio; una micro-rete di energia rinnovabile; un po' di spazio aperto per le riunioni della comunità; forse uno spazio di gioco e di conversazione per gli adolescenti; e un'officina con strumenti per l'arte, l'artigianato e le riparazioni.

Gli eco-villaggi possono includere una microeconomia in cui i membri della comunità si scambiano le ore di lavoro per creare un'economia locale, offrendo servizi come l'assistenza sanitaria, all'infanzia e agli anziani, il giardinaggio, l'istruzione, la bioedilizia, la risoluzione dei conflitti, l'assistenza elettronica e per Internet, la preparazione del cibo e altre competenze che offrono una connessione e un contributo soddisfacente alla comunità. La scala è abbastanza piccola da permettere a tutti di conoscersi, ma abbastanza grande da sostenere una microeconomia con ruoli lavorativi significativi per molti. Gli eco-villaggi hanno la cultura e la coesione di un piccolo paese e la complessità di una città, dato che quasi tutti sono connessi al mondo con Internet e altri strumenti elettronici di comunicazione. Gli eco-villaggi incoraggiano espressioni uniche di sostenibilità, in quanto promuovono uno stile di vita semplice, crescono bambini sani, celebrano la vita in comunità con gli altri e cercano di onorare la Terra e le generazioni future. La fioritura di eco-villaggi di vario tipo può portare un'immensa elevazione delle nostre vite[214].

- Le **città di transizione** riuniscono mini-quartieri ed eco-villaggi in città di diverse migliaia di persone. In genere sostengono progetti nati dal basso che mirano ad aumentare l'autosufficienza locale e a ridurre gli effetti nocivi del cambiamento climatico e dell'instabilità economica. L'associazione "Transition Network", fondata nel 2006, ha ispirato la creazione di iniziative di città di transizione in tutto il mondo[215].

- Le **città sostenibili** cercano di aggregare mini-quartieri, eco-villaggi e città di transizione in un sistema più ampio di vita sostenibile ed ecologica. Una città sostenibile è modellata sulla struttura resiliente e autosufficiente degli ecosistemi naturali. Cerca di fornire una vita sana ai suoi abitanti senza consumare più risorse rinnovabili di quante ne produca, senza produrre più rifiuti di quanti ne possa assimilare e senza essere tossica per sé stessa o per gli ecosistemi vicini[216]. Gli abitanti tendono a scegliere modi di vita ecologici che incarnano principi di integrità, giustizia ed equità.

- Le **eco-civiltà** prendono le lezioni apprese su scala ridotta e le estendono a nazioni, gruppi di nazioni e all'intera comunità terrestre. Rispondono alle perturbazioni climatiche globali e alle ingiustizie sociali con approcci alternativi alla vita basati su principi ecologici. Una civiltà ecologica si muove verso un futuro rigenerativo con una sintesi di modelli economici, educativi, politici, agricoli e sociali per una vita sostenibile[217].

Una serie di innovazioni integrate nel settore abitativo, nell'attività economica e nei modi di vivere ecologici illustra come stiamo iniziando a riconfigurare le nostre vite locali per adattarci alle nuove realtà globali. L'urgenza di passare a un'economia a zero emissioni di carbonio sta spingendo l'umanità ad allontanarsi da una "economia dell'ego", che sta devastando la Terra, a una "economia della vitalità" che elevi il nostro rapporto con la Terra.

Nel nostro mondo in rapida trasformazione, i progetti per adattare le nostre esistenze a edificanti forme di vita ecologica stanno emergendo in un ampio spettro, dalla scala più piccola dei mini-quartieri a quella più grande di intere eco-civiltà. Con l'avanzare del secolo, si svilupperanno milioni di esperimenti di forme innovative di vita rigenerativa. Comunità alternative di ogni tipo si adatteranno alle condizioni locali e forniranno isole di sostenibilità, sicurezza e sostegno reciproco. Tuttavia, come nota di cautela, la forza degli eco-villaggi e delle comunità locali potrebbe trasformarsi in una debolezza, se questi vengono visti principalmente come rifugi isolati di sicurezza per affrontare le tempeste della transizione. *Le scialuppe di salvataggio non ci salveranno quando l'intera Terra affonderà e diventerà inospitale per la vita.* È fondamentale che la coesione che si sviluppa nelle collaborazioni locali abbia una portata più ampia e costituisca il collante sociale per tenere insieme reti più estese. Le sinergie tra i mini-quartieri e gli eco-villaggi locali devono salire di scala fino alle città di transizione e alle città sostenibili, e infine alla scala mondiale delle eco-civiltà. Queste sinergie creano una forte elevazione lungo l'intero spettro dell'innovazione.

Scegliere la semplicità

L'entità e la velocità delle perturbazioni climatiche in atto sono sorprendenti e richiederanno cambiamenti drastici nel modo in cui viviamo sulla Terra. Nelle ultime centinaia di anni, le società orientate al consumo hanno sfruttato le risorse globali a vantaggio di una frazione dell'umanità. L'obiettivo di questo approccio è stato quello di trovare la felicità attraverso il consumo e di soddisfare i nostri *desideri* materiali senza tenere conto delle *esigenze* di una Terra vivibile. Questo approccio egoistico porta alla rovina sia il pianeta che il futuro dell'umanità. Invece di chiederci cosa *vogliamo* noi esseri umani (cosa desideriamo, bramiamo o di cosa abbiamo fame), dobbiamo rispondere a una domanda molto più importante: di cosa *ha bisogno* l'ecologia generale della vita (cosa è essenziale, basilare, necessario) per costruire un futuro rigenerativo per la Terra? Per vivere in modo sostenibile sul nostro pianeta, dobbiamo scegliere dei modi di vivere che adeguino i nostri consumi alle capacità rigenerative della Terra e alle esigenze del resto della vita con cui condividiamo la biosfera. Invece di una minoranza ricca che trascina l'umanità verso il basso, una maggioranza generosa può vivere con moderazione e gentilezza e apportare un enorme miglioramento alla vita sulla Terra.

Uno studio su ciò che è necessario per una "vita oltre la crescita" ha rilevato che "un Paese come il Giappone dovrebbe ridurre il proprio consumo di risorse e l'impatto ambientale di oltre il 50% (in modo molto approssimativo), mentre gli Stati Uniti dovrebbero ridurlo di un fattore pari al 75%"[218]. Pertanto, quando ci chiediamo: "Cosa possiamo fare per sostenere l'ecologia della vita?", la prima potente azione che possiamo intraprendere è quella di allineare la nostra vita personale alle esigenze rigenerative della Terra. Inoltre, la minoranza benestante deve riconoscere che la maggioranza povera vive ai margini dell'esistenza materiale e che, per essa, la semplicità di vita è involontaria: ha poche opzioni e poca scelta nella lotta quotidiana per la sopravvivenza.

Sebbene la semplicità sia estremamente importante per costruire un mondo funzionale, questo approccio alla vita non è un'idea nuova. La semplicità ha radici profonde nella storia e trova espressione in tutte le tradizioni sapienziali del mondo. Più di duemila anni fa, nello stesso periodo storico in cui i cristiani dicevano: "Non darmi né povertà né ricchezza" (Proverbi 30:8), Lao Tzu, il fondatore del taoismo, dichiarava: "Ho solo tre cose da insegnare: semplicità, pazienza, compassione. Queste tre cose sono i vostri tesori più grandi"; Platone e Aristotele proclamavano l'importanza del "giusto mezzo", un percorso di vita senza eccessi né carenze; infine, i buddisti incoraggiavano una "via di mezzo" tra la povertà e l'accumulo dissennato. È chiaro, dunque, che la saggezza della semplicità non è una nuova rivelazione[219]. Ciò che è nuovo è la realtà dell'umanità che preme contro i limiti della crescita materiale e riconosce l'importanza di costruire un nuovo rapporto con gli aspetti materiali della vita.

La semplicità non si oppone al consumo di risorse, ma colloca il consumo materiale in un contesto più ampio. Non incoraggia l'allontanamento dal progresso materiale; al contrario, un rapporto in progressione con il lato materiale della vita è alla base di una civiltà in via di maturazione. Arnold Toynbee, uno storico di fama che ha investito una vita intera nello studio dell'ascesa e del declino delle civiltà, ha riassunto l'essenza della crescita di una civiltà in quella che ha chiamato *Legge della semplificazione progressiva*[220]. Ha scritto che il progresso di una civiltà non deve essere misurato nella conquista di terre e persone; la vera misura della crescita è invece la capacità di una civiltà di trasferire quantità crescenti di energia e attenzione dal lato materiale della vita a quello non materiale, come la crescita personale, le relazioni familiari, il tempo nella natura, la maturità psicologica, l'esplorazione spirituale, l'espressione culturale e artistica, il rafforzamento della democrazia e della cittadinanza.

Ricordiamo che la fisica moderna riconosce che il 96% dell'universo conosciuto è invisibile e non materiale. L'aspetto materiale (comprese le galassie, le stelle, i pianeti e gli esseri biologici) costituisce solo il 4% circa dell'universo conosciuto. Se applichiamo queste proporzioni alla nostra vita, allora è opportuno prestare maggiore attenzione agli aspetti invisibili che spesso vengono ignorati e che rappresentano proprio ciò che Toynbee descrive come espressione del nostro progresso come civiltà.

Toynbee ha anche coniato il termine "eterizzazione" per descrivere il processo con cui gli esseri umani imparano a ottenere gli stessi risultati, o addirittura maggiori, utilizzando meno tempo, risorse materiali ed energia. Buckminster Fuller ha chiamato questo processo "effimeralizzazione", anche se la sua enfasi era sulla realizzazione di maggiori prestazioni materiali per meno tempo, peso ed energia investiti. Basandoci sulle intuizioni di Toynbee e Fuller, possiamo ridefinire il progresso come un processo duplice che coinvolge il perfezionamento simultaneo degli aspetti materiali e non materiali della vita.

Con la progressiva semplificazione, l'aspetto materiale della vita si fa più leggero, meno pesante, più facile, elegante e senza sforzo e, allo stesso tempo, il lato non materiale della vita diventa più vitale, espressivo e artistico.

La semplicità implica l'evoluzione simultanea degli aspetti interiori ed esteriori della vita. La semplicità non nega l'aspetto materiale della vita, ma piuttosto fa nascere una nuova collaborazione in cui gli aspetti materiali e non materiali della vita si evolvono di concerto gli uni con gli altri. Gli aspetti esteriori comprendono gli elementi di base come le abitazioni, i trasporti, la produzione di cibo e la generazione di energia. Gli aspetti interiori comprendono l'apprendimento delle capacità di trattare il mondo con sempre maggiore delicatezza e amore: noi stessi, le nostre relazioni, il nostro lavoro e il nostro cammino nella vita. Affinando sia gli aspetti esteriori che quelli interiori della vita (la semplicità esteriore combinata con la ricchezza interiore) possiamo promuovere un autentico progresso e costruire un mondo sostenibile *e* significativo per miliardi di persone senza devastare l'ecologia della Terra.

Un'etica della moderazione e dell'"abbastanza" acquisterà sempre più importanza man mano che le comunicazioni globali riveleranno vaste disuguaglianze in termini di benessere materiale. La giustizia economica non richiede di replicare a livello globale lo stile di vita dell'era industriale; significa invece che ogni persona ha diritto a una quota equa della ricchezza mondiale, adeguata a garantire un livello di vita "dignitoso", ovvero cibo, alloggio, istruzione e assistenza sanitaria sufficienti per un ragionevole standard di dignità umana[221]. Con una progettazione intelligente per vivere in modo leggero e semplice, uno standard e un modo di vivere dignitoso potrebbero variare in modo significativo a seconda delle abitudini locali, dell'ecologia, delle risorse e del clima.

Per realizzare una grande transizione nel giro di pochi decenni è necessario inventare nuovi approcci alla vita che ne trasformino ogni aspetto: il lavoro che svolgiamo, le comunità e le case in cui viviamo, il cibo che mangiamo, i mezzi di trasporto che usiamo, i vestiti che indossiamo, gli status symbol che modellano i nostri consumi e così via. Possiamo chiamare questo modo di vivere "semplicità volontaria" o "semplicità consapevole" o "vita ecologica"[222]. Comunque lo si descriva, abbiamo bisogno di qualcosa di più di un cambiamento nel nostro stile di vita.

Un cambiamento di *stile* implica un cambiamento superficiale o esteriore, una nuova moda, una mania o una nuova tendenza. Abbiamo bisogno di un cambiamento molto più profondo nel nostro *modo* di vivere, che riconosca che la Terra è la nostra casa e deve essere mantenuta per il futuro a lungo termine. La vita ecologica inizia con la comprensione del fatto che tutti noi viviamo nella contingenza reciproca e che creiamo anche sicurezza, comfort e compassione nelle nostre vite insieme.

Un'economia ecologicamente consapevole sposterà l'accento dalla pura espansione fisica a una crescita qualitativa di maggiore ricchezza, profondità e connessione. I prodotti saranno progettati in maniera sempre più efficiente (fare sempre di più con sempre meno), aumentando contemporaneamente la loro bellezza, la loro resistenza e la loro integrità ecologica.

La semplicità volontaria non incoraggia una vita di povertà, carenza e privazione, anzi: può essere trasformata attraverso una progettazione intelligente in un'elegante semplicità[223]. Il livello di soddisfazione e bellezza della vita può essere aumentato riducendo la quantità di risorse consumate e la quantità di inquinamento prodotto.

Come possiamo risvegliare una nuova attenzione per la vita semplice in un mondo così concentrato sul consumo materiale? Per dare una svolta verso la semplicità e la sostenibilità, è utile ricordare il paradigma della vitalità e come, per decine di migliaia di anni, i nostri antenati fossero consapevoli di vivere all'interno di una sottile ecologia della vitalità. Questa consapevolezza è stata temporaneamente sostituita dall'idea che il nostro universo sia costituito principalmente da materia morta e spazio vuoto, senza scopo né significato. Ricordiamo la logica dei due paradigmi considerati in precedenza:

- se consideriamo l'universo come morto alla base, allora è naturale sfruttare la Terra e consumarne le risorse;

- se consideriamo l'universo come vivo alla base, allora è naturale avere a cuore la Terra e prendersene cura.

Come possiamo passare a una mentalità di vita rigenerativa quando gran parte del mondo vive attualmente in una mentalità di sfruttamento? Una citazione perspicace di Antoine de Saint-Exupéry suggerisce un modo: "Se vuoi costruire una nave, non convincere le persone a raccogliere legna e non assegnare loro compiti e lavori, ma piuttosto insegna loro a desiderare l'infinita immensità del mare". Questa saggezza suggerisce che, se vogliamo costruire un mondo rigenerativo, non dobbiamo convincere le persone a raccogliere materiali e assegnare loro compiti da svolgere, ma piuttosto *insegnare loro a desiderare l'infinita immensità del nostro universo vivente e i loro modi unici di partecipare al suo interno*. Risvegliare il desiderio di vivere nell'enormità e nella ricchezza senza limiti del nostro universo vivente farà emergere naturalmente l'energia e la creatività delle persone per costruire un mondo rigenerativo e bello.

Se consideriamo la vitalità come la nostra più grande ricchezza, allora è naturale scegliere modi di vita che ci permettano di avere più tempo e più opportunità per sviluppare le aree della nostra vita in cui ci sentiamo più vivi: relazioni amorevoli, comunità attente, tempo nella natura, espressione creativa e servizio agli altri. Vedendo l'universo come vivo, spostiamo naturalmente le nostre priorità da un'economia dell'ego incentrata sul consumo di cose morte a un'economia incentrata su esperienze di vitalità sempre maggiori.

Un'economia della vitalità cerca di toccare la vita con più leggerezza, generando al contempo un'abbondanza di significato e di soddisfazione. Il teologo Matthew Fox ha scritto: "Vivere nel lusso non significa vivere. *Vivere* è l'essenza della vita! Ma vivere richiede disciplina, lasciar andare e fare con meno in una cultura troppo sviluppata. Ci vuole un impegno per la sfida e l'avventura, per il sacrificio e la passione"[224].

Nelle società più ricche, il consumismo è sempre più considerato una ricerca di vita meno gratificante e, al contrario, si apprezzano sempre più nuove fonti di benessere[225]. Un importante studio condotto negli Stati Uniti da Pew Research illustra la crescente importanza dell'esperienza diretta rispetto al consumo materiale. Alla domanda su cosa dia più significato alla loro vita, le persone hanno risposto: "passare del tempo con la famiglia" (69%), "stare all'aria aperta" (47%), "passare del tempo con gli amici" (47%), "prendersi cura degli animali domestici" (45%) e "la fede religiosa" (36%). Non si tratta di cose costose: trascorrere del tempo di qualità con la famiglia, gli amici, gli animali domestici e la natura è una fonte di ricchezza a disposizione di quasi tutti.

Un'ulteriore prova del fatto che le nazioni più ricche sono pronte a scambiare livelli ridotti di consumo materiale per livelli più elevati di ricchezza esperienziale si trova in uno studio riportato dal *Wall Street Journal*:

> "Le persone pensano che le esperienze offrano solo una felicità temporanea, ma in realtà danno più felicità e valore duraturo [rispetto al consumo materiale]. Le esperienze tendono a soddisfare più bisogni psicologici di fondo. Spesso sono condivise con altre persone, il che ci dà un maggiore senso di connessione, e costituiscono una parte più grande del nostro senso di identità"[226].

Lo spostamento verso valori "post-materialisti" è stato rilevato anche dall'autorevole indagine *World Values Survey*, che ha concluso che, in un periodo di circa tre decenni (1981-2007), si è verificato uno "cambiamento post-moderno" nei valori in un gruppo di una decina di nazioni, principalmente negli Stati Uniti, in Canada e nel Nord Europa. In queste società, l'enfasi si sta spostando dai risultati economici ai valori post-materialisti che enfatizzano l'auto-espressione individuale, il benessere soggettivo e la qualità della vita[227].

Sebbene la semplicità abbia una lunga storia, stiamo entrando in tempi di radicale cambiamento (ecologico, sociale, economico e psico-spirituale) e dobbiamo aspettarci che le espressioni mondane della semplicità si evolvano e crescano di conseguenza. La semplicità non è semplice. La vita semplice è rappresentata da un'ampia varietà di espressioni e il modo più utile per descrivere questo approccio alla vita è la metafora del giardino.

A suggerire la ricchezza della semplicità, ecco dieci diverse fioriture di espressione che vedo crescere nel "giardino della semplicità". Sebbene in parte si sovrappongano, ogni espressione di semplicità sembra sufficientemente distinta da giustificare una categoria separata. Per evitare favoritismi, le ho ordinate in ordine alfabetico, in base al breve nome associato a ciascuna.

1. **Semplicità artistica**: semplicità significa che il modo in cui viviamo la nostra vita rappresenta un'opera d'arte in divenire. Leonardo da Vinci disse: "La semplicità è la massima raffinatezza". Nelle parole di Gandhi: "La mia vita è il mio messaggio". Secondo Frederic Chopin: "La semplicità è il risultato finale. [...] il coronamento dell'arte". In questo spirito, la semplicità artistica si riferisce a un'estetica sobria e organica che contrasta con l'eccesso degli stili di vita consumistici. Attingendo a influenze che vanno dallo zen ai quaccheri, la semplicità è un percorso di bellezza che celebra i materiali naturali e le espressioni pulite e funzionali.

2. **Semplicità compassionevole**: semplicità significa sentire un senso di parentela così forte con gli altri che, come diceva Gandhi, "scegliamo di vivere in modo semplice perché gli altri possano semplicemente vivere". Semplicità compassionevole

significa sentire un legame con la comunità della vita ed essere attratti verso un percorso di riconciliazione, soprattutto con le altre specie e con le generazioni future. La semplicità compassionevole segue un percorso di cooperazione e di equità, cercando un futuro di sviluppo reciprocamente garantito per tutti.

3. **Semplicità consapevole**: semplicità significa prendere il controllo di vite troppo impegnate, stressate e frammentate. Semplicità significa scegliere il nostro percorso unico attraverso la vita in modo consapevole, deliberato e spontaneo. Significa vivere integri, non divisi. Questo percorso enfatizza le sfide della libertà rispetto al comfort del consumismo. Semplicità consapevole significa rimanere concentrati, immergersi in profondità e non farsi distrarre dalla cultura del consumo. Significa organizzare consapevolmente la nostra vita in modo da dare i nostri "veri doni" al mondo, cioè, dare l'essenza di noi stessi. Come disse Ralph Waldo Emerson, "l'unico vero dono è una porzione di sé stessi"[228].

4. **Semplicità ecologica**: semplicità significa scegliere modi di vivere che toccano la Terra con più leggerezza e che riducono il nostro impatto ecologico. Questo percorso di vita rievoca le nostre profonde radici nel mondo naturale. Ci incoraggia a connetterci con la natura, le stagioni e il cosmo. La semplicità naturale risponde a una profonda venerazione per la comunità della vita e accetta che anche i regni non umani delle piante e degli altri animali abbiano la loro dignità e i loro diritti. Albert Schweitzer ha scritto: "Dalla semplicità ingenua si arriva a una semplicità più profonda".

5. **Semplicità economica**: semplicità significa scegliere un consumismo consapevole e un'economia di condivisione. La semplicità economica riconosce che gestiamo il nostro rapporto con la nostra casa, la Terra, sviluppando forme adeguate di "giusto sostentamento". Riconosce anche la

profonda trasformazione dell'attività economica necessaria per vivere in modo sostenibile, riprogettando prodotti e servizi di ogni tipo, dai sistemi abitativi ed energetici a quelli alimentari e di trasporto.

6. **Semplicità familiare**: semplicità significa dare priorità alla vita dei nostri figli e della nostra famiglia e non farsi trascinare dalla società dei consumi. Un numero crescente di genitori rinuncia a uno stile di vita consumistico e cerca di portare nella vita dei figli e della famiglia valori ed esperienze che migliorino l'esistenza.

7. **Semplicità frugale**: semplicità significa tagliare le spese che non ci servono veramente e praticare una gestione abile delle nostre finanze personali: tutto ciò può aiutarci a raggiungere una maggiore indipendenza finanziaria. Inoltre, la frugalità e l'attenta gestione delle finanze danno l'opportunità di scegliere più consapevolmente il nostro percorso di vita. Vivere con poco riduce anche l'impatto dei nostri consumi sulla Terra e libera risorse per gli altri.

8. **Semplicità politica**: semplicità significa organizzare la nostra vita collettiva in modi che ci permettono di vivere con più leggerezza e sostenibilità sulla Terra e questo, a sua volta, implica cambiamenti in quasi tutti i settori della vita pubblica: la pianificazione territoriale, l'istruzione, i trasporti e i sistemi energetici. Tutti questi aspetti implicano scelte politiche. La politica della semplicità coinvolge anche la politica dei media, perché i mass media sono i principali veicoli di promozione del consumismo di massa.

9. **Semplicità profonda**: semplicità significa affrontare la vita come una meditazione e coltivare una connessione intima con tutto ciò che esiste. Una presenza spirituale pervade il mondo e, vivendo in modo semplice, possiamo prendere atto in modo più diretto dell'universo vivente che ci circonda e ci

sostiene, momento per momento. La semplicità profonda è più interessata ad assaporare consapevolmente la vita nella sua ricchezza disadorna che a un particolare standard o modo di vivere materiale. Coltivando una connessione profonda con la vita, tendiamo a guardare oltre le apparenze superficiali e a portare la nostra vitalità interiore in ogni tipo di relazione.

10. **Semplicità senza fronzoli**: questo significa ridurre le distrazioni futili, materiali e no, e concentrarsi sull'essenziale, qualunque esso sia per ciascuna delle nostre vite. Come disse Thoreau, "sprechiamo la nostra vita in dettagli. [...] Semplifichiamo, semplifichiamo". Oppure, come scrisse Platone, "per cercare la propria direzione, bisogna semplificare la meccanica della vita ordinaria e quotidiana".

Come illustrano questi approcci, la crescente cultura della semplicità contiene un fiorente giardino di espressioni la cui grande diversità e unità intrecciata crea un'ecologia resiliente e resistente di apprendimento su come vivere una vita più sostenibile e significativa. Come in altri ecosistemi, la diversità delle espressioni favorisce la flessibilità, l'adattabilità e la resilienza. Poiché così tante strade diverse possono condurci al giardino della semplicità, questo stile di vita ha un enorme potenziale di crescita, soprattutto se viene coltivato e valorizzato dai mass media come un percorso legittimo, creativo e promettente per un futuro al di là del materialismo e del consumismo.

Scegliere il nostro futuro

"Iniziate facendo ciò che è necessario; poi fate ciò che è possibile, e improvvisamente vi troverete a fare l'impossibile".
— San Francesco d'Assisi

Il passaggio alla prima età adulta come specie è il passaggio più cruciale, epocale e radicale che noi esseri umani saremo mai chiamati a intraprendere. Stiamo chiudendo una porta sul passato e ci stiamo risvegliando a un nuovo inizio. Possiamo attingere a forze di enorme elevazione mentre ci avviamo verso la nostra maturità come specie. Possiamo cavalcare i potenziali di elevazione e di ispirazione di un'umanità in via di risveglio ed elevarci verso un nuovo mondo e una nuova vita. La nostra apparente caduta è il preludio della nostra ascesa. Con coraggio, possiamo cogliere la corrente ascensionale delle possibilità ed elevarci come comunità umana.

Esaminando le potenzialità immensamente efficaci e ancora in gran parte non sfruttate per elevarci verso un futuro di trasformazione, è evidente che potremmo riuscirci. Se non cogliamo l'opportunità di scegliere un nuovo percorso, affronteremo terribili conseguenze: l'estinzione funzionale della nostra specie e di gran parte della vita sulla Terra, oppure una terrificante discesa nell'autoritarismo, perdendo per sempre i nostri potenziali più preziosi. Non c'è più tempo per negare o rimandare. Il momento della resa dei conti è arrivato. Anche se l'ora è terribilmente tarda, il potenziale per elevarsi in un percorso di trasformazione è ancora presente. L'elevazione non è né una fantasia né una speranza fittizia. Le forze dell'elevazione ci invitano a muoverci insieme attraverso una difficile transizione come specie che cambierà profondamente il nostro senso di chi siamo e il viaggio che stiamo percorrendo. L'elevazione invoca una nuova umanità; la chiamata e le potenzialità sono reali, effettive, vere. Riassumiamole per sottolineare la loro autentica promessa. L'elevazione comporta:

1. scegliere di vivere a partire dalla nostra esperienza diretta della *vitalità* offre una guida affidabile per imparare a vivere in un universo vivente;

2. scegliere una *coscienza riflessiva* porta a guardare con maturità la vita e le scelte per il nostro cammino;

3. scegliere di mobilitare le nostre potenzialità di *comunicazione* da locale a globale porta le nostre voci collettive in una conversazione condivisa per il futuro;

4. scegliere di passare alla nostra prima età adulta risveglia una maggiore *maturità* con un occhio di riguardo per il benessere della vita;

5. scegliere la *riconciliazione* e cercare consapevolmente di sanare le ferite della storia ci permette di andare avanti con uno sforzo comune;

6. scegliere di unirsi con un sentimento di *comunità* da locale a globale porta un accogliente senso di casa per il nostro viaggio futuro;

7. scegliere la *semplicità* come stile di vita esteriormente più semplice e interiormente più ricco porta realismo ed equilibrio nel nostro approccio alla vita.

Quando questi sette fattori si uniscono in un approccio alla vita in cui si sostengono reciprocamente, offrono un potenziale di grande elevazione del viaggio umano. Se scegliamo collettivamente la *vitalità*, la *consapevolezza*, la *comunicazione*, la *maturità*, la *riconciliazione*, la *comunità* e la *semplicità*, possiamo risvegliare una forza quasi inarrestabile per superare la nostra iniziazione collettiva come specie ed entrare in un futuro accogliente. Se riusciamo a immaginare come superare questo rito di passaggio, allora è nostra responsabilità provarci. Ciò che è possibile diventa essenziale. Ciò che è fattibile diventa vitale. Ciò che è realizzabile diventa fondamentale.

Un'umanità e una Terra trasformate possono emergere risvegliando queste capacità edificanti. La forza di queste potenzialità è molto più grande di quanto possiamo immaginare. Con fiducia, possiamo vivere consapevolmente affidandoci ad esse e, nel processo, scoprire più profondamente noi stessi. Roger Walsh, psichiatra, esperto meditatore e insegnante, scrive: "Andiamo più a fondo in noi stessi per muoverci più efficacemente nel mondo, e ci muoviamo nel mondo per andare più a fondo in noi stessi"[229]. Siamo chiamati a un viaggio edificante in cui possiamo investire con tutto il cuore le nostre vite uniche e preziose.

Ringraziamenti

Questo libro è frutto di un lavoro di squadra e ci tengo a esprimere la mia immensa gratitudine a tutti coloro che hanno contribuito alla sua nascita. La ricerca, la redazione e la divulgazione di *Scegliere la Terra* sono sostenute dal generoso e coraggioso finanziamento da parte della Roger and Brenda Gibson Family Foundation. Roger e Brenda sono stati degli alleati chiave, nonché amici appassionati, in questo lavoro molto impegnativo. Senza il loro supporto, la loro amicizia e la loro fiducia nei miei confronti, non avrei potuto portare a termine questo libro, coronamento di una vita intera di ricerca, scrittura e apprendimento. Non solo hanno sostenuto il libro, ma anche il più ampio progetto e le risorse formative che lo accompagnano. Sono profondamente grato per la loro collaborazione nel creare e dare vita a questo lavoro.

Il mio grande apprezzamento va inoltre a Fred ed Elaine LeDrew per il loro contributo annuale a quest'opera pionieristica. Le loro donazioni sono state, nel loro piccolo, dei grandi messaggi di supporto e amore. Sono enormemente grato a tutte le altre persone che hanno contribuito in modo cruciale a questo progetto: Bill Melton e Mei Xu, Lynnaea Lumbard, Vivienne Verdon-Roe, The Betsy Gordon Foundation, Scott Elrod, Ben Elgin, Justyn LeDrew, Barbara e Dan Easterlin, Chris Bache, Carol Normandi, Lyra Mayfield e Charlie Stein, Arthur Benz, Lorraine Brignall, Frank Phoenix, Erik Schten, Scott Wirth, Sandra LeDrew, Charles Gibbs, Marianne Rowe, Kathy Kelly e Darlene Goetzman. Sono grato per il supporto e l'amicizia di Roger Walsh, che ha contribuito in diversi modi al progetto.

La mia socia e moglie, Coleen LeDrew Elgin, è stata una collaboratrice fondamentale in ogni aspetto di questa impresa creativa. È produttrice e regista del molto apprezzato e approfondito documentario integrativo che accompagna il progetto: *Facing Adversity: Choosing Earth, Choosing Life.* Inoltre, Coleen ha condiviso con me l'insegnamento, occupandosi dello sviluppo del programma didattico dei corsi che accompagnano questo libro, oltre ad aver svolto un importante ruolo di guida come co-direttrice del progetto. Nel complesso, questo progetto non avrebbe potuto mettere radici senza il sapiente e instancabile impegno di Coleen, per cui sono incredibilmente grato.

Apprezzo molto la competente revisione ad opera di Christian de Quincey, che con il suo occhio attento ha corretto e levigato il flusso di scrittura di questa edizione ampiamente riveduta. Sono inoltre enormemente grato per gli attenti commenti e gli esperti suggerimenti offerti a questo libro da: Coleen LeDrew Elgin, Laura Loescher, Sandy Wiggins, Roger Gibson, Brenda Gibson, David Christel, Ben Elgin, Scott Elrod, Marga Laube, Bill Melton, Chris Bache, Eden Trenor e Liz Moyer.

Ringrazio coloro che hanno preso parte ai team di accompagnamento e insegnamento dei corsi che hanno accompagnato questo libro: Carol Normandi, Barbara Easterlin, Sandy Wiggins, Marianne Rowe, Jim Normandi, Kathy Kelly, Diana Badger e James Wiegel.

Birgit Wick ha offerto il suo talento artistico e le sue competenze occupandosi del design e dell'impaginazione del libro, nonché di altri materiali del progetto, con animo premuroso e meticolosa attenzione. Per tutto questo, sono immensamente grato. I miei ringraziamenti anche a Karen Preuss, che ha fotografato le mani per la copertina. A tale riguardo, ringrazio Isabel Elgin per aver dato una mano per l'immagine di copertina.

Un enorme "grazie" al team di traduzione dell'edizione italiana. Roberta Papaleo e Sara Tecco hanno collaborato alla stesura di un'eccellente traduzione di questo libro, offrendo un dono straordinario al progetto Choosing Earth. Roberta e Sara sono andate oltre la semplice traduzione del testo e hanno prestato un'incredibile e dettagliata attenzione alla rilettura e alla revisione. Apprezziamo incredibilmente la loro dedizione alla massima qualità. Che il dono della loro traduzione possa illuminare il cammino dell'umanità verso una comunità planetaria matura.

Andrew Morris, il coordinatore di ProZ Pro Bono, si è rivelato un alleato prezioso. Ha fornito una guida costante ai team attraverso le complessità delle molteplici lingue coinvolte in questo progetto. Andrew è un modello per la costruzione di una comunità globale ed è una gioia lavorare con lui.

Infine, desidero ringraziare Fabio Laniado per l'accurata impaginazione della versione italiana.

Un viaggio personale

Sono nato nel 1943 e cresciuto nella fattoria di famiglia a un paio di chilometri da una cittadina dell'Idaho meridionale. Vivevamo a contatto con la terra, con l'alternarsi delle stagioni, gli animali, insieme. Non ho visto un televisore fino ai miei 11 anni. E così, senza leggere regolarmente i giornali e ascoltando solo tre stazioni radio locali (che per lo più passavano musica country e pubblicità), trascorrevo il mio tempo con gli animali della fattoria (cani, gatti, galline, maiali, un cavallo e una mucca), il terreno circostante e le persone nelle fattorie vicine. Da giovane ero molto curioso e amavo leggere. Mi piaceva anche costruire oggetti insieme a mio padre nella sua attrezzatissima falegnameria, dove realizzava barche, mobili e tanto altro nei lunghi mesi invernali, quando non c'era da coltivare. Crescendo in una fattoria, ho imparato sulla mia pelle quanto le colture siano vulnerabili ai cambiamenti meteorologici, alle invasioni di insetti e alle malattie delle piante.

Ispirato da mia madre, che faceva l'infermiera, ho studiato Medicina al college, con l'intenzione di diventare medico o veterinario. Dopo due anni di studi, mi sentivo irrequieto, volevo vedere il mondo. Così ho lasciato la scuola per un anno e, lavorando in diverse fattorie, ho messo da parte abbastanza per comprare un biglietto aereo andata e ritorno dall'Idaho alla Francia. Nel 1963, sono andato a Parigi per un semestre da studente. Dopo il mio arrivo, ho saputo che il mio studentato era nello stesso edificio di quello del cappellano, un prete gesuita di nome Daniel Berrigan. Padre Berrigan era un noto attivista per la pace. Mentre vivevo a Parigi, abbiamo parlato migliaia di volte e la conversazione verteva sempre su tre temi: la guerra in Vietnam, il razzismo in America e nel mondo e l'importanza di essere vivi e presenti, in modo completo e pacifico. Padre Berrigan ha lasciato su di me un segno destinato a durare: il profondo impegno per la pace e la giustizia sociale, la resistenza attiva alla guerra in Vietnam e la semplicità con cui viveva.

Dopo aver vissuto in Europa per circa sei mesi in tempi di disordini sociali studenteschi, mi sono reso conto di essere meno motivato a diventare un medico tradizionale. Mi sentivo attratto da una vita volta alla guarigione sociale, anziché fisica, benché non avessi un'idea chiara di cosa questo potesse voler dire nel concreto. Dopo aver completato gli studi iniziali, ho iniziato quattro anni di specializzazione presso l'Università della Pennsylvania, dove ho ottenuto un master in Economia aziendale alla Wharton School e un master in Storia dell'economia.

Dopo la specializzazione, nel 1972, ho iniziato il mio primo lavoro d'ufficio come ricercatore senior presso lo staff della "Presidential Commission on Population Growth and the American Future" (Commissione presidenziale sulla crescita della popolazione e sul futuro dell'America) a Washington. Lavorare in una commissione presidenziale è stata per me, un ragazzo di campagna, un'esperienza rivelatrice. Il nostro compito era di guardare avanti di trent'anni, dal 1970 al 2000, e studiare la crescita della popolazione e l'urbanizzazione. Sebbene la commissione avesse un budget e una durata di soli due anni, si trattava di una preziosa introduzione alla ricerca sul futuro a lungo termine. È stata inoltre un'incredibile opportunità per osservare la politica a livello della Casa Bianca e vedere come lavora il governo. Sono rimasto sorpreso nel vedere la misura in cui le politiche sono dominate da valutazioni a breve termine e il potere degli interessi particolari.

Deluso, ho lasciato Washington per andare in California e iniziare a lavorare come sociologo senior presso il gruppo di ricerca sugli scenari futuri ("futures group") del think thank dello Stanford Research Institute (ora SRI International). Nei sei anni successivi, sono stato co-autore di numerosi studi sul futuro a lungo termine: *Anticipating Future National and Global Problems* (per la National Science Foundation), *Alternative Futures for Environmental Policy: 1975–2000* (per la Environmental Protection Agency) e *Limits to the Management of Large, Complex Systems* (per il consulente scientifico della Presidenza). Sono stato inoltre co-autore, insieme a Joseph Campbell e a un piccolo team di accademici, di uno studio pionieristico dal titolo *Changing Images of Man*. La ricerca esplorava gli archetipi che attirano l'umanità verso un futuro in trasformazione, ampliando immensamente la mia comprensione del viaggio evolutivo dell'essere umano. Nel loro insieme, questi anni di ricerca mi avevano fatto capire che questo cammino che percorrevamo era insostenibile e che, nel giro di pochi decenni, il nostro sovraconsumo delle risorse della Terra ci avrebbe portato in una condizione di disgregazione e collasso a livello planetario. Ho capito che l'umanità avrebbe avuto bisogno di fare dei cambiamenti sostanziali per evitare di distruggere la biosfera. Allo stesso tempo, la mia crescita interiore veniva stimolata in modi sorprendenti.

Mentre lavoravo allo SRI, mi è capitata una straordinaria opportunità: diventare un soggetto della ricerca psichica che si stava appena avviando. Il governo statunitense aveva iniziato a finanziare le prime ricerche per esplorare le abilità intuitive e le potenzialità sensitive dell'essere umano. All'inizio degli anni '70, lo SRI svolse le prime ricerche, finanziate dalla NASA e disponibili al pubblico. Ebbi la fortuna di diventare uno dei quattro soggetti primari e di partecipare a un'ampia serie di esperimenti volti a esplorare i due aspetti di "ricezione" e "invio" della coscienza. La ricezione includeva il concetto di "visione remota", ovvero la capacità di vedere luoghi e persone a distanza attraverso l'intuizione diretta, mentre l'invio prevedeva la "psicocinesi" e riguardava il coinvolgimento intuitivo con sistemi fisici. Nell'arco di tre anni, ho ricevuto più e più volte una lezione fondamentale: il mondo è vivo e permeato da una coscienza e un'energia sottile. Il nostro corpo fisico ci dà una base stabile per conoscere la natura della coscienza, che non si limita al nostro organismo, ma si estende nell'universo sotto forma di una sempre presente vitalità e conoscenza intelligente. Di conseguenza, siamo molto più grandi del nostro corpo fisico e dotati di capacità molto più sofisticate di quanto avessi mai immaginato. Abbiamo appena iniziato a utilizzare tecnologie altamente sensibili per avere un feedback e sviluppare una "alfabetizzazione della coscienza". Anche dopo mezzo secolo, le lezioni apprese in questo lavoro di ricerca continuano ad arricchire la mia comprensione del mondo.

Dopo aver lasciato lo SRI nel 1977, ho iniziato a concentrare i miei sforzi per diventare un "attivista mediatico". Per decenni, ho visto come i mass media dominano e orientano il pensiero di massa di intere civiltà. La nostra coscienza collettiva veniva profondamente influenzata da un'enorme quantità di pubblicità mirate a una mentalità materialistica, nonché dai media, che ignoravano le sfide fondamentali, come il cambiamento climatico, la povertà e il razzismo. Ho avviato un'attività di organizzazione comunitaria apartitica nella Bay Area di San Francisco con l'obiettivo di promuovere mezzi di comunicazione di massa molto più sensibili alle esigenze dei cittadini. Per raggiungere questo obiettivo, abbiamo creato un'organizzazione no-profit, la Bay Voice, che contestava le licenze delle principali emittenti televisive della zona, sostenendo che non garantivano il diritto legale dei cittadini all'informazione. Nel 1987, Bay Voice ha collaborato con l'emittente ABC alla produzione dello storico programma in prima serata "Electronic Town Meeting", della durata di un'ora, visto da oltre 300.000 persone. Il programma comprendeva sei votazioni di un campione scientifico di cittadini durante la diretta televisiva. Il pubblico ha dato all'emittente televisiva un feedback molto forte e prezioso sulla sua programmazione. Un'espressione contemporanea di questo lavoro è l'iniziativa, descritta in questo libro, dal nome *Earth Voice*, che utilizza Internet, oggi accessibile alla maggior parte delle persone, per dare voce alla Terra su scala planetaria.

La scrittura e la ricerca hanno costituito una parte importante del mio lavoro. Per me, la scrittura è molto più di un esercizio mentale: è un'esperienza corporea completa che consiste nel sentire e nell'elaborare il significato di qualcosa, per cui le parole incarnano l'esperienza vissuta che le ha fatte emergere. Vedendo e sentendo il modo in cui consumiamo in modo eccessivo le risorse della Terra, ho iniziato a scrivere di semplicità di vita a metà degli anni '70. Il mio libro, **Voluntary Simplicity**: *Toward a Way of Life that is Outwardly Simple, Inwardly Rich*, è stato pubblicato per la prima volta nel 1981 e di nuovo nel 2009. La mia esperienza di lavoro per il progetto Changing Images of Man mi sembrava incompleta, quindi ho dedicato 15 anni a scrivere la mia versione del report, **Awakening Earth**: *Exploring the Evolution of Human Culture and Consciousness* è stato pubblicato nel 1993. Constatando la nostra lentezza nel muoverci verso un futuro più costruttivo e sostenibile, ho scritto **Promise Ahead**: *A Vision of Hope and Action for Humanity's Future*, pubblicato nel 2000. Mentre partecipavo agli esperimenti di parapsicologia all'inizio degli anni '70, ho iniziato a scrivere sulla natura dell'universo come sistema vivente permeato da una coscienza. Questo lavoro è culminato oltre 30 anni dopo nel mio libro **The Living Universe**: *Where Are We? Who Are We? Where Are We Going?*, pubblicato nel 2009. Oltre ai miei lavori, ho contribuito con dei capitoli a più di una ventina di libri e pubblicato più di un centinaio di articoli di rilievo. I tanti anni di ricerca e scrittura sono tutti confluiti e hanno contribuito alla stesura di **Scegliere la Terra**.

Nel corso di questi decenni, ho avuto la fortuna di viaggiare in varie parti del mondo e tenere conferenze per diversi tipi di pubblico su svariati argomenti. Ho tenuto più di 350 discorsi di apertura davanti a platee di diversa natura: dai dirigenti d'azienda alle organizzazioni no-profit, dalle università ai gruppi cinematografici e mediatici e alle organizzazioni religiose, e tanti altri. Ho inoltre avuto la fortuna di partecipare a incontri e riunioni con persone di ogni estrazione sociale, tra cui leader, insegnanti, studenti e lavoratori.

Nel 2006, ho avuto l'onore di ricevere il premio Goi per la pace in Giappone, a Tokyo, come riconoscimento del mio contributo a "una visione, una coscienza e uno stile di vita" a livello globale che promuove una "cultura più sostenibile e spirituale". Nel 2001 ho ricevuto il titolo onorario di Dottore in Filosofia dal California Institute of Integral Studies come riconoscimento per il mio lavoro di "trasformazione ecologica e spirituale". Guardando indietro di mezzo secolo, capisco come la mia carriera professionale mi ha portato a scrivere questo ultimo libro, *Scegliere la Terra*. La mia intenzione è ora quella di diffondere questo libro, e il documentario e i corsi che lo accompagnano, attraverso collaborazioni, organizzazioni, consulenze, conferenze e formazioni. Per saperne di più, visitate i seguenti indirizzi: il mio sito web personale, www.DuaneElgin.com, e quello professionale: www.ChoosingEarth.org.

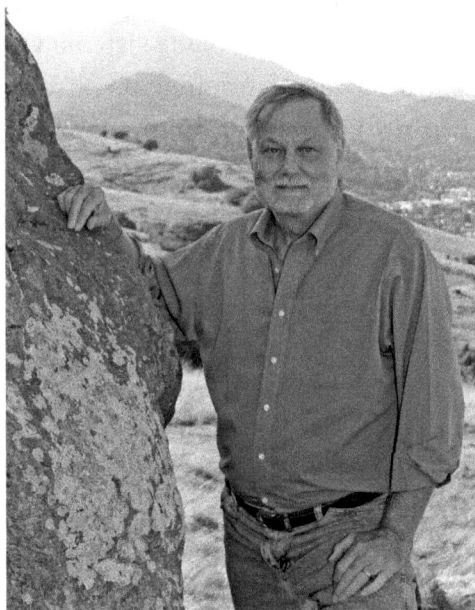

Note di chiusura

1   James Hillman, *Re-Visioning Psychology*, New York, Harper and Row, 1975, p. 16 [edizione italiana: *Re-visione della psicologia*, traduzione di A. Giuliani, Adelphi, 2019, ISBN 9788845934131

2   Robin Wall Kimmerer, *Braiding Sweetgrass*, Minneapolis, Minnesota, Milkweed Editions, 2013, p. 359 [edizione italiana: *La meravigliosa trama del tutto. Saggezza indigena, conoscenza scientifica e gli insegnamenti delle piante*, traduzione di C. Libero, Mondadori, 2022, ISBN 9788804736509].

3   Alexis Pauline Gumbs, *Undrowned*, Chico, California, AK Press, 2020, p. 15 [edizione italiana: *Undrowned. Lezioni di femminismo nero dai mammiferi marini*, traduzione di M. Moïse, M. C. Rechchad, M. G. Tesfaù, Timeo, 2023, ISBN 9791281227088].

4   Mia Birdsong, *How We Show Up,* New York, Hachette Books, 2020, p. 38.

5   "The Beginning of the End", redattori della rivista, *New Scientist*, 10 ottobre 2018, https://www.newscientist.com/article/mg24031992-900-weve-missed-many-chances-to-curb-global-warming-this-may-be-our-last/.

6   "The Report of The Commission on Population Growth and the American Future", https://www.population-security.org/rockefeller/001_population_growth_and_the_american_future.htm.

7   Willis Harman e Peter Schwartz, *Assessment of Future National and International Problem Areas*, preparato per la National Science Foundation, contratto NSF/STP76-02573, progetto SRI 4676, febbraio 1977. Oltre a contribuire al rapporto complessivo, ho anche redatto un rapporto individuale di 77 pagine: *Limits to the Management of Large, Complex Systems*, pubblicato come volume complementare, febbraio 1977.

8   Duane Elgin, ibid., una sintesi di questo rapporto di 77 pagine sui limiti alla gestione dei sistemi complessi e di grandi dimensioni è stata pubblicata come articolo: "Limits to Complexity: Are Bureaucracies Becoming Unmanageable", *The Futurist,* dicembre 1977, https://duaneelgin.com/wp-content/uploads/2014/11/Limits-to-Large-Complex-Systems.pdf.

9   Una descrizione sintetica di questo semestre di meditazione nel 1978 è stata inclusa come appendice nel mio libro *Awakening Earth*, disponibile per il download gratuito sul mio sito web personale: https://duaneelgin.com/wp-content/uploads/2016/03/AWAKENING-EARTH-e-book-2.0.pdf. Le considerazioni suscitate da questa esperienza di meditazione hanno posto le basi per esplorare oltre l'attuale paradigma materialistico e sono descritte come una teoria di "evoluzione dimensionale". *Awakening Earth* presenta la metà degli anni 2020 come il momento stimato per il passaggio al prossimo e più ampio contesto dimensionale di un paradigma di universo

vivente e della sua visione della realtà, dell'identità umana e del percorso evolutivo.

10 Ringrazio il monaco buddista Thich Nat Hanh per averci offerto questa descrizione.

11 Caroline Hickman, et al., "Young people's voices on climate anxiety, government betrayal and moral injury: a global phenomenon", Università di Bath, Regno Unito, 7 settembre 2021, https://papers.ssrn.com/sol3/papers.cfm?abstract_id=3918955.

12 "Peoples' Climate Vote", Programma delle Nazioni Unite per lo sviluppo (UNDP) e Università di Oxford, gennaio 2021, https://www.undp.org/publications/peoples-climate-vote#modal-publication-download

13 "World Scientists' Warning to Humanity", *Union of Concerned Scientists*, a partire dal 1992, https://www.ucsusa.org/resources/1992-world-scientists-warning-humanity.

14 Ibid.

15 Owen Gaffney, "Quit Carbon, and Quick", *New Scientist*, 5 gennaio 2019, https://www.sciencedirect.com/science/article/abs/pii/S0262407919300181.

16 Eugene Linden, "How Scientists Got Climate Change So Wrong", The New York Times, 8 novembre 2019, https://www.nytimes.com/2019/11/08/opinion/sunday/science-climate-change.html. Si veda anche:

"Climate Change Speed-Up", *Atmospheric Sciences & Global Change Research Highlights*, marzo 2015, https://www.pnnl.gov/science/highlights/highlight.asp?id=3931. Secondo ricerche recenti, l'aumento della temperatura nei prossimi decenni è destinato ad accelerare. I cambiamenti di temperatura della Terra avvengono più velocemente rispetto ai livelli storici e iniziano a velocizzarsi.

"Quanto velocemente sta cambiando il clima? È successo nell'arco di una sola vita". David Wallace-Wells, giornalista esperto di clima e autore di "La Terra inabitabile. Una storia del futuro" (edizione originale *The Uninhabitable Earth*"), spiega: https://www.youtube.com/watch?v=RA4mIbQ052k.

17 Sebbene la scala temporale di eventi descritti come "bruschi" possa variare drasticamente, prove molto inquietanti indicano che può esprimersi in termini di anni! Per esempio: "I cambiamenti registrati nel clima della Groenlandia alla fine del Dryas recente [all'incirca 11.800 anni fa], misurati mediante carote glaciali, implicano un riscaldamento improvviso di +10 °C in un arco di tempo di pochi anni". Grachev, A.M.; Severinghaus, J.P., "A revised +10±4°C magnitude of the abrupt change in Greenland temperature at the Younger Dryas termination using published GISP2 gas isotope data and air thermal diffusion constants", Quaternary Science Reviews, marzo 2005, https://ui.adsabs.harvard.edu/abs/2005QSRv...24..513G/abstract.

18 La Svezia fa eccezione: Christian Ketels, "Sweden's ministry for the future: how governments should think strategically and act

horizontally", Centre for Public Impact, 29 novembre 2018, https://www.centreforpublicimpact.org/swedens-ministry-for-the-future-how-governments-should-think-strategically-and-act-horizontally/.

19   Gus Speth, citato in *Canadian Association of the Club of Rome*, 27 marzo 2016, https://canadiancor.com/scientists-dont-know/.

20   John Vidal, "The Lost Decade: How We Awoke To Climate Change Only To Squander Every Chance To Act", *HuffPost*, 30 dicembre 2019, https://www.huffpost.com/entry/lost-decade-climate-change-action-2020_n_5df7af92e4b0ae01a1e459d2.

21   William Neuman e Clifford Krauss, "Workers Flee and Thieves Loot Venezuela's Reeling Oil Giant", *The New York Times*, 14 giugno 2018, https://www.nytimes.com/2018/06/14/world/americas/venezuela-oil-economy.html.

22   Natalie Kitroeff e Maria Abi-Habib, "Gangs Rule Much of Haiti. For Many, It Means No Fuel, No Power, No Food", *The New York Times*, 27 ottobre 2021, https://www.nytimes.com/2021/10/27/world/americas/haiti-gangs-fuel-shortage.html. Si veda anche: "Haiti descends into chaos, yet the world continues to look away", comitato editoriale, *Washington Post*, 21 novembre 2021, https://www.washingtonpost.com/opinions/2021/10/31/haiti-descends-into-chaos-yet-world-continues-look-away/.

23   Si veda, per esempio: Future of Life Institute, https://futureoflife.org/background/existential-risk/.

24   To illustrate, "transhumanism is a philosophical and intellectual movement which advocates the enhancement of the human condition by developing and making widely available sophisticated technologies that can greatly enhance longevity and cognition." https://en.wikipedia.org/wiki/Transhumanism.

25   Anche se molto controverso, è importante riconoscere il ruolo dell'editing genetico per il futuro. La riscrittura del codice della vita sta rapidamente diventando una tecnologia che potrebbe riscrivere il futuro evolutivo dell'umanità, soprattutto nel mezzo secolo di tempo qui considerato. CRISPR è uno strumento di editing genetico che funziona come il "Trova e sostituisci" di un elaboratore di testi. Senza richiedere un enorme laboratorio scientifico, questa tecnologia è diventata molto facile da usare e ha favorito numerosi imprenditori della genetica fai da te che cercavano di creare e vendere nuove linee genetiche all'umanità. L'Organizzazione mondiale della sanità ha osservato che *gli strumenti di editing genetico non richiedono conoscenze o competenze biochimiche eccezionali, né fondi ingenti, né lassi di tempo considerevoli.* È comprensibile, quindi, che questi strumenti siano passati dai laboratori sofisticati su larga scala delle università ai garage e ai salotti dei "biohacker" che lavorano, praticamente senza alcuna regolamentazione, per creare nuovi filamenti di vita che sono essenzialmente impossibili da sciogliere. L'editing genetico è una tecnologia a doppio impatto, il che significa che può sia portare grandi vantaggi che causare grandi danni al mondo.

I potenziali vantaggi di questa tecnologia sono enormi. L'editing genetico può aiutare a nutrire il mondo con piante resistenti alle malattie e alla siccità. Può essere utilizzato anche per creare esseri umani di nuova concezione, con un'elevata tolleranza al calore e allo stress e resistenza a molte malattie. Ad esempio, potrebbe dare un contributo significativo alla cura di circa 7.000 malattie umane causate da mutazioni genetiche. Potrebbe rendere le persone più resistenti al virus dell'AIDS e ad altre malattie, come l'anemia falciforme, la fibrosi cistica, le malattie cardiache, la leucemia, la malaria e forse l'Alzheimer. Un altro esempio di grande beneficio è la risposta al drastico calo del numero di spermatozoi umani. Se si riducono quasi a zero, l'estinzione funzionale della specie umana diventa probabile, poiché non saremo in grado di riprodurci. Probabilmente, a loro volta, ci saranno sforzi concertati per utilizzare l'editing genetico per produrre spermatozoi più robusti e resistenti, in grado di sopravvivere alle pressioni evolutive del nostro mondo in profonda transizione.

D'altro canto, anche i danni che potrebbero derivare da questa tecnologia sono enormi. Oltre al cambiamento climatico, sono solo due le tecnologie che potrebbero uccidere rapidamente miliardi di persone: le armi nucleari e le armi biologiche. Per fare un esempio, il vaiolo è una delle malattie più contagiose, sfiguranti e mortali del mondo, che ha colpito gli esseri umani per migliaia di anni e ha ucciso circa il 30% delle persone infettate. Sebbene il vaiolo sia stato eradicato, gli scienziati hanno scoperto che può essere ricomposto in un laboratorio di biohacking mettendo insieme componenti disponibili nel mondo. L'editing genetico potrebbe essere utilizzato anche per progettare antrace resistente ai farmaci o influenza altamente trasmissibile, e molto altro ancora.

L'editing genetico è un jolly evolutivo che potrebbe orientare l'evoluzione in direzioni sconosciute. Lo storico e futurista Yuval Noah Harari scrive nel suo controverso libro "Homo Deus" che, se usiamo questa tecnologia, l'umanità inizierà a spezzare le leggi della selezione naturale che hanno plasmato la vita negli ultimi quattro miliardi di anni e a sostituirle con leggi della "progettazione intelligente". Nel giro di pochi decenni, la Terra potrebbe essere abitata da esseri umani geneticamente aumentati, i cui grandi vantaggi potrebbero renderli essenziali e quasi inarrestabili, producendo così una società stratificata a livello bio-genetico. Ogni generazione di esseri umani "potenziati" potrebbe stabilire un nuovo punto di riferimento per il miglioramento della generazione successiva, producendo così tipi di esseri umani radicalmente diversi, ma secondo quale modello? Se le capacità aumentate si fondano sul paradigma superficiale del materialismo, sembrano destinate a creare un futuro cupo per l'umanità. Ad esempio, Harari scrive che gli esseri umani geneticamente aumentati saranno premiati per "il contributo che danno ai flussi di dati che vari algoritmi assistiti da computer utilizzano per generare valore e creare produzione".

Il paradigma del materialismo fornisce le basi per questa visione impoverita e superficiale delle potenzialità evolutive dell'umanità. Harari scrive che "in futuro, comunque, potremo vedere reali differenze nelle abilità fisiche e cognitive che si aprono tra una classe

superiore potenziata e il resto della società" e potremmo avere
"superuomini potenziati che domineranno il mondo", creando così
"una nuova casta di superuomini che potrebbe disfarsi delle sue
radici liberali e trattare i normali uomini non meglio di come gli
europei del XIX secolo trattavano gli africani". Di conseguenza,
afferma che la strategia evolutiva più spietata potrebbe essere
quella di sbarazzarsi dei poveri e degli incompetenti del mondo e
di andare avanti solo con la classe aumentata. Senza un contesto
etico trascendente che guidi questa emergente rivoluzione bio-ge-
netica, c'è un enorme pericolo di creare un nuovo sistema di caste
e un futuro profondamente misero e distorto per l'umanità. Si veda
Yuval Harari, *Homo Deus*, New York, Harper Collins, 2017, pp.
352-355 [edizione italiana: *Homo Deus. Breve storia del futuro*,
traduzione di M. Piani, Bompiani, 2018, ISBN 9788845298752].
Si veda anche l'intervista di Ezra Klein: "Yuval Harari, author
of *Sapiens*", https://www.vox.com/2017/2/28/14745596/
yuval-harari-sapiens-interview-meditation-ezra-klein.

26 "We've missed many chances to curb global warming. This may be our
last", redazione della rivista, *New Scientist*, 10 ottobre 2018, https://
www.newscientist.com/article/mg24031992-900-weve-missed-many-
chances-to-curb-global-warming-this-may-be-our-last/.

27 Jared Diamond, *Collapse: How Societies Choose to Fail or Succeed*,
New York, Penguin Group, 2005 [edizione italiana: *Collasso. Come le
società scelgono di morire o vivere*, traduzione di F. Leardini, Einaudi,
2005, ISBN 9788806176389]. Si veda anche: Diamond, "Easter's End",
in *Discover Magazine,* 31 luglio 1995, https://www.discovermagazine.
com/planet-earth/easters-end.

28 Op. cit., *Collapse*, p. 109.

29 Ibid., p. 119.

30 Garry Kasparov e Thor Halvorssen, "Why the rise of authoritarianism
is a global catastrophe", *Washington Post,* 13 febbraio 2017, https://
www.washingtonpost.com/news/democracy-post/wp/2017/02/13/
why-the-rise-of-authoritarianism-is-a-global-catastrophe/.

31 Maria Repnikova, "China's 'responsive' authoritarianism", *Washington
Post,* 27 novembre 2018, https://www.washingtonpost.com/news/
theworldpost/wp/2018/11/27/china-authoritarian/. Si veda anche:
Paul Mozur e Aaron Krolik, "A Surveillance Net Blankets China's Cities,
Giving Police Vast Powers", *The New York Times,* 17 dicembre 2019,
https://www.nytimes.com/2019/12/17/technology/china-surveillance.
html?action=click&module=Top%20Stories&pgtype=Homepage.

32 Nicholas Wright, "How Artificial Intelligence Will Reshape the Global
Order", *Foreign Affairs,* 10 luglio 2018, https://www.foreignaffairs.
com/articles/world/2018-07-10/how-artificial-intelligence-will-resha-
pe-global-order?fa_anthology=1123571.

33 Matthew MacWilliams and Zack Beauchamp, "Trump is an
authoritarian. So are millions of Americans", *Politico*, 23
settembre 2020, https://www.politico.com/news/maga-
zine/2020/09/23/trump-america-authoritarianism-420681.

Si veda anche: "Call it authoritarianism", *Vox*, 15 giugno 2021, https://www.vox.com/policy-and-politics/2021/6/15/22522504/republicans-authoritarianism-trump-competitive.

34   Duane Elgin, *The Living Universe*, op. cit., 2009, pp. 141-142.

35   "World Income Inequality Report", *World Inequality Lab*, dicembre 2021, https://wid.world/news-article/world-inequality-report-2022/.

36   Un altro segno del pericolo che ci attende è descritto nel rapporto dell'IPCC sui cambiamenti climatici e sul territorio. Si veda: Chris Mooney e Brady Dennis, "The world has just over a decade to get climate change under control, U.N. scientists say.", *Washington Post*, 7 ottobre 2018. L'organismo ha rilevato che non esistono precedenti storici documentati per la portata dei cambiamenti richiesti. Ecco un'importante risposta al nuovo rapporto "Climate Change and Land" dell'IPCC: "gli 1,5 gradi sono i nuovi 2", ha detto Jennifer Morgan, direttrice generale di Greenpeace International. In particolare, il documento rileva che le instabilità in Antartide e in Groenlandia, che potrebbero determinare un innalzamento del livello del mare misurato in metri piuttosto che in centimetri, "potrebbe innescarsi intorno a 1,5-2 °C di riscaldamento globale". Inoltre, è in ballo la perdita totale delle barriere coralline tropicali, perché si prevede che il 70-90% scomparirà a 1,5 °C, secondo il rapporto. A 2 °C, la percentuale sale a oltre il 99%. Il rapporto riporta chiaramente che un riscaldamento di 1,5° sarebbe molto dannoso e che 2° (un tempo considerati un obiettivo ragionevole) potrebbero produrre conseguenze intollerabili in alcune parti del mondo (https://www.ipcc.ch/report/srccl/). Si veda anche:

Rapporto IPCC aggiornato: Chris Mooney e Brady Dennis, "New U.N. climate report: Massive change already here for world's oceans and frozen regions", *Washington Post*, 25 settembre 2019, https://www.washingtonpost.com/climate-environment/2019/09/25/new-un-climate-report-massive-change-already-here-worlds-oceans-frozen-regions/.

Rapporto speciale dell'IPCC su oceano e criosfera in un clima che cambia, ICCP, AA.VV., 2019, Per scaricarlo, visitare la pagina: https://www.ipcc.ch/srocc/download/

37   Un esempio dei danni causati dall'innalzamento del livello del mare è la grave erosione delle spiagge del mondo: metà di esse potrebbe scomparire entro la fine del secolo ed entro il 2050 alcune coste potrebbero essere irriconoscibili rispetto a quelle attuali. Michalis I. Vousdoukas, et al., "Sandy coastlines under threat of erosion", *Nature: Climate Change*, 2 marzo 2020, https://www.nature.com/articles/s41558-020-0697-0.

38   Op. cit. Rapporto speciale dell'IPCC su oceano e criosfera in un clima che cambia, ICCP. https://www.ipcc.ch/srocc/download/

39   Oliver Milman and Alexander Nauels, et al., "Sea levels set to keep rising for centuries even if emissions targets met", *The Guardian*, 6 novembre 2019, https://www.theguardian.com/environment/2019/nov/06/sea-level-rise-centuries-climate-crisis. Secondo il nuovo studio, lo scarto temporale tra l'aumento delle temperature globali

e l'impatto dell'inondazione costiera indica che il mondo avrà a che fare con un costante aumento del livello del mare fino al 2300 e oltre, a prescindere da un'azione tempestiva per affrontare la crisi climatica. Si veda lo studio "Attributing long-term sea-level rise to Paris Agreement emission pledges," PNAS: Proceedings of the National Academy of Sciences, 4 novembre 2019, https://www.pnas.org/content/early/2019/10/31/1907461116. Si veda anche: Zeke Hausfather, "Common Climate Misconceptions: Atmospheric Carbon Dioxide", *Yale Climate Connections*, 16 dicembre 2010, https://www.yaleclimateconnections.org/2010/12/common-climate-misconceptions-atmospheric-carbon-dioxide/. Questo studio ha rilevato che, mentre una buona parte delle emissioni di gas serra potrebbe essere eliminata dall'atmosfera in pochi decenni, anche se le emissioni fossero in qualche modo cessate immediatamente, circa il 10% continuerebbe a riscaldare la Terra per migliaia di anni. Questo 10% è significativo, perché anche un piccolo aumento dei gas serra nell'atmosfera può avere un grande impatto sulle calotte glaciali e sul livello del mare se persiste nei millenni. Ancora più importante: il pericolo maggiore non è il riscaldamento globale, ma il clima estremo prodotto dal superamento dei punti di non ritorno che, a sua volta, porta a carestie catastrofiche e a immensi disordini civili.

40 "BP Statistical Review of World Energy", *British Petroleum*, 68a edizione, 2019, https://www.bp.com/content/dam/bp/business-sites/en/global/corporate/pdfs/energy-economics/statistical-review/bp-stats-review-2019-full-report.pdf.

41 "Hothouse Earth Fears", *New Scientist*, 11 agosto 2018, https://www.sciencedirect.com/journal/new-scientist/vol/239/issue/3190. "Per la maggior parte dell'ultimo mezzo miliardo di anni, la Terra è stata molto più calda di oggi, senza ghiaccio permanente ai poli: lo stato di 'pianeta serra'. Poi, circa tre milioni di anni fa, con l'abbassamento dei livelli di CO_2, le temperature hanno iniziato a oscillare tra due stati più freddi: le ere glaciali, con grandi lastre di ghiaccio che coprivano gran parte delle terre nell'emisfero settentrionale, e i periodi interglaciali, come quello attuale. Con l'aumento della CO_2 potremmo essere sul punto di spingere la Terra fuori dall'attuale stato interglaciale e verso lo stato di pianeta serra. Le conseguenze sono più che catastrofiche". Si veda anche:

Matt McGrath and Robert Monroe, "Climate change: 'Hothouse Earth' risks even if CO_2 emissions slashed", *BBC*, 6 agosto 2018, https://www.bbc.com/news/science-environment-45084144.

"New Climate Risk Classification Created to Account for Potential 'Existential' Threats", *Scripps Institute of Oceanography*, 14 settembre 2017, https://scripps.ucsd.edu/news/new-climate-risk-classification-created-account-potential-existential-threats. "Un aumento della temperatura superiore a 3 °C potrebbe portare a effetti che i ricercatori definiscono 'catastrofici', mentre un aumento superiore a 5 °C potrebbe portare a conseguenze 'sconosciute', che descrivono come oltremodo catastrofiche, comprese potenziali minacce all'esistenza. Lo spettro delle minacce esistenziali viene evocato per riflettere i gravi rischi per la salute umana e l'estinzione delle specie derivanti da un riscaldamento superiore ai 5 °C, non sperimentato almeno negli ultimi 20 milioni di anni".

Will Steffen, et al., "Trajectories of the Earth System in the Anthropocene", Proceedings of the National Academy of Sciences (PNAS), 6 agosto 2018, https://doi.org/10.1073/pnas.1810141115. "Esploriamo il rischio che le retroazioni auto-rinforzanti possano spingere il sistema Terra verso una soglia planetaria che, se superata, potrebbe impedire la stabilizzazione del clima a incrementi di temperatura intermedi e causare un riscaldamento continuo verso un "pianeta serra", anche se le emissioni umane vengono ridotte. Il superamento della soglia porterebbe a una temperatura media globale molto più alta di qualsiasi periodo interglaciale degli ultimi 1,2 milioni di anni e a livelli del mare significativamente più alti di qualsiasi altro periodo dell'Olocene".

42   "How Do We Know Climate Change is Real?", *NASA: Global Climate Change, Vital Signs of the Planet,* 2 novembre 2023d. Prove scientifiche: https://climate.nasa.gov/evidence/. Consenso scientifico sul riscaldamento climatico: https://climate.nasa.gov/scientific-consensus/. Si veda anche:

Alistar Woodward, "Climate change: Disruption, risk and opportunity", *Science Direct* (pubblicato originariamente in *Global Transitions,* volume 1, 2019, pp. 44-49), https://doi.org/10.1016/j.glt.2019.02.001. Lo studio conclude: il cambiamento climatico è destabilizzante perché gli esseri umani si sono adattati a una gamma ristretta di condizioni ambientali. È particolarmente rischioso se si accompagna a una bassa prevedibilità, un'ampia portata, un'insorgenza rapida e una mancanza di reversibilità dei fenomeni climatici.

"Global Warming Science: The science is clear. Global warming is happening", *Union of Concerned Scientists,* 2019, https://www.ucsusa.org/our-work/global-warming/science-and-impacts/global-warming-science.

Op. cit., Rapporto speciale dell'IPCC su oceano e criosfera in un clima che cambia, ICCP. https://www.ipcc.ch/srocc/download/

Bob Berwyn, "Ocean Warming Is Speeding Up, with Devastating Consequences, Study Shows", *Inside Climate News,* 14 gennaio 2020, https://insideclimatenews.org/news/14012020/ocean-heat-2019-warmest-year-argo-hurricanes-corals-marine-animals-heatwaves. Il principale autore dello studio ha dichiarato che, in 25 anni, gli oceani hanno assorbito un calore equivalente all'energia di 3,6 miliardi di esplosioni di bombe atomiche delle dimensioni di Hiroshima.

Sabrina Shankman, "Dead Birds Washing Up by the Thousands Send a Warning About Climate Change", *Inside Climate News,* 15 gennaio 2020, https://insideclimatenews.org/news/15012020/seabird-death-ocean-heat-wave-blob-pacific-alaska-common-murre. Un nuovo studio svela la misteriosa causa della morte per fame di tanti di questi uccelli marini normalmente resistenti, in un'ondata di calore oceanico alimentata in parte dal riscaldamento globale.

236

43   "Urgent health challenges for the next decade", Organizzazione mondiale della sanità (OMS), 13 gennaio 2020, https://www.who.int/news-room/photo-story/photo-story-detail/urgent-health-challenges-for-the-next-decade.

44   "Powerful actor, high impact bio-threats — initial report", *Wilton Park/UK*, 9 novembre 2018, https://www.wiltonpark.org.uk/event/powerful-actor-high-impact-bio-threats-wp1625/ Si veda anche:

Nafeez Ahmed, "Coronavirus, Synchronous Failure and the Global Phase-Shift", *Insurge Intelligence*, 2 marzo 2020, https://medium.com/insurge-intelligence/coronavirus-synchronous-failure-and-the-global-phase-shift-3f00d4552940.

Jennifer Zhang, "Coronavirus Response Shows the World May Not Be Ready for Climate-Induced Pandemics", *Columbia University*, 24 febbraio 2020, https://blogs.ei.columbia.edu/2020/02/24/coronavirus-climate-induced-pandemics/.

Brian Deese e Ronald Klain, "Another deadly consequence of climate change: The spread of dangerous diseases", *Washington Post,* 30 maggio 2017, https://www.washingtonpost.com/opinions/another-deadly-consequence-of-climate-change-the-spread-of-dangerous-diseases/2017/05/30/fd3b8504-34b1-11e7-b4ee-434b6d506b37_story.html.

Apprezzo le considerazioni di Sandy Wiggins nel distinguere le sfide della risposta alle pandemie da quelle del cambiamento climatico.

45   Un altro studio conclude che già "due terzi della popolazione globale (4 miliardi di persone) vivono in condizioni di grave scarsità idrica almeno un mese all'anno" (https://www.seametrics.com/blog/future-water/). Si veda anche:

Mesfin M. Mekonnen e Arjen Y. Hoekstra, "Four billion people facing severe water scarcity", Science Advances, 12 febbraio 2016, https://advances.sciencemag.org/content/2/2/e1500323.full.

Un altro studio ha rilevato che tra il 1995 e il 2025 le aree colpite da "grave stress idrico" si espandono e si intensificano, e anche il numero di persone che vivono in queste aree cresce da 2,1 a 4 miliardi di persone. Lo studio afferma che "il continuo stress sulle risorse idriche aumenta il rischio che si verifichino carenze idriche simultanee in tutto il mondo, fino a scatenare una sorta di crisi idrica globale". Joseph Alcamo, Thomas Henrichs, Thomas Rösch, "World Water in 2025: Global modeling and scenario analysis for the World Commission on Water for the coming century", *Center for Environmental Systems Research,* Università di Kassel, febbraio 2000, http://www.env-edu.gr/Documents/World%20Water%20in%202025.pdf

46   "The Water Crisis", Water.org, 2019, https://water.org/our-impact/water-crisis/.

47   "World Water Development Report", WHO, 2019, https://www.unwater.org/publications/world-water-development-report-2019/. Si veda anche: https://water.org/our-impact/water-crisis/.

48 Il numero di persone denutrite nel mondo è in aumento dal 2015 ed è tornato ai livelli del 2010-2011 (http://www.fao.org/state-of-food-security-nutrition/en/). Si veda anche:

"The Hungry Planet: Global Food Scarcity in the 21st Century", redazione del Wilson Center, 16 agosto 2011, https://www.newsecuritybeat.org/2011/08/the-hungry-planet-global-food-scarcity-in-the-21st-century/.

Julian Cribb, "The Coming Famine" (1° edizione), University of California Press, 2010, consultato sul sito https://www.perlego.com/book/551417/the-coming-famine-pdf

49 Nafeez Ahmed, "West's 'Dust Bowl' Future now 'Locked In', as World Risks Imminent Food Crisis", *Insurge Intelligence*, 6 gennaio 2020, https://www.resilience.org/stories/2020-01-06/wests-dust-bowl-future-now-locked-in-as-world-risks-imminent-food-crisis/.

50 Anup Shah, "Poverty Facts and Stats", *Global Issues*, aggiornato il 7 gennaio 2013, http://www.globalissues.org/article/26/poverty-facts-and-stats#src1. Si veda anche:

Anup Shah, "Poverty Around The World", *Global Issues*, 12 novembre 2011, http://www.globalissues.org/print/article/4#WorldBanksPovertyEstimatesRevised.

51 Julian Cribb, "The Coming Famine" (1° edizione), University of California Press, 2010, consultato sul sito https://www.perlego.com/book/551417/the-coming-famine-pdf

52 Izabella Koziell, "Our Food Systems Are in Crisis", *Scientific American*, 15 ottobre 2019, https://blogs.scientificamerican.com/observations/our-food-systems-are-in-crisis/.

53 "Migration, Agriculture and Climate Change", Organizzazione delle Nazioni Unite per l'alimentazione e l'agricoltura (FAO), 2017, http://www.fao.org/3/I8297EN/i8297en.pdf.

54 Si veda il rapporto: "Nature's Dangerous Decline 'Unprecedented'; Species Extinction Rates 'Accelerating'", *Intergovernmental Science-Policy Platform on Biodiversity and Ecosystem Services (IPBES)*, 6 maggio 2019, https://www.ipbes.net/news/Media-Release-Global-Assessment. Si veda anche: https://www.washingtonpost.com/climate-environment/2019/05/06/one-million-species-face-extinction-un-panel-says-humans-will-suffer-result/.

55 Damian Carrington, "Plummeting insect numbers 'threaten collapse of nature'", *The Guardian*, 10 febbraio 2019, https://www.theguardian.com/environment/2019/feb/10/plummeting-insect-numbers-threaten-collapse-of-nature. Un numero crescente di studi lancia l'allarme: gli **insetti** di tutto il mondo sono in crisi. Ad esempio, uno studio condotto in Germania ha rilevato una diminuzione del 76% degli insetti volanti negli ultimi decenni. Un altro studio sulle foreste pluviali del Porto Rico ha rilevato che gli insetti sono diminuiti fino a 60 volte. Si veda anche:

Damian Carrington, "Car 'splatometer' tests reveal huge decline in number of insects", *The Guardian*, 12 febbraio 2020, https://www.

theguardian.com/environment/2020/feb/12/car-splatometer-te-sts-reveal-huge-decline-number-insects. Le ricerche mostrano che le popolazioni di insetti nei siti europei sono crollate fino all'80% in vent'anni.

Damian Carrington, "Insect apocalypse' poses risk to all life on Earth, conservationists warn", *The Guardian*, 13 novembre 2019, https://www.theguardian.com/environment/2019/nov/13/insect-apo-calypse-poses-risk-to-all-life-on-earth-conservationists-warn. Un rapporto sostiene che 400.000 specie di insetti rischiano l'estinzione a causa dell'uso massiccio di pesticidi.

Dave Goulson, "Insect declines and why they matter", commissionato da *South West Wildlife Trusts*, 2019, https://www.somersetwildlife.org/sites/default/files/2019-11/FULL%20AFI%20REPORT%20WEB1_1.pdf, https://doi.org/10.1016/j.biocon.2019.01.020. "[...] recenti prove suggeriscono che l'abbondanza di insetti potrebbe essere diminuita del 50% o più dal 1970. È preoccupante, perché gli insetti sono di vitale importanza in qualità di alimento, impollinatori e ricicla-tori, tra le altre cose".

56   "Pollinators Help One-third Of The World's Food Crop Production", *Science Daily*, 26 ottobre 2006, https://www.sciencedaily.com/rele-ases/2006/10/061025165904.htm. Le api sono i principali iniziatori della riproduzione tra le piante, in quanto trasferiscono il polline dagli stami maschili ai pistilli femminili. Si veda anche:

57   Carl Zimmer, "Birds Are Vanishing from North America", *The New York Times*, 19 settembre 2019, https://www.nytimes.com/2019/09/19/science/bird-populations-america-canada.html.

58   Kenneth Rosenberg, et al., "Decline of the North American avi-fauna", *Science*, 19 settembre 2019, https://science.sciencemag.org/content/366/6461/120.

59   J. Emmett Duffy, et al., "Science study predicts collapse of all seafood fisheries by 2050", *Stanford Report*, 2 novembre 2006. "Secondo un nuovo studio condotto da un team internazionale di ecologi ed economisti, tutte le specie di pesce selvatico sono destinate a scom-parire entro 50 anni. [...] Sulla base delle attuali tendenze globali, gli autori hanno previsto che ogni specie di pesce pescato in natura (dal tonno alle sardine) collasserà entro il 2050. Il termine 'collasso' indica un impoverimento del 90% dell'abbondanza di base della specie". Si veda anche:

Jeff Colarossi, "Climate Change And Overfishing Are Driving The World's Oceans To The 'Brink Of Collapse'", *Think Progress*, 2015, https://thinkprogress.org/climate-change-and-overfishing-are-dri-ving-the-worlds-oceans-to-the-brink-of-collapse-2d095e127640/. "Nel giro di una sola generazione, l'attività umana ha danneggiato grave-mente quasi tutti gli aspetti dei nostri oceani globali, secondo un nuovo studio del *World Wildlife Fund*, che ha rivelato che le popolazioni marine sono diminuite del 49% tra il 1970 e il 2012. Il quadro è ora più chiaro che mai: l'azione collettiva dell'umanità sta portando gli oceani al limite del collasso".

"Living Blue Planet Report: Species, habitats and human well-being", *World Wildlife Fund,* 2015, http://assets.wwf.org.uk/downloads/living_blue_planet_report_2015.pdf?_ga=1.259860873.20240734 79.1442408269.

Ivan Nagelkerken e Sean D. Connell, "Global alteration of ocean ecosystem functioning due to increasing human CO_2 emissions", *Proceedings of the National Academy of Sciences (PNAS),* 12 ottobre 2015, https://doi.org/10.1073/pnas.1510856112.

60   Adam Vaughan, "Humanity driving 'unprecedented' marine extinction", *The Guardian,* 14 settembre 2016, https://www.theguardian.com/environment/2016/sep/14/humanity-driving-unprecedented-marine-extinction. Lo studio è consultabile qui: Jonathan Payne et al., "Ecological selectivity of the emerging mass extinction in the oceans", *Science,* 14 settembre 2016, https://science.sciencemag.org/content/353/6305/1284.

61   "Saving Life on Earth: a plan to halt the global extinction crisis", *Center for Biological Diversity,* gennaio 2020, https://www.biologicaldiversity.org/programs/biodiversity/elements_of_biodiversity/extinction_crisis/pdfs/Saving-Life-On-Earth.pdf.

62   Stime attuali della popolazione mondiale delle Nazioni Unite: https://www.worldometers.info/world-population/.

63   Rob Smith, "These will be the world's most populated countries by 2100", *World Economic Forum,* 28 febbraio 2018, https://www.weforum.org/agenda/2018/02/these-will-be-the-worlds-most-populated-countries-by-2100/. Si veda anche: Jeff Desjardins, "The world's biggest countries, as you've never seen them before", *World Economic Forum,* 4 ottobre 2017, https://www.weforum.org/agenda/2017/10/the-worlds-biggest-countries-as-youve-never-seen-them-before.

64   Crescita della popolazione mondiale. Fonti: Divisione per la popolazione del Dipartimento degli Affari Economici e Sociali del Segretariato delle Nazioni Unite, 2013, e "World Population Prospects, The 2012 Revision", New York, Nazioni Unite. Regioni meno sviluppate: Africa, Asia (escluso il Giappone), America Latina e Caraibi, Oceania (escluse Australia e Nuova Zelanda). Regioni più sviluppate: Europa, Nord America (Canada e Stati Uniti), Giappone, Australia e Nuova Zelanda (https://kids.britannica.com/students/assembly/view/171828).

65   Fred Pearce, "A killer plague wouldn't save the planet from us", *New Scientist,* 29 ottobre 2014. Una capacità di carico approssimativa della Terra è riportata nell'articolo. Gli autori stimano che una popolazione umana sostenibile, considerati i modelli di consumo e le tecnologie occidentali attuali, sarebbe compresa tra 1 e 2 miliardi di persone. Si veda anche:

Un'altra prospettiva sulla capacità di carico della Terra è offerta da Christopher Tucker, *A Planet of 3 Billion,* Atlas Observatory Press, agosto 2019, http://planet3billion.com/index.html.

Lo scienziato visionario James Lovelock ritiene che la popolazione terrestre scenderà a soli 500 milioni entro il 2100, con la maggior parte dei sopravvissuti che vivranno alle latitudini settentrionali, ovvero in

Canada, Islanda, Scandinavia e nel bacino artico. Si veda l'intervista: Jeff Goodell, "Hothouse Earth Is Merely the Beginning of the End", *Rolling Stone*, 9 agosto 2018, https://www.rollingstone.com/politics/politics-features/hothouse-earth-climate-change-709470/.

4 Degrees Hotter, A Climate Action Centre Primer, febbraio 2011, Melbourne, Australia, https://www.scribd.com/fullscreen/78620189 Lo studio cita il professor Kevin Anderson, direttore del Tyndall Centre for Climate Change Research, che "ritiene che solo il 10% circa della popolazione del pianeta (circa mezzo miliardo di persone) sopravviverà se le temperature globali aumenteranno di 4 °C". Ha dichiarato che le conseguenze sono "terrificanti". "Per l'umanità è una questione di vita o di morte", ha detto. "Non faremo estinguere tutti gli esseri umani, perché alcune persone con il giusto tipo di risorse potrebbero mettersi nelle parti giuste del mondo e sopravvivere. Ma credo che sia estremamente improbabile che non si verifichi una morte di massa con un aumento di 4 °C". Nel 2009, il professor Hans Joachim Schellnhuber, direttore del *Potsdam Institute* e uno dei più eminenti scienziati climatici europei, ha dichiarato al suo uditorio che con un aumento di 4 °C "[...] la capacità di carico stimata [è] inferiore a 1 miliardo di persone".

"Carrying capacity", *Wikipedia*, 2019, https://en.wikipedia.org/wiki/Carrying_capacity. "Diverse stime della capacità di carico sono state eseguite con un'ampia gamma di numeri di abitanti. Secondo un rapporto delle Nazioni Unite del 2001, due terzi delle stime si collocano in un intervallo compreso tra 4 e 16 miliardi, con errori standard non specificati, con una mediana di circa 10 miliardi. Le stime più recenti sono molto più basse, soprattutto se si considerano l'esaurimento delle risorse non rinnovabili e l'aumento dei consumi".

"How many people can Earth actually support?", *Australian Academy of Science*, 2019, https://www.science.org.au/curious/earth-environment/how-many-people-can-earth-actually-support. "Se tutti gli abitanti della Terra vivessero come gli americani della classe media, il pianeta potrebbe avere una capacità di carico di circa 2 miliardi di persone". Tuttavia, se le persone consumassero solo ciò di cui hanno effettivamente bisogno, la Terra potrebbe potenzialmente sostenere una cifra molto più alta.

Alex Casey, "What is the Carrying Capacity of Earth?", *Population Connection*, 14 maggio 2021, https://populationconnection.org/blog/carrying-capacity-earth/. "Stiamo già consumando le risorse rinnovabili della Terra a una volta e mezza il ritmo sostenibile. E questo con miliardi di persone che vivono in povertà e non consumano quasi nulla. Immaginate cosa accadrebbe se le persone disperatamente povere avessero la fortuna di vivere uno stile di vita da classe media. E poi immaginate cosa succederebbe se le persone povere si unissero alla classe media *e* la popolazione umana andasse dagli attuali 7,5 miliardi a 9, 10 o 11 miliardi".

Andrew D. Hwang, "The human population is 7.5 billion and counting — a mathematician counts how many humans the Earth can actually support", *Business Insider*, 10 luglio 2018, https://www.businessinsider.com/how-many-people-earth-can-hold-before-runs-out-resources-2018-7. Secondo il *Worldwatch Institute*, un think-tank ambientale, la Terra dispone di 1,9 ettari di terreno pro capite per la coltivazione di cibo e tessuti per l'abbigliamento, la fornitura di legno e l'assorbimento dei rifiuti. Un cittadino statunitense medio utilizza circa 9,7 ettari. Questi dati suggeriscono che la Terra può sostenere al massimo un quinto della popolazione attuale, 1,5 miliardi di persone, con uno standard di vita statunitense. La Terra riesce a sostenere gli standard di vita industrializzati solo perché stiamo consumando i "risparmi" delle risorse non rinnovabili, tra cui il suolo fertile, l'acqua potabile, le foreste, la pesca e il petrolio.

Martin McGuigan, "How Many People Can Earth Support?", *Live Science*, 22 luglio 2022, https://www.livescience.com/16493-people-planet-earth-support.html. "10 miliardi di persone è il limite massimo di popolazione per quanto riguarda il cibo. Poiché è estremamente improbabile che tutti accettino di smettere di mangiare carne, E.O. Wilson ritiene che la capacità massima di carico della Terra basata sulle risorse alimentari sarà molto probabilmente inferiore a 10 miliardi".

"Il problema non è il numero di persone sul pianeta, ma il numero di consumatori e l'entità e la natura dei loro consumi', afferma David Satterthwaite, ricercatore senior presso l'International Institute for Environment and Development di Londra. Cita Gandhi: 'Il mondo ha abbastanza per i bisogni di tutti, ma non abbastanza per l'avidità di tutti'. [...] Il vero problema sarebbe se le persone che vivono in queste aree decidessero di adottare gli stili di vita e i tassi di consumo attualmente considerati normali nelle nazioni ad alto reddito, cosa considerata da molti semplicemente giusta. [...] Solo quando i gruppi più ricchi saranno disposti a adottare stili di vita a basse emissioni di carbonio e a permettere ai loro governi di sostenere una mossa apparentemente impopolare, ridurremo la pressione sul clima globale, sulle risorse e sui rifiuti. [...] Nel prossimo futuro, la Terra è la nostra unica casa e dobbiamo trovare un modo per viverci in modo sostenibile. Sembra chiaro che ciò richieda una riduzione dei nostri consumi, in particolare una transizione verso stili di vita a basse emissioni di carbonio, e un miglioramento della condizione delle donne in tutto il mondo. Solo quando avremo realizzato questi obiettivi saremo davvero in grado di stimare quante persone può sostentare il nostro pianeta in modo sostenibile".

"One Planet, How Many People? A Review of Earth's Carrying Capacity", *Programma delle Nazioni Unite per l'ambiente (UNEP)*, giugno 2012, https://na.unep.net/geas/archive/pdfs/GEAS_Jun_12_Carrying_Capacity.pdf. Sebbene le stime sulla capacità di carico della Terra siano molto varie, si collocano per lo più tra gli 8 e i 16 miliardi di persone (3). La popolazione globale si sta rapidamente avvicinando alla fascia più bassa di questo intervallo e si prevede che la supererà di molto, con circa 10 miliardi di persone entro la fine del secolo.

66   Impronta ecologica: https://www.footprintnetwork.org/our-work/ecological-footprint/.

67   Kimberly Amadeo, "Consumer Spending Trends and Current Statistics", *The Balance*, 18 gennaio 2023, https://www.thebalance.com/consumer-spending-trends-and-current-statistics-3305916. Si veda anche:

Hale Stewart, "Consumer Spending and the Economy", *The New York Times*, 9 settembre 2010, https://fivethirtyeight.blogs.nytimes.com/2010/09/19/consumer-spending-and-the-economy/. "L'economia statunitense è trainata prevalentemente dalla spesa dei consumatori, che rappresenta circa il 70% di tutta la crescita economica. Ma per continuare a trainare l'economia, i consumatori devono avere una solida posizione finanziaria. Se si sovraccaricano di debiti, non sono in grado di mantenere la loro posizione di motore primario della crescita economica".

68   Roger Harrabin, "Climate change: Big lifestyle changes 'needed to cut emissions'", *BBC*, 29 agosto 2019, https://www.bbc.com/news/science-environment-49499521.

69   Il rapporto è stato redatto dall'Organizzazione meteorologica mondiale sotto gli auspici del Gruppo consultivo scientifico del Climate Action Summit 2019 delle Nazioni Unite (https://wedocs.unep.org/bitstream/handle/20.500.11822/30023/climsci.pdf?sequence=1&isAllowed=y).

70   Katherine Rooney, "Climate change will shrink these economies fastest", *World Economic Forum*, 30 settembre 2019, https://www.weforum.org/agenda/2019/09/climate-change-shrink-these-economies-fastest/.

71   Nicholas Stern, "Climate change will force us to redefine economic growth", *World Economic Forum*, 11 luglio 2018, https://www.weforum.org/agenda/2018/07/here-are-the-economic-reasons-to-act-on-climate-change-immediately.

72   Paul Buchheit, "These 6 Men Have as Much Wealth as Half the World's Population", *Common Dreams*, 20 febbraio 2017, https://www.ecowatch.com/richest-men-in-the-world-2274065153.html.

73   "Oxfam says wealth of richest 1% equal to other 99%", *BBC*, 18 gennaio 2016, https://www.bbc.com/news/business-35339475.

74   David Leonhardt, "The Rich Really Do Pay Lower Taxes Than You", *The New York Times*, 6 ottobre 2019, https://www.nytimes.com/interactive/2019/10/06/opinion/income-tax-rate-wealthy.html?action=click&module=Opinion&pgtype=Homepage.

75   Jason Hickel, "Global inequality may be much worse than we think", *The Guardian*, 8 aprile 2016, https://www.theguardian.com/global-development-professionals-network/2016/apr/08/global-inequality-may-be-much-worse-than-we-think. "La disuguaglianza globale è ai massimi storici dal XIX secolo. Non importa come la si guardi: la disuguaglianza globale sta peggiorando. Molto. La teoria della convergenza si è rivelata incredibilmente errata. La disuguaglianza non scompare in modo automatico: tutto dipende dall'equilibrio del potere politico nell'economia globale. Finché pochi Paesi ricchi avranno il potere di stabilire le regole a proprio vantaggio, la disuguaglianza continuerà a peggiorare".

76 Isabel Ortiz and Matthew Cummins, "Global Inequality: Beyond the Bottom Billion", *UNICEF*, documento di lavoro, aprile 2011, https://childimpact.unicef-irc.org/documents/view/id/120/lang/120_Global_Inequality_REVISED_-_5_July.pdf. Si veda la Figura 7 per la rappresentazione della "coppa di champagne" delle disuguaglianze derivata dal Rapporto sullo sviluppo umano delle Nazioni Unite pubblicato nel 1992 e da Oxford University Press sempre nello stesso anno. Un'altra versione della rappresentazione della "coppa di champagne" ampiamente utilizzata per le disuguaglianze è mostrata come Figura 1 nel rapporto: "Extreme Carbon Inequality: why the Paris climate deal must put the poorest, lowest emitting and most vulnerable people first", Oxfam Media Briefing, Oxfam.org, 2 dicembre 2015, https://oi-files-d8-prod.s3.eu-west-2.amazonaws.com/s3fs-public/file_attachments/mb-extreme-carbon-inequality-021215-en.pdf?te=1&nl=climate-fwd:&emc=edit_clim_20191113?campaign_id=54&instance_id=13827&segment_id=18753&user_id=d0ff-fc2fcb270a87206ab8a9cc08a01f&regi_id=63360062

77 "Extreme Carbon Inequality", ibid.

78 "Climate Justice", *Wikipedia*, https://en.wikipedia.org/wiki/Climate_justice.

79 Andrew Hoerner e Nia Robinson, "A Climate of Change: African Americans, Global Warming, and a Just Climate Policy for the US", *Environmental Justice & Climate Change Initiative*, 2008, https://tinyurl.com/2nueye7w

80 Moira Fagan, et al., "A look at how people around the world view climate change", PEW Research, 18 aprile 2019, https://www.pewresearch.org/fact-tank/2019/04/18/a-look-at-how-people-around-the-world-view-climate-change/.

81 Ibid., 2019.

82 Sono consapevole che questa terminologia può essere problematica, perché presuppone che la direzione che le nazioni attualmente "sviluppate" hanno preso (verso l'iper-consumo e l'iper-individualizzazione) sia l'obiettivo concordato e che le nazioni "in via di sviluppo" siano semplicemente in ritardo nel raggiungimento di tale obiettivo.

83 "Scientific Consensus: Earth's Climate is Warming", *NASA: Global Climate Change, Vital Signs of the Planet,* 2019. Prove scientifiche: https://climate.nasa.gov/evidence/. Consenso scientifico sul riscaldamento climatico: https://climate.nasa.gov/scientific-consensus/. Si veda anche:

Alistar Woodward, "Climate change: Disruption, risk and opportunity", *Science Direct* (pubblicato originariamente in *Global Transitions*, volume 1, 2019), https://doi.org/10.1016/j.glt.2019.02.001. Lo studio conclude: il cambiamento climatico è destabilizzante perché gli esseri umani si sono adattati a una gamma ristretta di condizioni ambientali. È particolarmente rischioso se si accompagna a una bassa prevedibilità, un'ampia portata, un'insorgenza rapida e una mancanza di reversibilità dei fenomeni climatici.

"Global Warming Science: The science is clear. Global warming is happening", *Union of Concerned Scientists*, 2019, https://www.ucsusa.org/our-work/global-warming/science-and-impacts/global-warming-science.

84 Timothy M. Lenton, et al., "Climate tipping point — too risky to bet against", *Nature*, 27 novembre 2019, https://www.nature.com/articles/d41586-019-03595-0. Si veda anche:

Arthur Neslen, "By 2030, We Will Pass the Point Where We Can Stop Runaway Climate Change", *HuffPost*, 5 settembre 2018, https://www.huffingtonpost.com/entry/runaway-climate-change-2030-report_us_5b8ecba3e4b0162f4727a09f.

Gli anni 2030 potrebbero essere un periodo di grande instabilità nelle tendenze climatiche e ci sarà forse un "colpo di frusta" climatologico. Ad esempio, uno studio del 2015 ha previsto un raffreddamento piuttosto che un riscaldamento in questo decennio: "Solar activity predicted to fall 60 percent in 2030s, to mini-ice age levels: Sun driven by double dynamo", 9 luglio 2015, *Royal Astronomical Society*, riportato in *Science Daily*, https://www.sciencedaily.com/releases/2015/07/150709092955.htm.

Alexander Robinson, et al., "Multistability and critical thresholds of the Greenland ice sheet", Nature Climate Change, 11 marzo 2012, https://www.nature.com/articles/nclimate1449#citeas. "[...] la calotta glaciale della Groenlandia è più sensibile ai cambiamenti climatici a lungo termine di quanto si pensasse in precedenza. Stimiamo che la soglia di riscaldamento che porta a uno stato essenzialmente privo di ghiaccio sia compresa tra 0,8 e 3,2 °C, con una stima più accurata di 1,6 °C".

Michael Marshall, "Major methane release is almost inevitable", *New Scientist*, 21 febbraio 2013, https://www.newscientist.com/article/dn23205-major-methane-release-is-almost-inevitable/#ixzz5z-Q199XTi. "Siamo sull'orlo di un punto di non ritorno a livello climatico. Se il clima globale si riscalda di qualche altro decimo di grado, una vasta porzione del permafrost siberiano inizierà a sciogliersi in modo incontrollato".

Jessica Corbett, "'Boiling with methane': Scientists reveal 'truly terrifying' sign of climate change under the Arctic Ocean", *Alter Net,* 9 ottobre 2019, https://www.alternet.org/2019/10/boiling-with-methane-scientists-reveal-truly-terrifying-sign-of-climate-change-under-the-arctic-ocean/.

85 "Temperature rise is 'locked-in' for the coming decades in the Arctic", *Programma delle Nazioni Unite per l'ambiente (UNEP)*, 13 marzo 2019, https://www.unenvironment.org/news-and-stories/press-release/temperature-rise-locked-coming-decades-arctic. "Anche se gli attuali impegni dell'Accordo di Parigi saranno rispettati, le temperature invernali sull'Oceano Artico aumenteranno di 3-5 °C entro la metà del secolo rispetto ai livelli del 1986-2005. Lo scongelamento del permafrost potrebbe risvegliare un'enorme massa di gas serra 'addormentati', facendo potenzialmente deragliare gli obiettivi climatici globali". Si veda anche:

Steffen, et al., "Trajectories of the Earth System in the Anthropocene", *Proceedings of the National Academy of Sciences (PNAS)*, 6 agosto 2018, https://www.pnas.org/content/115/33/8252. Lo studio esplora l'ipotesi "pianeta serra" e il modo in cui l'inarrestabile riscaldamento globale minaccia l'abitabilità del pianeta per gli esseri umani.

86   "Un'inaspettata impennata del metano atmosferico globale minaccia di cancellare i progressi previsti dall'Accordo di Parigi sui cambiamenti climatici. [...] I livelli globali di metano, precedentemente stabili, sono inaspettatamente aumentati negli ultimi anni". Si veda:

Benjamin Hmiel, et al., "Preindustrial 14CH4 indicates greater anthropogenic fossil CH4 emissions", *Nature*, 19 febbraio 2020, https://www.nature.com/articles/s41586-020-1991-8. Questo studio dimostra che gli scienziati e i governi hanno sottovalutato di molto le emissioni del potente gas serra metano prodotte dalle operazioni di estrazione del petrolio e del gas. Si veda anche:

Nisbet et al. "Very Strong Atmospheric Methane Growth in the 4 Years 2014– 2017: Implications for the Paris Agreement", *Global Biogeochemical Cycles*, marzo 2019, https://doi.org/10.1029/2018GB006009. Si veda l'articolo riassuntivo in *Climate Nexus*: https://climatenexus.org/climate-change-news/methane-surge/

87   Hubau Wannes, et al., "Asynchronous carbon sink saturation in African and Amazonian tropical forests", *Nature*, 4 marzo 2020, https://www.nature. com/articles/s41586-020-2035-0. Si veda anche:

Fiona Harvey, "Tropical forests losing their ability to absorb carbon, study finds", *The Guardian*, 4 marzo 2020, https://www.theguardian.com/environment/2020/mar/04/tropical-forests-losing-their-ability-to-absorb-carbon-study-finds

88   Stewart Patrick, "The Coming Global Water Crisis", *The Atlantic*, 9 maggio 2012, https://www.theatlantic.com/international/archive/2012/05/the-coming-global-water-crisis/256896/. Si veda anche:

William Wheeler, "Global water crisis: too little, too much, or lack of a plan?", *Christian Science Monitor*, 2 dicembre 2012, https://www.csmonitor.com/World/Global-Issues/2012/1202/Global-water-crisis-too-little-too-much-or-lack-of-a-plan.

89   Gilbert Houngbo, "The United Nations world water development report 2018: nature-based solutions for water", *UNESCO*, 2018, https://unesdoc.unesco.org/ark:/48223/pf0000261424.

90   Stephen Leahy, "From Not Enough to Too Much, the World's Water Crisis Explained", *National Geographic*, 22 marzo 2018, https://www.nationalgeographic.com/news/2018/03/world-water-day-water-crisis-explained/.

91   Paul Salopek, "Historic water crisis threatens 600 million people in India", *National Geographic*, 19 ottobre 2018, https://www.nationalgeographic.com/culture/

water-crisis-india-out-of-eden/?cmpid=org=ngp::mc=crm-email::sr-c=ngp::cmp=editorial::add=Science_20200129&rid=51139F7F FEE4083137CDD6D1FF5C57FF.

92   Dan Charles, "5 Major Crops In The Crosshairs Of Climate Change", *NPR*, 25 ottobre 2018, https://www.npr.org/sections/thesalt/2018/10/25/658588158/5-major-crops-in-the-crosshairs-of-climate-change. Si veda anche:

Sean Illing, "The climate crisis and the end of the golden era of food choice", *Vox*, 24 giugno 2019, https://www.vox.com/the-highlight/2019/6/17/18634198/food-diet-climate-change-amanda-little.

Rachel Nuwer, "Here's how climate change will affect what you eat", *BBC*, 28 dicembre 2015, https://www.bbc.com/future/article/20151228-heres-how-climate-change-will-affect-what-you-eat.

Nicholas Thompson, "The Most Delicious Foods Will Fall Victim to Climate Change", *Wired*, 13 giugno 2019, https://www.wired.com/story/the-most-delicious-foods-will-fall-victim-to-climate-change/.

Ian Burke, "29 of Your Favorite Foods That Are Threatened by Climate Change", *Saveur*, 7 giugno 2017, https://www.saveur.com/climate-change-ingredients/.

Daisy Simmons, "A brief guide to the impacts of climate change on food production", *Yale Climate Connections*, 18 settembre 2019, https://www.yaleclimateconnections.org/2019/09/a-brief-guide-to-the-impacts-of-climate-change-on-food-production/.

Ilima Loomis, "Get ready to eat differently in a warmer world", *Science News for Students*, 23 maggio 2019, https://www.sciencenewsforstudents.org/article/climate-change-global-warming-food-eating.

Peter Schwartzstein, "Indigenous farming practices failing as climate change disrupts seasons", *National Geographic*, 14 ottobre 2019, https://www.nationalgeographic.com/science/2019/10/climate-change-killing-thousands-of-years-indigenous-wisdom/.

Kay Vandette, "Climate change could make leafy greens, veggies less available", *Earth*, 11 giugno 2018, https://www.earth.com/news/climate-change-could-make-leafy-greens-veggies-less-available/.

93   Popolazione mondiale attuale: https://www.worldometers.info/world-population/.

94   "Nature's Dangerous Decline 'Unprecedented'; Species Extinction Rates 'Accelerating'", *Intergovernmental Science-Policy Platform on Biodiversity and Ecosystem Services (IPBES),* 5 maggio 2019, https://www.ipbes.net/news/Media-Release-Global-Assessment.

95   "Ocean Deoxygenation", *International Union for Conservation of Nature*, 8 dicembre 2019, https://www.iucn.org/resources/issues-brief/ocean-deoxygenation La vita marina e la pesca sono sempre più minacciate dalla perdita di ossigeno negli oceani. Anche il più piccolo calo dei livelli di ossigeno, se vicino alle soglie già esistenti, può creare

problemi significativi con implicazioni biologiche e biogeochimiche complesse e di vasta portata.

96 Adattato da John Fullerton, "Regenerative Capitalism - How Universal Principles And Patterns Will Shape Our New Economy", *Capital Institute*, aprile 2015, https://capitalinstitute.org/wp-content/uploads/2015/04/2015-Regenerative-Capitalism-4-20-15-final.pdf?mc_cid=236080d2f0&mc_eid=2f41fb9d8d.

97 Michael Savage, "Richest 1% on target to own two-thirds of all wealth by 2030", *The Guardian*, 7 aprile 2018, https://www.theguardian.com/business/2018/apr/07/global-inequality-tipping-point-2030.

98 Duane Elgin, "Limits to Complexity: Are Bureaucracies Becoming Unmanageable", *The Futurist,* dicembre 1977, https://duaneelgin.com/wp-content/uploads/2014/11/Limits-to-Large-Complex-Systems.pdf.

99 "Transitions and Tipping Points in Complex Environmental Systems", un rapporto del *National Science Foundation Advisory Committee for Environmental Research and Education*, 2009, https://www.nsf.gov/attachments/123079/public/nsf6895_ere_report_090809.pdf

Non si tratta di un avvertimento specifico, ma piuttosto di un avvertimento generale del 2009: "Il mondo è a un bivio. L'impronta globale dell'umanità è tale da stressare i sistemi naturali e sociali oltre le loro capacità. Dobbiamo affrontare queste complesse sfide ambientali e mitigare i cambiamenti ambientali su scala globale o accettare perturbazioni probabili con ramificazioni che pervadono ogni ambito [...] Il ritmo dei cambiamenti ambientali sta superando la capacità delle istituzioni e dei governi di rispondere in modo efficace".

100 T. Schuur, "Arctic Report Card: Permafrost and the Global Carbon Cycle", *NOAA*, 2019, https://arctic.noaa.gov/Report-Card/Report-Card-2019/ArtMID/7916/ArticleID/844/Permafrost-and-the-Global-Carbon-Cycle.

101 "Fighting Wildfires Around the World", *Frontline, Wildfire Defense Systems,* 2019, https://www.frontlinewildfire.com/fighting-wildfires-around-world/.

102 Stime sulla capacità di carico, op. cit.

103 Iliana Paul, "Climate Change and Social Justice", *WEDO,* 2014, https://wedo.org/wp-content/uploads/wedo-climate-change-social-justice.pdf.

104 Dmitry Orlov, *Reinventing Collapse: The Soviet Example and American Prospects*, New Society Publishers, 2008. Si veda anche: Tainter, *The Collapse of Complex Societies*, op. cit.

105 Stime sulla capacità di carico, op. cit.

106 Op. cit., "Nature's Dangerous Decline 'Unprecedented'; Species Extinction Rates 'Accelerating'", *Intergovernmental Science-Policy Platform on Biodiversity and Ecosystem Services (IPBES)*, 5 maggio 2019, https://www.ipbes.net/news/Media-Release-Global-Assessment.

107 È probabile che anche le piante subiscano lo stress e il trauma della Grande morte. Si veda: Nicoletta Lanese, "Plants 'Scream' in the Face

of Stress", *Live Science*, 6 dicembre 2019, https://www.livescience. com/plants-squeal-when-stressed.html.

108   La mia valutazione per cui diversi miliardi di persone potrebbero morire nell'ultima parte dell'arco temporale di questo scenario (in cui il mondo non è alimentato da combustibili fossili) è stata descritta come iper-ottimistica. Jason Brent (http://www.Jgbrent.com/about-the-author.html) ritiene probabile che ne moriranno molte di più. Si veda la sua risposta al mio articolo: "Existential threats, Earth Voice and the Great Transition", *Millennium Alliance for Humanity and the Biosphere (MAHB)*, 21 gennaio 2020, https://mahb.stanford.edu/ blog/mahb-dialogue-author-humanist-duane-elgin/. Brent scrive: "Il collasso della civiltà si verificherà perché l'umanità consuma in eccesso, utilizzando risorse equivalenti a 1,7 Terre. Questo consumo in eccesso aumenta di secondo in secondo a causa della crescita della popolazione (che si prevede aumenterà di 3,2 miliardi raggiungendo i 10,9 miliardi entro l'anno 2100, ovvero una crescita del 41,5% in 80 anni) e del crescente utilizzo pro capite delle risorse a livello mondiale. Un semplice calcolo dimostra, che per liberarsi dal consumo eccessivo, la popolazione umana dovrebbe ridursi a 4,47 miliardi. Se la popolazione dovesse raggiungere i 10,9 miliardi, per eliminare il consumo eccessivo delle risorse sarebbe necessaria una riduzione della popolazione di 6,43 miliardi (10,9 - 4,47 = 6,43) (senza considerare la riduzione dovuta all'aumento dell'utilizzo pro capite delle risorse). È semplice: nessun controllo volontario della popolazione potrà raggiungere una tale riduzione (di 6,3 miliardi) prima del collasso della civiltà e della morte di miliardi di persone".

109   Il Grande rogo è iniziato nel 2019. Si veda: Laura Paddison, "2019 Was The Year The World Burned", *HuffPost*, 27 dicembre 2019, https:// www.huffpost. com/entry/wildfires-california-amazon-indonesia-cli-mate-change_n_5dcd3f4ee4b0d43931d01baf. Inoltre:

Si stima che, entro il 2020, almeno un miliardo di animali sia morto a causa degli incendi boschivi in Australia. Lisa Cox, "A billion ani-mals: some of the species most at risk from Australia's bushfire crisis", *The Guardian*, 13 gennaio 2020, https://www.theguardian.com/ australia-news/2020/jan/14/a-billion-animals-the-australian-spe-cies-most-at-risk-from-the-bushfire-crisis. L'ecologo Chris Dickman ha stimato che nel Paese sono morti più di un miliardo di animali, cifra che esclude pesci, rane, pipistrelli e insetti. "È solo la punta dell'iceberg", afferma James Trezise, analista politico della Australian Conservation Foundation. "È quasi certo che il numero di specie ed ecosistemi ad aver subito un grave impatto in tutto il loro areale sia molto più alto, soprattutto se si considerano le specie meno conosciute di rettili, anfibi e invertebrati".

Il futuro Grande rogo è riassunto efficacemente nel seguente video che mostra una donna che salva un koala gravemente ustionato e gemente da un incendio australiano. Il marsupiale è stato avvistato mentre attraversava una strada tra le fiamme. Una donna del posto è accorsa in aiuto del koala, avvolgendo l'animale nella sua camicia e in una coperta e versandogli dell'acqua addosso. Ha portato l'animale ferito in un vicino ospedale veterinario. È davvero straziante vedere degli innocenti soffrire per ragioni non loro, e rendersi conto che questo è il nostro futuro se non rispondiamo prontamente (https://www.youtube.com/watch?v=3x8JXQ6RTIU).

110 "Si prevede che gli incendi in Amazzonia peggioreranno, raddoppiando l'area colpita di una parte importante della foresta entro il 2050. Il risultato potrebbe essere quello di trasformare l'Amazzonia da bacino di assorbimento del carbonio in fonte netta di emissioni di anidride carbonica": "Burning of Amazon may get a lot worse", *New Scientist*, 18 gennaio 2020. Si veda anche:

Herton Escobar, "Brazil's deforestation is exploding — and 2020 will be worse", *Science Magazine*, 22 novembre 2019, https://www.sciencemag.org/news/2019/11/brazil-s-deforestation-exploding-and-2020-will-be-worse?utm_campaign=news_daily_2019-11-22&et_rid=510705016&et_cid=3086753.

111 Stephen Pyne, "California wildfires signal the arrival of a planetary fire age", *The Conversation*, 1° novembre 2019, https://theconversation.com/california-wildfires-signal-the-arrival-of-a-planetary-fire-age-125972.

112 John Pickrell, "Massive Australian blazes will 'reframe our understanding of bushfire'", *Science Magazine*, 20 novembre 2019, https://www.sciencemag.org/news/2019/11/massive-australian-blazes-will-reframe-our-understanding-bushfire?utm_campaign=news_daily_2019-11-20&et_rid=510705016&et_cid=3083308. Si veda anche: Damien Cave, "Australia Burns Again, and Now Its Biggest City Is Choking", *The New York Times,* 6 dicembre 2019, https://www.nytimes.com/2019/12/06/world/australia/sydney-fires.html.

113 Stephen Pyne, "The Planet is Burning", *Aeon*, 20 novembre 2019, https://aeon.co/essays/the-planet-is-burning-around-us-is-it-time-to-declare-the-pyrocene. Si veda anche:

Stephen Pyne, *Fire: A Brief History*, 2019.

David Wallace-Wells, "In California, Climate Change Has Turned Rainy Season Into Fire Season", *New York Magazine*, 12 novembre 2018, https://nymag.com/intelligencer/2018/11/the-california-fires-and-the-threat-of-climate-change.html.

Edward Helmore, "'Unprecedented': more than 100 Arctic wildfires burn in worst-ever season", *The Guardian*, 26 luglio 2019, https://www.theguardian.com/world/2019/jul/26/unprecedented-more-than-100-wildfires-burning-in-the-arctic-in-worst-ever-season. L'articolo riporta: "Enormi fiammate in Groenlandia, Siberia e Alaska stanno producendo colonne di fumo visibili dallo spazio".

114 Hans Seyle è stato un endocrinologo molto stimato, noto per i suoi studi sugli effetti dello stress sul corpo umano (https://www.azquotes.com/author/13308-Hans_Selye).

115 Francis Weller, *The Wild Edge of Sorrow*, North Atlantic Books, 2015, https://www.amazon.com/Wild-Edge-Sorrow-Rituals-Renewal/dp/1583949763.

116 Weller, ibid., https://www.amazon.com/Wild-Edge-Sorrow-Rituals-Renewal/dp/1583949763.

117 Naomi Shihab Nye, *Words Under the Words: Selected Poems*, 1995, https://poets.org/poem/kindness.

118 "Global Cities at Risk from Sea-Level Rise: Google Earth Video", *Climate Central*, 2019, https://sealevel.climatecentral.org/maps/google-earth-video-global-cities-at-risk-from-sea-level-rise. Si veda anche:

Scott Kulp, et al., "New elevation data triple estimates of global vulnerability to sea-level rise and coastal flooding", *Nature Communications*, 29 ottobre 2019, https://www.nature.com/articles/s41467-019-12808-z. Alcune delle precedenti previsioni sullo spostamento della popolazione a causa dell'innalzamento del livello del mare sono probabilmente troppo basse. Infatti, è probabile che gli oceani aumenteranno più del previsto e, invece di circa 50 milioni di persone in tutto il mondo costrette a spostarsi su terre più elevate nei prossimi 30 anni, ci sarà una diaspora costiera almeno tre volte più grande; entro il 2100, il numero di rifugiati climatici potrebbe superare i 300 milioni. Secondo altre stime, il numero di rifugiati climatici potrebbe raggiungere i 2 miliardi entro il 2100.

Charles Geisler e Ben Currens, "Impediments to inland resettlement under conditions of accelerated sea-level rise", *Land Use Policy*, juglio 2017, https://doi.org/10.1016/j.landusepol.2017.03.029. In base alle stime per il 2060, gli autori concludono che nel 2100, 2 miliardi di persone (circa un quinto di una popolazione mondiale di 11 miliardi) potrebbero diventare rifugiati climatici a causa dell'innalzamento del livello degli oceani.

Blaine Friedlander, "Rising seas could result in 2 billion refugees by 2100", *Cornell Chronicle*, 19 giugno 2017, http://news.cornell.edu/stories/2017/06/rising-seas-could-result-2-billion-refugees-2100.

119 Jennifer Welwood, "The Dakini Speaks", http://jenniferwelwood.com/poetry/the-dakini-speaks/.

120 Todd May, "Would Human Extinction Be a Tragedy?", *The New York Times*, 17 dicembre 2018, https://www.nytimes.com/2018/12/17/opinion/human-extinction-climate-change.html.

121 Wallace Stevens, *Goodreads*, https://www.goodreads.com/quotes/565035-after-the-final-no-there-comes-a-yes-and.

122 Joanna Macy e Chris Johnstone, Active Hope: How to Face the Mess We're in Without Going Crazy, New World Library, giugno/luglio 2022 [edizione italiana: *Speranza attiva. Per un attivismo consapevole e nonviolento, in grado di far crescere la coscienza e arginare il degrado del pianeta*, traduzione di D. R. Moiso, Terra Nuova Edizioni, 2021, ISBN 9788866816072].

123 Per illustrare la difficoltà di raggiungere gli obiettivi di neutralità climatica entro il 2050, si veda il *World Energy Outlook 2019*, che conclude che le emissioni mondiali di CO_2 sono destinate ad aumentare ancora per decenni a meno che non vengano adottate misure più ambiziose sui cambiamenti climatici, nonostante i "profondi cambiamenti" già in

corso nel sistema energetico globale. Questo è uno dei messaggi chiave dell'Agenzia internazionale dell'energia (AIE) (https://www.iea.org/reports/world-energy-outlook-2019).

124 La preoccupazione è che le emissioni globali cumulative di CO_2 superino la soglia di 1.000 miliardi di tonnellate di carbonio, cifra che secondo l'IPCC farebbe aumentare la temperatura superficiale della Terra di 2 °C al di sopra del minimo preindustriale e innescherebbe "pericolose interferenze" con il sistema climatico terrestre. Quando verrà superata la soglia dei mille miliardi di tonnellate? Le stime si collocano tra il 2050 e il 2055, indipendentemente dallo scenario di crescita demografica applicato. Roger Andrews, "Global CO_2 emissions forecast to 2100", *Euan Mearns,* 7 marzo 2018, http://euanmearns.com/global-CO2-emissions-forecast-to-2100/.

125 "Impacts of a 4-degree Celsius Global Warming", *Green Facts,* https://www.greenfacts.org/en/impacts-global-warming/l-2/index.htm. Si veda anche:

Esiste un ampio consenso sul fatto che, senza l'adozione di azioni significative, la soglia dei 4 °C verrà raggiunta entro la fine del secolo o prima. "Il cambiamento climatico potrebbe starsi intensificando così velocemente che potrebbe essere 'la fine dei giochi', avvertono gli scienziati". Dai calcoli pubblicati sulla rivista *Science Advances* è emersa una forbice compresa tra 4,8 °C e 7,4 °C entro il 2100 (https://advances.sciencemag.org/content/2/11/e1501923).

Ian Johnston, "Climate change may be escalating so fast it could be 'game over,' scientists warn", *Independent,* 9 novembre 2016, https://www.independent.co.uk/news/science/climate-change-game-over-global-warming-climate-sensitivity-seven-degrees-a7407881.html.

David Wallace-Wells, "U.N. says climate genocide is coming", *New York Magazine,* 10 ottobre 2018, http://nymag.com/intelligencer/2018/10/un-says-climate-genocide-coming-but-its-worse-than-that.html. L'autore afferma che il pianeta è su una traiettoria "che ci porterà oltre la soglia dei quattro gradi entro la fine del secolo".

Roger Andrews, "Global CO_2 emissions forecast to 2100", blog di *Euan Mearns,* 7 marzo 2018, http://euanmearns.com/global-CO2-emissions-forecast-to-2100/.

"4 Degrees Hotter, A Climate Action Centre Primer", *Climate Code Red,* febbraio 2011, Melbourne, Australia, https://www.climatecode-red.org/2011/02/4-degrees-hotter-adaptation-trap.html. Lo studio cita il professor Kevin Anderson, direttore del Tyndall Centre for Climate Change, che "ritiene che solo il 10% circa della popolazione del pianeta (circa mezzo miliardo di persone) sopravviverà se le temperature globali aumenteranno di 4 °C. Ha dichiarato che le conseguenze sono 'terrificanti'". "Per l'umanità è una questione di vita o di morte", ha detto. "Non faremo estinguere tutti gli esseri umani, perché alcune persone con il giusto tipo di risorse potrebbero mettersi nelle parti giuste del mondo e sopravvivere. Ma credo che sia estremamente improbabile che non si verifichi una morte di massa a 4 °C". Nel 2009, il professor Hans Joachim Schellnhuber, direttore del Potsdam Institute e uno dei più eminenti scienziati climatici europei, ha dichiarato al suo uditorio che a 4 °C "[...] la capacità di carico stimata [è] inferiore a 1 miliardo di persone".

Un'altra stima della capacità di carico della Terra è riportata in New Scientist, 1° novembre 2014, pag. 9. Corey Bradshaw e Barry Brook (op. cit.) sostengono che una popolazione umana sostenibile, considerati gli attuali modelli di consumo e le tecnologie occidentali, sarebbe compresa tra 1 e 2 miliardi di persone.

126   I ricercatori hanno utilizzato il modello Integrated Global System Model Water-Resource System (IGSM-WRS) del MIT per valutare le risorse idriche e le esigenze a livello mondiale. Si veda: "Water Stress to Affect 52% of World's Population by 2050", *Water Footprint Network*, https://waterfootprint.org/en/about-us/news/news/water-stress-affect-52-worlds-population-2050/.

127   Op. cit., Rapporto delle Nazioni Unite sullo sviluppo idrico mondiale 2018: soluzioni naturali alla crisi idrica. Si veda anche:

Claire Bernish, "Water Scarcity Will Make Life Miserable for Nearly 6 Billion People by 2050", *The Mind Unleashed*, 23 marzo 2018, https://themindunleashed.com/2018/03/water-scarcity-6-billion-2050.html. Secondo un rapporto delle Nazioni Unite sullo stato dell'acqua nel mondo, più di 5 miliardi di persone potrebbero soffrire di carenza idrica entro il 2050 a causa dei cambiamenti climatici, dell'aumento della domanda e dell'inquinamento. Senza cambiamenti drastici incentrati su soluzioni naturali, entro il 2050 quasi sei miliardi di persone saranno alle prese con una penuria d'acqua spaventosa.

128   Joseph Hinks, "The World Is Headed for a Food Security Crisis", *TIME,* 28 marzo 2018, https://time.com/5216532/global-food-security-richard-deverell/.

129   Rebecca Chaplin-Kramer et al., "Global modeling of nature's contributions to people", *Science*, volume 366, numero 6462, 11 ottobre 2019, https://science.sciencemag.org/content/366/6462/255. Si veda anche:

Miyo McGinn, "New study pinpoints the places most at risk on a warming planet", *Grist*, 17 ottobre 2019, https://grist.org/article/new-study-pinpoints-the-places-most-at-risk-on-a-warming-planet/.

130   François Gemenne, "A review of estimates and predictions of people displaced by environmental changes", Global Environmental Change, in *Science Direct*, dicembre 2011, https://www.sciencedirect.com/science/article/abs/pii/S0959378011001403?via%3Dihub.

131   Sito web di Worldometers: https://www.worldometers.info/world-population/.

132   Si veda, per esempio: op. cit., Ishan Daftardar, "Why Bee Extinction Would Mean the End of Humanity", *Science ABC,* 3 luglio 2015, https://www.scienceabc. com/nature/bee-extinction-means-end-humanity.html.

133   "Russia 'meddled in all big social media' around U.S. election", *BBC*, 17 dicembre 2018, https://www.bbc.com/news/technology-46590890.

134 Charles Geisler e Ben Currens, "Impediments to inland resettlement under conditions of accelerated sea-level rise", *Land Use Policy*, luglio 2017, https://doi.org/10.1016/j.landusepol.2017.03.029=. In base alle stime per il 2060, gli autori concludono che nel 2100, 2 miliardi di persone (circa un quinto di una popolazione mondiale di 11 miliardi) potrebbero diventare rifugiati climatici a causa dell'innalzamento del livello degli oceani.

135 Martin Luther King, Jr. citato in Stephen B. Oates, *Let the Trumpets Sound: The Life of Martin Luther King, Jr.*, New American Library, 1982.

136 T.S. Eliot, *Four Quartets, Little Gidding*, 1943, [edizione italiana: *Quattro quartetti, Little Gidding*, traduzione di A. Tonelli, Feltrinelli, Milano, 2004], https://www.brainyquote.com/quotes/t_s_eliot_109032.

137 Drew Dellinger, "Hieroglyphic Stairway" (poesia), 2008, https://www.youtube.com/watch?v=XW63UUthwSg.

138 Malcolm Margolin, *The Ohlone Way: Indian Life in the San Francisco-Monterey Bay Area*, Berkeley: Heyday Books, 1978.

139 Si veda il bellissimo video di Louie Schwartzberg (www.movingart.com), *Gratitude* (https://movingart.com/portfolio/gratitude/). Testo scritto e narrato da Frate David Steindl-Rast.

140 Joseph Campbell, et al., *Changing Images of Man, Center for the Study of Social Policy, Stanford Research Institute*, Menlo Park, California. Lo studio è stato preparato per la Kettering Foundation, Dayton, Ohio, contratto: URH (489)-2150, maggio 1974, e successivamente ripubblicato con lo stesso titolo nel 1982 da Pergamon Press.

141 Joseph Campbell e Bill Moyers, *The Power of Myth*, Archer, 1988, [edizione italiana: *Il potere del mito. Intervista di Bill Moyers*, traduzione di A. Grieco, V. Lingiardi, Guanda, 2007, ISBN 9788882466312], https://www.goodreads.com/quotes/10442-people-say-that-what-we-re-all-seeking-is-a-meaning.

142 Sean D. Kelly, "Waking Up to the Gift of 'Aliveness'", *The New York Times*, 25 dicembre 2017, https://www.nytimes.com/2017/12/25/opinion/aliveness-waking-up-holidays.html.

143 Howard Thurman, https://www.goodreads.com/quotes/6273-don-t-ask-what-the-world-needs-ask-what-makes-you.

144 Joanna Macy citata in Jem Bendell, "Climate despair is inviting people back to life", pubblicato sul suo blog sull'adattamento profondo, 12 luglio 2019, https://jembendell.com/.

145 Anne Baring, op. cit., p. 83.

146 Anne Baring, op. cit., p. 421.

147 Simone de Beauvoir, si veda: "Brainy Quotes": https://www.brainyquote.com/quotes/simone_de_beauvoir_392724.

148 Si veda, per esempio: https://www.goodreads.com/quotes/tag/mysticism. Si veda anche: http://www.gardendigest.com/myst1.htm.

149 Henry Thoreau, https://www.goodreads.com/quotes/32955-heaven-is-under-our-feet-as-well-as-over-our.

150 Predrag Cicovacki, *Albert Schweitzer's Ethical Vision A Sourcebook*, Oxford University Press, 2 febbraio 2009.

151 John Muir, https://www.goodreads.com/quotes/7796963-and-into-the-forest-i-go-to-lose-my-mind.

152 Haruki Murakami, https://www.goodreads.com/quotes/448426-not-just-beautiful-though-the-stars-are-like-the.

153 Joseph Campbell, https://www.brainyquote.com/quotes/joseph_campbell_387298.
Esiste una differenza sottile ed estremamente importante tra "coscienza" e "consapevolezza". Questi due termini sono spesso usati in modo intercambiabile, ma hanno significati molto diversi. In poche parole:

La **coscienza riflette**: c'è sempre un oggetto di attenzione cosciente.

La **consapevolezza è**: non c'è un oggetto di attenzione, una presenza vivente è consapevole di sé stessa.

La *coscienza* si riferisce alla capacità di allontanarsi dal turbinio dei pensieri e di testimoniare o osservare aspetti o elementi della vita. La coscienza comporta due aspetti: un soggetto conoscente e ciò che è conosciuto, o un testimone e ciò che è testimoniato, un osservatore e ciò che è osservato. Esiste una distanza percepita tra la coscienza e l'oggetto dell'attenzione.

La *consapevolezza* può essere descritta come conoscenza senza oggetto. *La consapevolezza è consapevole di sé stessa per sua natura: essa semplicemente "è".* La consapevolezza è una presenza conoscente la cui natura è la consapevolezza. È semplicemente la consapevolezza stessa. La consapevolezza è una presenza sentita, un'esperienza diretta della vitalità stessa. Non consiste nell'osservare la vitalità, ma ne è semplicemente l'esperienza diretta. Non c'è distanza né separazione, perché si tratta di una presenza unica e sentita.

Come può esistere un'esperienza diretta della vitalità che si estende oltre il nostro corpo fisico? Sia la fisica che le tradizioni sapienziali riconoscono che l'intero universo viene portato all'esistenza in ogni momento, in uno straordinario processo di creazione continua. La forza vitale rigenerativa che in ogni momento sottende e sostiene l'intero universo è, per sua stessa natura, la vitalità e la consapevolezza. *Quando diventiamo pienamente uno con l'esperienza diretta dell'esistenza nel momento, diventiamo uno con la forza vitale che dà origine alla totalità dell'esistenza.* Ci identifichiamo con quella forza vitale, una presenza vivente e illimitata. La forza vitale della vitalità su scala cosmica è la forza rigenerativa che sostiene l'intero universo in ogni momento e può essere conosciuta come un'esperienza sentita, come la vitalità stessa. Quando la nostra conoscenza cosciente si affina progressivamente fino a che la distanza tra la conoscenza e ciò che è conosciuto si annulla, allora c'è la consapevolezza stessa.

Se *pensiamo* che la coscienza sia essenzialmente una facoltà conoscitiva che sorge nel cervello come prodotto di interazioni bio-materiali intensamente complesse, allora creiamo un'immagine del processo conoscitivo che ci allontana dall'esperienza diretta della vitalità e dalla forza vitale della consapevolezza sentita che sostiene l'universo momento per momento. La vitalità, in quanto semplice e diretta consapevolezza, è la casa che cerchiamo. *Quando siamo consapevoli di essere la consapevolezza stessa, siamo a casa! Al centro del nostro essere c'è la semplicità dell'esperienza diretta di essere vivi: questa esperienza è la consapevolezza stessa, questa esperienza non è altro che la forza vitale della creazione su scala cosmica o "consapevolezza cosmica".*

È importante permettere alla meditazione di giacere nella continuità della semplice consapevolezza, dove possiamo lasciar andare qualsiasi sforzo per tornare a un oggetto di attenzione e siamo semplicemente in presenza del flusso di consapevolezza di ciò che "è". Quando sperimentiamo l'esperienza diretta di essere la consapevolezza stessa, stiamo cavalcando l'onda della creazione continua dell'esistenza. Se persistiamo nell'attenta presenza della consapevolezza, essa si rivelerà la forza vitale nella danza cosmica della continua rigenerazione. "Noi siamo ciò": lo sappiamo per esperienza diretta. Siamo la forza vitale indivisa della Totalità che diventa sé stessa e che è conosciuta come esperienza diretta dell'essere vivi.

154 Buddha, https://www.spiritualityandpractice.com/quotes/quotations/view/198/spiritual-quotation.

155 Frank Lloyd Wright, https://www.brainyquote.com/quotes/frank_lloyd_wright_107515.

156 Florida Scott-Maxwell, *The Measure of My Days*, Penguin Books, 1979 [edizione italiana: *La misura dei miei giorni*, traduzione di B. Cordati, 1998, Marietti 1820, ISBN 9788821161155], https://www.goodreads.com/author/quotes/550910.Florida_Scott_Maxwell.

157 Per approfondire questo periodo di grande transizione e oltre, nell'ultimo anno io e la mia compagna Coleen abbiamo riunito una comunità di apprendimento di alcune decine di persone. Le nostre esplorazioni collettive sono state molto preziose per gettare le basi del lavoro descritto in questo libro.

158 Richard Nelson, *Make Prayers to the Raven*, Chicago, University of Chicago Press, 1983.

159 Luther Orso in piedi, citato in J.E. Brown, "Modes of contemplation through actions: North American Indians", in *Main Currents in Modern Thought*, New York, novembre-dicembre 1973.

160 Matthew Fox, *Meditations with Meister Eckhart*, Santa Fe, Nuovo Messico, Bear & Co., 1983.

161 Si veda, per esempio: Coleman Barks, *The Essential Rumi*, San Francisco, Harper San Francisco, 1995.

162 D.T. Suzuki, *Zen and Japanese Culture*, Princeton, New Jersey, Princeton University Press, 1970 [edizione italiana: *Lo zen e la cultura giapponese*, traduzione di G. Scatasta, Adelphi, 2012, ISBN 9788845929168].

163 S. N. Maharaj, *I Am That*, parte I (traduzione di Maurice Frydman), Mumbai, India, Chetana, 1973.

164 Lao Tzu, *Tao Te Ching* (traduzione di Gia-Fu Feng e Jane English), New York, Vintage Books, 1972 [edizione italiana: *Tao te Ching*, traduzione di C. Lamparelli, Mondadori, 2009, ISBN 9788804586579].

165 E. C. Roehlkepartain, et al., "With their own voices: A global exploration of how today's young people experience and think about spiritual Development", *Search Institute*, 2008, www.spiritualdevelopmentcenter.org.

166 "Many Americans Mix Multiple Faiths", *Pew Research Center, Religion & Public Life,* 9 dicembre 2009, https://www.pewforum. org/2009/12/09/many-americans-mix-multiple-faiths/. Le esperienze mistiche sono mostrate nella terza figura, che fa riferimento al sondaggio del 1962 riportato da Gallup e presentato in *Newsweek*, aprile 2006. Si veda anche:

Andrew Greely e William McCready, "Are We a Nation of Mystics", in *The New York Times Magazine*, 26 gennaio 1975. See also this article: https://www.nytimes.com/1975/01/26/archives/the-mystical-experience.html

167 "U.S. public becoming less religious", *Pew Research Center*, 3 novembre 2015, https://www.pewforum.org/2015/11/03/u-s-public-becoming-less-religious/. Risultati del sondaggio sulle esperienze regolari di "pace e senso di meraviglia".

168 T. Clarke, et al., "Use of Yoga, Meditation, and Chiropractors Among U.S. Adults Aged 18 and Over", *National Center for Health Statistics*, novembre 2018, https://www.ncbi.nlm.nih.gov/pubmed/30475686.

169 In uno spirito di piena trasparenza, la mia personale comprensione di un'ecologia della coscienza che permea l'universo è stata sviluppata e documentata in un'ampia serie di esperimenti scientifici per un periodo di quasi tre anni, dal 1972 al 1975, presso lo Stanford Research Institute (ora SRI International), a Menlo Park, in California. Sebbene all'epoca il mio lavoro principale fosse quello di sociologo senior presso il gruppo di ricerca sugli scenari futuri dello SRI, per quasi tre anni sono stato consulente della NASA per approfondire un'ampia gamma di esperimenti sulle capacità intuitive presso il laboratorio di ingegneria; si trattava spesso di tre giorni alla settimana per circa due o tre ore, a seconda degli esperimenti in corso, tutti con varie forme di feedback. Gli esperimenti includevano: la "visione remota" di diversi luoghi e tecnologie; la chiaroveggenza con un generatore di numeri casuali; l'influenza sul movimento di un orologio a pendolo misurato con un raggio laser; l'interazione con un magnetometro la cui sonda sensibile era immersa in un contenitore riempito di elio liquido; la pressione su una bilancia dall'esterno di una stanza chiusa a chiave; l'influenza sulla crescita delle piante confrontata con un gruppo di controllo e altro ancora. Ho abbandonato questi affascinanti esperimenti nel 1975, quando sono stati rilevati dalla CIA e dichiarati segreti (sembra che questa ricerca sia continuata per altri 20 anni, secondo il Freedom of Information Act; si veda: Hal Puthoff, "CIA-Initiated Remote Viewing Program at Stanford Research Institute", *Journal of Scientific Exploration*, volume

10, numero 1, 1996). Sulla base della mia esperienza in questi esperimenti scientifici, ho appreso che:

primo, tutti noi siamo letteralmente connessi all'universo. La connessione empatica con il cosmo non è un dono riservato a pochi, ma è una parte ordinaria del funzionamento dell'universo ed è accessibile a tutti;

secondo, il nostro essere non si ferma ai confini della nostra pelle, ma si estende verso l'universo ed è inseparabile da esso. Siamo tutti connessi con l'ecologia profonda dell'universo e ognuno di noi ha la capacità di estendere la propria coscienza ben oltre la gamma dei propri sensi fisici;

terzo, è facile non fare caso alla nostra connessione intuitiva con il cosmo, che si manifesta in minuscole fitte che passano in fretta. Pensavo fossero semplicemente parte della mia esperienza corporea. Solo con il tempo sono arrivato ad apprezzare la misura in cui stavo sperimentando la mia partecipazione a un "campo" più ampio di vitalità;

quarto, ho imparato che il funzionamento psichico non consiste nel raggiungere il dominio su qualcosa (la mente sulla materia), ma piuttosto nell'imparare a partecipare con qualcosa in una danza di scambio e trasformazione reciproca. Si tratta di un processo bidirezionale in cui entrambe le parti vengono modificate dall'interazione. In una frase, il dominio non funziona, ma la danza sì;

quinto, nel mostrarmi come la coscienza sia una proprietà intrinseca dell'universo, questi esperimenti mi rendevano anche molto più scettico sulla necessità di ricorrere a canalizzazioni, cristalli, pendoli, piramidi e altri intermediari per accedere alla nostra intuizione. È importante applicare una scienza critica e perspicace in questa indagine;

sesto, nel corso dei decenni le prove scientifiche dell'esistenza del funzionamento psichico si sono moltiplicate e sono ora così schiaccianti che l'onere della prova si è spostato su coloro che vorrebbero negarne l'esistenza. È giunto il momento di superare la visione ristretta e cerebrale della coscienza, perché non è più sufficiente a spiegare importanti evidenze scientifiche e limita fortemente il nostro pensiero sulla portata e la profondità della nostra connessione con l'universo;

settimo, per quanto interessante possa essere il funzionamento psichico o intuitivo, la questione molto più importante è ciò che dice sulla natura dell'universo, cioè che è connesso con sé stesso attraverso il tessuto della coscienza in modi non locali che trascendono le differenze relativistiche.

Questi esperimenti hanno chiarito che *abbiamo appena iniziato a sviluppare un'alfabetizzazione della coscienza utilizzando tecnologie sofisticate per fornire un feedback* (simile all'apprendimento con il bio-feedback, ma con un feedback bio-cosmico). Questi esperimenti hanno dimostrato che il nostro essere non si ferma ai confini della nostra pelle, ma si estende nell'universo unificato ed è inseparabile da esso. Una descrizione di alcuni esperimenti dello SRI è disponibile qui:

Russell Targ, Phyllis Cole e Harold Puthoff, "Development of Techniques to Enhance Man/Machine Communication", *Stanford Research Institute*, Menlo Park, California, preparato per NASA, contratto 953653 per

NAS7-100, giugno 1974. Si veda anche:

Harold Puthoff e Russell Targ, "A Perceptual Channel for Information Transfer Over Kilometer Distances", pubblicato in *Proceedings of the*

I.E.E.E. (*Institute of Electrical and Electronics Engineers*), volume 64, numero 3, marzo 1976.

R. Targ e H. Puthoff, *Mind-Reach: Scientists Look at Psychic Ability*, Delacorte Press/Eleaonor Friede, 1977.

170 Duane Elgin, *The Living Universe*, op., cit. Un altro modo per considerare la questione della vitalità è quello di esplorare le caratteristiche di funzionamento dei sistemi biologici e osservare se l'universo presenta capacità simili. In generale, un sistema deve includere almeno quattro capacità chiave per essere considerato vivente:

1) *metabolismo*: la capacità di scomporre la materia e di sintetizzarla. Fin dalla sua formazione, l'universo ha sintetizzato materia semplice (elio e idrogeno) e l'ha convertita, attraverso supernove, in carbonio, azoto, ossigeno e zolfo, i costituenti essenziali di cui siamo fatti;
2) *autoregolazione*: la capacità di mantenere la stabilità nel funzionamento. L'universo ha resistito e si è evoluto per miliardi di anni come un sistema unificato che produce sistemi auto-organizzati su ogni scala, da quella atomica a quella galattica, capaci di persistere per miliardi di anni;
3) *riproduzione*: la capacità di creare copie. Alcuni cosmologi teorizzano che dall'altra parte dei buchi neri ci siano buchi bianchi che danno vita a nuovi sistemi cosmici;
4) *adattamento*: la capacità di evolvere e adattarsi ad ambienti mutevoli. L'universo si è evoluto nel corso di miliardi di anni fino a produrre sistemi di crescente complessità e coerenza intrecciati in un insieme auto-coerente. Poiché questi quattro criteri si ritrovano non solo nelle piante e negli animali, ma anche nel funzionamento dell'universo, sembra legittimo descrivere l'universo come un sistema vivente unico nel suo genere.

171 La famosa citazione di Albert Einstein fu scritta nel 1950 in una lettera a Robert S. Marcus, sconvolto dalla morte del figlioletto a causa della poliomielite. Originariamente scritta in tedesco, è stata poi tradotta in inglese ed è stata quest'ultima versione a essere ampiamente diffusa. Tuttavia, la versione originale in tedesco rivela con maggiore precisione il significato che Einstein intendeva dare. Si veda: https://www.thymindoman.com/einsteins-misquote-on-the-illusion-of-feeling-separate-from-the-whole/.

172 Clara Moskowitz, "What's 96 Percent of the Universe Made Of? Astronomers Don't Know", *Space.com*, 12 maggio 2011, https://www.space.com/11642-dark-matter-dark-energy-4-percent-universe-panek.html.

173   Brian Swimme, *The Hidden Heart of the Cosmos*, Orbis Books, maggio 1996, https://www.amazon.com/Hidden-Heart-Cosmos-Humanity-Ecology/dp/1626983437.

174   Phillip Goff, "Is the Universe a Conscious Mind?", *Aeon*, 2019, https://aeon.co/essays/cosmopsychism-explains-why-the-universe-is-fine-tuned-for-life. Il fisico e cosmologo Freeman Dyson ha scritto: "Sembra che la mente, che si manifesta nella capacità di compiere scelte, sia in qualche misura insita in ogni elettrone".

175   Si veda, per esempio, il classico di Richard Bucke, Cosmic Consciousness, 1901, ISBN 978-0-486-47190-7 [edizione italiana: *La coscienza cosmica: uno studio sull'evoluzione della mente*, traduzione di A. Leonetti, Crisalide, 1998, ISBN 9788871830735], https://www.penguinrandomhouse.ca/books/321631/cosmic-consciousness-by-richard-maurice-bucke/9780140193374.

176   Max Planck, intervista in *The Observer*, 25 gennaio 1931, https://en.wikiquote.org/wiki/Max_Planck.

177   John Gribbin, *In the Beginning: The Birth of the Living Universe*, New York, Little Brown, 1993.

Si veda anche: David Shiga, "Could black holes be portals to other universes?", *New Scientist*, 27 aprile 2007.

178   Thomas Berry, *The Dream of the Earth*, Sierra Club Books, 1988.

179   Robert Bly (trad.), *The Kabir Book*, Boston, Beacon Press, 1977, p. 11.

180   Cynthia Bourgeault, *The Wisdom Way of Knowing*, Jossey-Bass, 2003, p. 49, https://inwardoutward.org/aliveness-sep-22-2021/.

181   Santa Teresa d'Avila, *Brainy Quote*, https://www.brainyquote.com/quotes/saint_teresa_of_avila_105360.

182   Sito web di Peter Dziuban: www.PeterDziuban.com.

183   Peter Dziuban, "The Meaning of Life Is Alive", *Excellence Reporter*, 26 novembre 2017, https://excellencereporter.com/2017/11/26/peter-dziuban-the-meaning-of-life-is-alive/.

184   Si veda la testimonianza di Carl Sagan: https://www.youtube.com/watch?v=Wp-WiNXH6hI.

185   Henri Nouwen, *The Way of the Heart: Connecting with God through Prayer, Wisdom, and Silence*, Harper Collins, 1981.

186   Ted MacDonald e Lisa Hymas, "How broadcast TV networks covered climate change in 2018", *Media Matters*, 11 marzo 2019, https://www.mediamatters.org/donald-trump/how-broadcast-tv-networks-covered-climate-change-2018.

187   Ted MacDonald, "How broadcast TV networks covered climate change in 2020", *Media Matters*, 10 marzo 2021, https://www.mediamatters.org/broadcast-networks/how-broadcast-tv-networks-covered-climate-change-2020.

188   Gene Youngblood, "The Mass Media and the Future of Desire", *The CoEvolution Quarterly*, Sausalito, California, inverno 1977/78.

189   Martin Luther King, Jr. citato in Stephen B. Oates, *Let the Trumpets Sound: The Life of Martin Luther King, Jr.*, New American Library, 1982.

190   Negli Stati Uniti, i diritti del pubblico sono fondamentali quando si tratta dell'uso di onde radiofoniche e televisive. Questi diritti sono sanciti dalla Carta dei diritti e dalla legge costituzionale. Il primo emendamento della Carta dei diritti afferma che: "*Il Congresso non promulgherà alcuna legge [...] che impedisca la libertà di parola [..] o il diritto delle persone di riunirsi pacificamente e di presentare petizioni al Governo per la riparazione di torti*". In altre parole, non sarà approvata alcuna legge che limiti il diritto dei cittadini di riunirsi pacificamente, di parlare liberamente e di presentare petizioni al governo per ottenere riparazione ai torti subiti. Questo è esattamente ciò che comporta una riunione cittadina elettronica nell'era moderna: i cittadini si riuniscono pacificamente. Parlano liberamente. E, se c'è un consenso, possono presentare direttamente una petizione al governo per chiedere riparazione, sistemare le cose o stabilire rimedi appropriati.

Passando dalla legge costituzionale alla legge sui media negli Stati Uniti, scopriamo che **il pubblico a "livello locale" è il proprietario delle onde radio utilizzate dalle emittenti televisive. Il livello locale, generalmente su scala metropolitana, è la portata dell'impronta mediatica delle emittenti.** Anche se le emittenti utilizzano per lo più Internet per erogare la loro programmazione, se utilizzano anche le onde radio, hanno comunque il preciso obbligo legale di "servire il pubblico interesse, la pubblica utilità e la pubblica necessità".

Quasi un secolo fa, il Radio Act del 1927 stabilì le regole di base per l'utilizzo delle onde radio pubbliche, affermando che: "*Le stazioni radiofoniche non ricevono questi grandi privilegi dal Governo degli Stati Uniti per il beneficio primario degli inserzionisti. Il beneficio che ne traggono gli inserzionisti deve essere accessorio e del tutto secondario rispetto all'interesse del pubblico*". La Commissione ha inoltre affermato che: "*L'accento deve essere posto innanzitutto sull'interesse, sull'utilità e sulla necessità del pubblico che ascolta, e non sull'interesse, sull'utilità o sulla necessità del singolo emittente o inserzionista*".

Una Corte d'appello federale ha chiarito il ruolo dei cittadini nel 1966, affermando che: "*Nel nostro sistema, gli interessi del pubblico sono dominanti. [...] Pertanto, i singoli cittadini e le comunità di cui fanno parte hanno il dovere, a vantaggio personale e degli altri, di interessarsi attivamente alla portata e alla qualità del servizio televisivo offerto dalle stazioni e dalle reti. Il pubblico non deve pensare che, intervenendo nel settore radiotelevisivo, interferisca indebitamente negli affari commerciali privati di altri. Al contrario, il loro interesse nella programmazione televisiva è diretto e le loro responsabilità rilevanti. Il pubblico è il proprietario dei canali televisivi, anzi, di tutte le trasmissioni*" [corsivo dell'autore].

Una decisione della Corte Suprema del 1969 ha ulteriormente chiarito le responsabilità delle emittenti, stabilendo che: *"È il diritto dei telespettatori e degli ascoltatori, non quello delle emittenti, ad essere fondamentale"* [corsivo dell'autore]. Il Communications Act del 1934 è stato aggiornato dal Congresso degli Stati Uniti nel 1996. La nuova legge (il Telecommunicatons Act) è lunga più di 300 pagine e, in tutte le sue parti, afferma il principio che le onde radio devono essere utilizzate *"per servire il pubblico interesse, la pubblica utilità e la pubblica necessità"*. Le emittenti televisive non hanno alcun diritto di proprietà sull'uso delle onde radio; hanno il privilegio di usare le onde radio solo finché servono il pubblico interesse, la pubblica utilità e la pubblica necessità [corsivo dell'autore].

È importante notare che siamo andati oltre il concetto di "pubblico interesse". Dato che le comunità locali sono minacciate dal cambiamento climatico e dalla sostenibilità dell'intero pianeta, *siamo passati a uno standard molto più esigente per le emittenti: servire il "pubblico interesse" e la "pubblica necessità"* [corsivo dell'autore].

In termini pratici, ciò significa che, se il pubblico locale (la scala metropolitana dell'impronta mediatica dell'emittente) chiede che una quantità ragionevole di tempo di trasmissione sia dedicata alla sfida climatica (che minaccia una comunità locale, così come l'intero pianeta), allora il pubblico dovrebbe aspettarsi il sostegno del governo (la Commissione federale per le comunicazioni) nell'accogliere tali richieste che servono chiaramente il pubblico interesse e la pubblica necessità.

Allo stesso modo, *se il pubblico chiede di trasmettere le assemblee cittadine elettroniche per prendere in esame minacce quali il cambiamento climatico, queste richieste di utilizzo delle onde radio (di cui noi cittadini siamo proprietari) sono del tutto legittime e trovano fondamento sia nella legge costituzionale sia in quasi un secolo di leggi federali.*

191   Duane Elgin e Peter Russell in "Pete and Duane's Window", *Take Back the Airwaves part 2*, 19 gennaio 2011, https://www.youtube.com/watch?v=a53hL5Z1WHE&feature=youtu.be.

192   "Number of Olympic Games TV viewers worldwide from 2002 to 2016", *Statista*, 2020, https://www.statista.com/statistics/287966/olympic-games-tv-viewership-worldwide/.

193   In merito all'accesso alla televisione: "Per la prima volta, più della metà della popolazione mondiale dotata di televisore è ora a portata di segnale televisivo digitale. Secondo il rapporto annuale dell'Unione internazionale delle telecomunicazioni (ITU), "Measuring the Information Society, 2013", la percentuale è di circa il 55% nel 2012, rispetto al 30% del 2008". Si veda anche:

Tom Butts, "The State of Television, Worldwide", *TV Technology*, 6 dicembre 2013, https://www.tvtechnology.com/miscellaneous/the-state-of-television-worldwide. Per quanto riguarda le famiglie con TV: la penetrazione del digitale a livello globale è passata dal 40,4% delle famiglie con TV alla fine del 2010 al 74,6% alla fine del 2015, secondo l'ultima edizione del *Digital TV World Databook*. Tra il 2010 e il 2015, il digitale è stato aggiunto in circa 584 milioni di case in 138 Paesi, raddoppiando il totale delle famiglie con TV digitale a 1.170 milioni.

"Three Quarters of global TV households are now digital", *Digital TV Research*, 12 maggio 2016, https://www.digitaltvnews.net/?p=27448.

Si prevede che il numero di famiglie con TV nel mondo aumenterà fino a 1,74 miliardi nel 2023, rispetto a 1,63 miliardi nel 2017.

"Number of TV households worldwide from 2010 to 2018", *Statista*, 4 dicembre 2019, https://www.statista.com/statistics/268695/number-of-tv-households-worldwide/.

Come ulteriore contesto: nel luglio 2012, il mondo conta 7 miliardi di persone, che vivono in 1,9 miliardi di famiglie, ognuna delle quali ha in media 3,68 persone. Di questi 1,9 miliardi di famiglie, solo 1,4 miliardi hanno un televisore, senza considerare Internet (https://www.theguardian.com/media/blog/2012/jul/27/4-billion-olympic-opening-ceremony).

194   Internet World Stats: https://www.internetworldstats.com/stats.htm

195   A. W. Geiger, "Key Findings about the online news landscape in America", *Pew Research Center*, 11 settembre 2019, https://www.pewresearch.org/fact-tank/2019/09/11/key-findings-about-the-online-news-landscape-in-america/. Prospettiva sull'esperienza statunitense: uno studio di Pew Research ha rilevato che nel 2019 il 49% degli americani reperisce spesso le notizie dalla televisione, il 33% dai siti web online, il 26% dalla radio, il 20% dai social media e il 16% dai giornali cartacei.

196   Maya Angelou, *Letter to My Daughter*, Random House, 2008 [edizione italiana: *Lettera a mia figlia*, traduzione di C. Stangalino, Codice, 2017, ISBN 8875786771].

197   Toni Morrison, "2004 Wellesley College commencement address", pubblicato in *Take This Advice: The Best Graduation Speeches Ever Given*, Simon & Schuster, 2005.

198   Christopher Bache, *Dark Night, Early Dawn: Steps to a Deep Ecology of Mind*, New York, SUNY Press, 2000.

199   Si veda, per esempio: Joseph V. Montville, "Psychoanalytic Enlightenment and the Greening of Diplomacy", *Journal of the American Psychoanalytic Association*, volume 37, numero 2, 1989. Si veda anche:

Roger Walsh, *Staying Alive: The Psychology of Human Survival*, Boulder Colorado, New Science Library, 1984.

200   Martin Luther King Jr., https://www.brainyquote.com/quotes/martin_luther_king_jr_101309.

201   Alan Paton, https://www.azquotes.com/author/11383-Alan_Paton.

202   Si veda, per esempio: Donella "Dana" Meadows, et al., *Beyond the Limits*, Chelsea Green Publishing Co., 1992 [edizione italiana: *Oltre i limiti dello sviluppo*, Il Saggiatore, ISBN 8842801003].

203 Tatiana Schlossberg [intervista con Narasimha Rao, professore di Yale], "Taking a Different Approach to Fighting Climate Change", *The New York Times*, 7 novembre 2019, https://www.nytimes.com/2019/11/07/climate/narasimha-rao-climate-change.html. Si veda anche:

Programma per la giustizia ambientale e climatica, *NAACP*, https://www.naacp.org/environmental-climate-justice-about/.

"Climate justice", *Wikipedia*, https://en.wikipedia.org/wiki/Climate_justice."Un assioma fondamentale della giustizia climatica è che coloro che sono meno responsabili del cambiamento climatico ne subiscano le conseguenze più gravi".

204 Pedro Conceição, et al., "Human Development Report: Beyond income, beyond averages, beyond today: Inequalities in human development in the 21st century", *Programma delle Nazioni Unite per lo sviluppo (UNDP)*, 2019, https://hdr.undp.org/content/human-development-report-2019

205 "Forced from Home: Climate-fueled displacement", *Oxfam Media Briefing,* 2 dicembre 2019, https://oxfamilibrary.openrepository.com/bitstream/handle/10546/620914/mb-climate-displace-ment-cop25-021219-en.pdf. "I Paesi che contribuiscono meno alle emissioni di gas serra probabilmente continueranno a subire le conseguenze più gravi del cambiamento climatico, che avrà un impatto più forte sui Paesi poveri". Si veda anche: Barry Levy, et al., "Climate Change and Collective Violence", *Annual Review of Public Health*, 11 gennaio 2017. DOI: 10.1146/annurev-publhealth-031816-044232.

Programma per la giustizia ambientale e climatica, *NAACP*, 2019, https://www.naacp.org/issues/environmental-justice/.

206 L'anima dell'universo dalla prospettiva dell'archetipo femminile è stata splendidamente sviluppata dalla studiosa Anne Baring. Si veda il suo splendido libro: *The Dream of the Cosmos*, Archive Publishing, 2013 [edizione italiana: *Il sogno del cosmo. Una ricerca dell'anima*, traduzione di C. Arosio, ARCHIVE PUB, 2022, ISBN 9781906289539]. Download gratuito: https://www.amazon.com/Dream-Cosmos-Anne-Baring/dp/1906289247

207 L'evoluzione da una prospettiva di una "Dea Terra" a una prospettiva di un "Dio Cielo" fino all'ascesa della "Dea cosmica" è esplorata nel mio libro: *Awakening Earth*, op. cit., 1993, https://duaneelgin.com/wp-content/uploads/2016/03/AWAKENING-EARTH-e-book-2.0.pdf.

208 Desmond Tutu citato in: Terry Tempest Williams, *Two Words*, Orion, Great Barrington, Massachussets, inverno 1999.

209 Questi esempi sono stati tratti, in parte, da: Emily Mitchell, "The Decade of Atonement", *Index on Censorship*, maggio-giugno 1998, Londra (e ristampato in *Utne Reader*, marzo-aprile 1999).

210 John Bond, "Aussie Apology", *Yes! A Journal of Positive Futures*, Bainbridge Island, Washington, autunno 1998.

211 Ibid.

212 Eric Yamamoto, *Interracial Justice: Conflict and Reconciliation in Post-Civil Rights America*, New York University Press, 1999.

213 Christopher Alexander, *The Timeless Way of Building*, Oxford University Press, 1979, ISBN 978-0-19-502402-9.

214 "Ecovillage", Wikipedia: https://en.wikipedia.org/wiki/Ecovillage. Si veda anche:

"Global Ecovillage Network": https://ecovillage.org/, https://www.ic.org/directory/ecovillages/.

Negli Stati Uniti: https://www.transitionus.org/transition-towns.

EcoDistricts: https://justcommunities.info/ "In ogni quartiere (o distretto) si nasconde l'opportunità di progettare soluzioni veramente innovative e scalabili ad alcune delle più grandi sfide che i cittadini si trovano ad affrontare oggi: le disparità di reddito, istruzione e salute; il degrado ecologico e non; la crescente minaccia del cambiamento climatico; la rapida crescita urbana. L'iniziativa EcoDistricts promuove un nuovo modello di sviluppo urbano per creare quartieri giusti, sostenibili e resilienti. [EcoDistricts è] un approccio collaborativo, olistico e su scala di quartiere alla progettazione di comunità per ottenere risultati rigorosi e significativi che siano importanti per le persone e il pianeta".

215 Le città di transizione indicano progetti comunitari nati dal basso che mirano ad aumentare l'autosufficienza per ridurre i potenziali effetti del picco del petrolio, della distruzione del clima e dell'instabilità economica. Si veda: https://en.wikipedia.org/wiki/Transition_town. Si veda anche:

https://transitionnetwork.org/. Ecco un elenco di "hub" di transizione in tutto il mondo: https://transitiongroups.org/hub-list/

216 Si veda: https://en.wikipedia.org/wiki/Sustainable_city. Si veda come le città sostenibili si inseriscono negli "obiettivi di sviluppo sostenibile" delle Nazioni Unite: https://www.un.org/sustainabledevelopment/cities/.

Inoltre, per le città europee sostenibili, si veda: http://www.sustainablecities.eu/

217 Per le civiltà ecologiche, si veda: https://en.wikipedia.org/wiki/Ecological_civilization. Aumentano le pressioni per intraprendere un'azione radicale per de-carbonizzare l'economia, dato che la finestra di tempo per la mitigazione si sta chiudendo. Per mantenere il riscaldamento globale al di sotto dei 2 °C è necessaria una sostanziale riduzione delle emissioni entro il 2030. Diversi Paesi hanno iniziato a cambiare politica e stanno per iniziare la transizione per diventare civiltà ecologiche, una transizione sostenuta da benefici che vanno oltre la mitigazione dei cambiamenti climatici (ad esempio, benefici per la salute). La Cina ne è un leader mondiale. Si veda anche:

Zeung Chun, "China's New Blueprint for an Ecological Civilization", *The Diplomat*, 15 settembre 2015, https://thediplomat.com/2015/09/chinas-new-blueprint-for-an-ecological-civilization/.

218 Alan AtKisson, *Life Beyond Growth,* AtKisson Group, Stoccolma, Svezia, 8 ottobre 2012, https://wachstumimwandel.at/wp-content/ uploads/presentations/AtKisson_GrowthinTransition_Vienna_ Oct2012_v1.pdf. Anche questi numeri potrebbero sottostimare il costo del cambiamento climatico. Si veda anche:

Naomi Oreskes e Nicholas Stern, "Climate Change Will Cost Us Even More Than We Think", *The New York Times,* 23 ottobre 2019, https:// www.nytimes. com/2019/10/23/opinion/climate-change-costs.html.

219 Si veda, per esempio, la parola svedese *"lagom",* che significa "il giusto", "in equilibrio", "adeguato" (https://en.wikipedia.org/ wiki/Lagom).

220 Arnold Toynbee, *A Study of History* (sintesi dei volumi I-VI, a cura di D.C. Somervell), New York, Oxford University Press, 1947, p. 198.

221 Robert McNamara, ex presidente della Banca Mondiale, ha definito la "povertà assoluta" come "una condizione di vita talmente caratterizzata da malnutrizione, analfabetismo, malattia, alta mortalità infantile e bassa aspettativa di vita da essere al di sotto di ogni ragionevole definizione di decenza umana".

222 Per le varie definizioni, si veda: Elgin, *Voluntary Simplicity,* op. cit., prima edizione, 1981, p. 29, https://www.amazon.com/ Voluntary-Simplicity-Toward-Outwardly-Inwardly/dp/0061779261.

223 Buckminster Fuller descrive questo processo come "effimeralizzazione". Tuttavia, a differenza di Toynbee, Fuller enfatizzava la progettazione di sistemi materiali per fare di più con meno, piuttosto che la co-evoluzione di materia e coscienza. Si veda, per esempio, il suo libro: *Critical Path*, New York, St. Martin's Press, 1981.

224 Matthew Fox, *Creation Spirituality,* San Francisco, Harper San Francisco, 1991 [edizione italiana: *La spiritualità del creato. Manuale di mistica ribelle,* traduzione di G. Gugliermetto, Gabrielli Editori, 2016, ISBN 9788860993038.

225 Francis J. Flynn, "Where Americans Find Meaning in Life", *Pew Research Center,* 20 novembre 2018, https://www.pewforum.org/2018/11/20/where-americans-find-meaning-in-life/. Si veda anche:

"Research: Can Money Buy Happiness?", *Stanford Business,* 25 settembre 2013, https://www.gsb.stanford.edu/insights/ research-can-money-buy-happiness.

Andrew Blackman, "Can Money Buy You Happiness?", *Wall Street Journal,* 10 novembre 2014, https://www.wsj.com/articles/can-money-buy-happiness-heres-what-science-has-to-say-1415569538. La ricerca mostra come le esperienze di vita ci diano un piacere più duraturo delle cose materiali.

Sean D. Kelly, "Waking Up to the Gift of 'Aliveness'", *The New York Times,* 25 dicembre 2017, https://www.nytimes.com/2017/12/25/opinion/aliveness-waking-up-holidays.html.

226 Op. cit., Andrew Blackman, "Can Money Buy You Happiness?"

Dicono di *Scegliere la Terra*

"Il capolavoro di Duane Elgin costituisce il monito più potente e comprensivo riguardo alla Terra... Un libro travolgente, eloquente e saggio".
— Alexander Schieffer, professore e co-autore di *Integral Development*.

"Non avevo mai letto un libro sulla crisi climatica globale scritto da un 'maschio americano bianco' che mi toccasse e mi arricchisse così profondamente".
— Rama Mani, PhD, coordinatrice e organizzatrice presso il World Future Council.

"*Scegliere la Terra* offre una visione audace e ottimista dell'imminente stato 'olistico' della civiltà umana".
— Bruce Lipton, PhD, biologo, relatore, autore di *Biology of Belief*.

"Noi umani abbiamo una terza opzione: rispettare i limiti ecologici e rigenerare la Terra per il benessere di tutti".
— Vandana Shiva, attivista ambientalista, ricercatrice, autrice di *Earth Democracy*.

"Duane Elgin ha fatto la cosa più difficile che nessuno di noi vorrebbe mai fare. Leggere *Scegliere la Terra* ti cambia per sempre".
— Sandy Wiggins, esperto di bioedilizia, business consapevole, economia ecologica.

"Il suo eccellente libro è molto in linea con le nostre preoccupazioni e priorità. I miei più calorosi saluti".
— António Guterres, Segretario generale delle Nazioni Unite.

"*Scegliere la Terra* descrive l'unica strada percorribile per il futuro: un tumultuoso cammino di iniziazione verso la maturità completa in quanto membri del vivente".
— Eric Utne, fondatore di Utne Reader, autore di *Far Out Man*.

"Questo è uno dei libri più importanti per la nostra epoca e, probabilmente, il più importante documento sui pericoli del cambiamento climatico. Ogni politico e ogni dirigente dovrebbero leggerlo".
— Christian de Quincey, filosofo, autore di *Radical Nature*, insegnante.

"La saggezza di ampio respiro di Duane Elgin in Scegliere la Terra è fondamentale in questo momento in cui crisi complesse e interconnesse richiedono soluzioni coerenti e altrettanto interconnesse. Un libro pionieristico e importante".

— Kurt Johnson, PhD, biologo, leader inter-spirituale, professore, autore.

"Ogni forma di vita sulla Terra ha un debito di gratitudine nei confronti di Duane per averci fatto comprendere l'urgenza e le possibilità di rigenerazione attraverso Scegliere la Terra".

— John Fullerton, ex amministratore delegato di JP Morgan, fondatore del Capital Institute.